GOLDMANN

W0056500

MARILYN FRENCH

DER KRIEG GEGEN DIE FRAUEN

Aus dem Amerikanischen
von Hanna van Laak

GOLDMANN VERLAG

Die Originalausgabe erschien 1992
unter dem Titel *The War Against Women*
bei Summit Books, New York

Umwelthinweis:
Alle gedruckten Materialien dieses Taschenbuches
sind chlorfrei und umweltschonend.
Das Papier enthält Recycling-Anteile.

Der Goldmann Verlag ist ein Unternehmen
der Verlagsgruppe Bertelsmann

Made in Germany · 1. Auflage · 2/93
Genehmigte Taschenbuchausgabe
Copyright © 1992 by Matrix Production, Inc.
Copyright © der deutschsprachigen Ausgabe
1992 by Albrecht Knaus Verlag GmbH, München
Umschlaggestaltung: Design Team München
Druck: Presse-Druck Augsburg
Verlagsnummer: 12494
SK · Herstellung: sc
ISBN 3-442-12494-8

Inhalt

Einführung

Der gängigen Geschichtsauffassung zufolge hat sich die Menschheit von einem Stadium «animalischer Wildheit», in dem wir lebten wie Raubtiere und die Frauen von den Männern an den Haaren in eine Höhle gezerrt wurden, zu einer «zivilisierten» Gemeinschaft entwickelt, in der Männer den Frauen beim Einsteigen ins Auto behilflich sind. Doch möglicherweise trifft in Wirklichkeit das genaue Gegenteil zu. Es spricht einiges dafür, daß die Menschheit dreieinhalb Millionen Jahre lang in kleinen, kooperativen Gemeinschaften lebte, in denen die Geschlechter gleichberechtigt waren, Frauen jedoch einen etwas höheren Rang einnahmen und mehr Achtung genossen als Männer. Archäologische Funde aus der Zeit vor etwa zehntausend Jahren deuten auf Gemeinschaften hin, in denen weibliche Gottheiten verehrt wurden und egalitäre Harmonie und materieller Wohlstand herrschten.[1] Vielleicht fanden bereits vor zehntausend Jahren die ersten Kriege statt, aber erst im 4. Jahrtausend v. Chr. begann, vermutlich zuerst im Mittleren Osten, der Siegeszug des zukünftigen Patriarchats – der auf Zwang gegründeten männlichen Vormachtstellung. Einige Männer begannen, sich selbst als «große Männer» auszugeben und sich die Arbeit und den Reichtum anderer anzueignen. Im Verlauf von Jahrtausenden traten männliche Gottheiten an die Stelle weiblicher, während Priesterkönige begannen, sich ehemals autonome Gemeinschaften zu unterwerfen. Nach der Entstehung von Staaten trugen die Bauern, die wichtigsten Produzenten in Agrargesellschaften, die Hauptsteuerlast: Von ihrer Arbeit lebten parasitäre Eliten, und sie wurden (ohne Bezahlung) zur Arbeit an staatlichen Projekten gezwungen. Selbst für die Instrumente ihrer eigenen Unterdrückung, für Soldaten und Waffen, mußten sie aufkommen.

Für die Frauen ging es seitdem bergab: Wahrscheinlich waren

die ersten Sklaven Frauen, und wenn die Frauen der herrschenden Schicht in den frühen Staaten auch über beträchtliche Macht verfügten, so waren sie dennoch den Männern ihrer Schicht unterworfen. Für die Frauen gab es hinfort keinen «Fortschritt» mehr, im Gegenteil; ihre Entmachtung, Degradierung und Unterjochung nahm immer weiter zu.

Im Lauf der letzten vier Jahrhunderte hat sich diese Tendenz noch verstärkt, als die Männer vor allem in der westlichen Welt in einem wahren Herrschaftstaumel ihre Kontrolle über die Natur auszudehnen suchten. Mindestens ein Jahrhundert vor der ersten Weltumsegelung im 15. Jahrhundert hatten Männer in Europa bereits Schiffe gebaut, die hochseetüchtig waren. Getrieben von einer Mischung aus Neugier und dem Streben nach Ruhm und Reichtum, schrieben sie auf diesen Entdeckungsreisen einige der grausamsten Kapitel der menschlichen Geschichte. Durch Gewalt und Umsturz beuteten die Europäer Afrika, Asien, den Mittleren Osten, den Südpazifik und Amerika aus, töteten, versklavten und unterjochten die einheimischen Völker und bemächtigten sich ihrer Reichtümer.

Im folgenden Jahrhundert griffen die Männer auch intellektuell nach den Sternen. Sie befreiten sich von den Einschränkungen der Kirche, um den Grundstein für eine experimentelle Wissenschaft zu legen, und verwiesen zur Rechtfertigung ihrer Bestrebungen auf die Bibel, in der die Herrschaft des Menschen über die Natur gebilligt wird. Ihre Arbeiten bildeten die Grundlage für eine neue Technologie, die, wie sie glaubten, der ganzen Menschheit zugute kommen würde und schließlich die industrielle Revolution einleitete. Die Industrialisierung kam der Menschheit zwar zugute, besonders einer kleinen Gruppe, aber sie stürzte die meisten Menschen auch in ungeahntes Elend. In England vertrieb mit dem Übergang vom Feudalismus zum Kapitalismus eine besitzende Oberschicht ungezählte Bauern von ihrem Land und versagte ihnen jeden Zugang zum gesellschaftlichen Reichtum. Die industrielle Revolution in England wurde teilweise durch die Existenz dieser Klasse ausgelöst, die Marx später das Proletariat nannte. Aus vielerlei Gründen wurden in ganz Europa Menschen vom

Land verdrängt und dem Proletariat einverleibt, einer anonymen Masse enteigneter Menschen, die in der Mehrheit aus Frauen und Kindern bestand.

Diejenigen, die von der kapitalistischen Industrialisierung profitierten, bildeten eine neue Elite, eine agile, dynamische Klasse. Wohlstand und Macht der einzelnen Individuen variierten zwar, aber konstant blieb von nun an die Tatsache, daß die Elite fast ausschließlich aus weißen Männern bestand. Die zu ihnen gehörigen Frauen mögen aus ihrem Wohlstand Nutzen gezogen haben, an ihrer Macht aber hatten sie keinen Anteil. Im 19. Jahrhundert waren die meisten Menschen als Lohnabhängige Untergebene einer kleinen Elite, und beinahe alle Frauen waren Männern unterworfen. Zu diesem Zeitpunkt war es den Männern durch jahrhundertelange, unermüdliche Anstrengungen gelungen, die rechtliche Stellung der Frauen auf den absoluten Tiefpunkt zu bringen: Die Frauen hatten weder ein politisches Stimmrecht noch das Recht zu erben, Eigentum zu erwerben oder selbst Geschäften nachzugehen. Sie hatten nicht einmal das Verfügungsrecht über den eigenen Körper.

Aber Unterwerfung erzeugt Haß, und die letzten beiden Jahrhunderte waren geprägt von Revolutionen. Arbeiter- und Frauenrechtsbewegungen gingen im 19. und zu Beginn des 20. Jahrhunderts wie eine Flutwelle über Europa und die Vereinigten Staaten hinweg und inspirierten Mitte der zwanziger Jahre nationalistische Aufstände in Asien und Afrika.[2]

Die Arbeiter protestierten gegen die ungerechte Verteilung des Reichtums auf der Welt, gegen Systeme, die den Produzenten nur einen geringen Anteil an den eigenen Produkten zugestanden. Der größte Teil des gesellschaftlichen Reichtums lag und liegt in den Händen einer kleinen Oberschicht, die durch ihre wirtschaftliche Macht auch politische Gewalt ausübt. Die meisten Arbeiterbewegungen wurden von sozialistischen Ideen getragen, die im 19. Jahrhundert weite Verbreitung fanden. Die ersten sozialistischen Gemeinschaften, entstanden im England des frühen 19. Jahrhunderts, interessierten sich auch für das Los der Frauen. Der europäische Sozialismus allerdings wurde in seiner Frühphase von den Handwerkern der Gilde dominiert, denen es in erster Linie um ihre Vorrechte ging. Als der Marxismus die Oberhand über den Sozialismus gewann, kümmerte sich kaum ein Sozialist um ein Problem, mit dem die Frauen alleine oder bestenfalls mit Hilfe eines Ehemannes fertig werden mußten – die Aufzucht der Kinder und der Fortbestand der Familie.

Wirtschaftliche Not und politische Ohnmacht waren die Beweggründe, die die Frauen im 19. Jahrhundert zum Aufstand trieben – die Frauen der Mittelschicht im Rahmen des Feminismus, die Frauen der Unterschicht im Rahmen anarchistisch, sozialistisch oder kommunistisch ausgerichteter Gewerkschaftsagitation. Auch die letzteren wirkten durch die bloße Tatsache, daß sie als Frauen ihre Stimme in der Öffentlichkeit erhoben, im feministischen Sinne – selbst wenn sie sich vom Feminismus distanzierten –, denn das allein stellte bereits einen Verstoß gegen die herrschende Rollenverteilung zwischen den Geschlechtern dar.

Der Sozialismus hatte weitreichende Konsequenzen für das 20. Jahrhundert. In einigen Staaten wurden Alleinherrscher durch sozialistische Revolutionen gestürzt und die «Diktatur des Proletariats» errichtet. In anderen bewog die Angst vor dem Sozialismus die herrschende Schicht zur Unterstützung repressiver Alleinherrscher, die die Macht ergriffen und nach den Interessen des Militärs und der Reichen handelten. In den sogenannten Demokratien gab eine ängstliche Oberschicht den Forderungen der Arbeiter nach und ließ Gewerkschaften als Verhandlungspartner zu.

In den sozialistischen Ländern hatte zwar die rechtliche Diskriminierung der Frauen ein Ende, aber nirgends setzte eine Bewußtseinsveränderung dahingehend ein, daß die Männer auch die Verantwortung für das eigene Wohlergehen und für Heim und Kindererziehung mitübernehmen sollten.

Faschistische Regierungen versuchten, das «Frauenproblem» zu lösen, indem sie die Frauen wieder unter die uneingeschränkte Gewalt der Männer stellten (patria potestas) und ihr Wirken auf den häuslichen Bereich beschränkten. Kapitalistische Regierungen und von Männern beherrschte Gewerkschaften arbeiteten einander in die Hände, um Frauen auf die am schlechtesten bezahlten, uninteressantesten Arbeitsplätze zu verweisen. Überall verweigerte man(n)* den Frauen das Recht auf Arbeit und angemessene Bezahlung mit der Begründung, die Männer würden ja für sie aufkommen. Da das keinesfalls alle Männer taten, stürzten die Frauen und ihre Kinder in noch tiefere Armut. Und wenn Männer für Frauen sorgten, behandelten sie diese wie ihr Eigentum.

Feministische Ideen wurden jahrhundertelang von Schriftstellerinnen wie Christine de Pisan, Mary Wollstonecraft und George Sand formuliert, und während der Französischen Revolution entstand auch eine feministische Bewegung. Aber der Feminismus als breite politische Bewegung geht auf das Jahr 1848 und die Bewegung von Seneca Falls in den Vereinigten Staaten zurück. Obwohl kleiner und zersplitterter als die Arbeiterbewegungen, war der Feminismus bedrohlicher. Er sorgte bei allen Männern für Unruhe, nicht nur in der Oberschicht, denn er säte Zwietracht am heimischen Herd und traf die Männer – im Gegensatz zur Arbeiterbewegung – dort, wo sie am verletzlichsten sind, nämlich in ihrem Selbstverständnis. In diesem Jahrhundert hat der Feminismus, in erster Linie in industrialisierten und sozialistischen Ländern, durchschlagende Erfolge erzielt und das Recht auf Ausbildung, politische Betätigung und Berufsausübung durchgesetzt sowie die gesetzliche Ungleichbehandlung von Mann und Frau abgeschafft. Der Feminismus hat so viele Formen, daß manche Wissenschaftler/innen von *Feminismen* sprechen. Für mich ist jeder Versuch, das Los einer beliebigen Gruppe von Frauen durch weibliche Solidarität und aus einer weiblichen Perspektive heraus zu verbessern, feministisch. Wenn man die Macht und Solidarität der dagegen aufgebotenen Kräfte bedenkt, dann ist der in der

---

* Im weiteren Text wird auf die Hervorhebung des Wortes «man» in Form von «man(n)» oder «man/frau» verzichtet. Ich gehe davon aus, daß die Leserinnen und Leser sich der stilistischen Problematik dieses Wörtchens inzwischen selbst bewußt sind. (Anm. d. Ü.)

Kürze der Zeit erreichte Erfolg feministischer Bemühungen atemberaubend.

Die herrschende Schicht suchte weiter nach Mitteln und Wegen, um die organisierte Arbeiterschaft in die Knie zu zwingen, und verlegte deswegen ihre Fabriken in Regionen und später in Länder, wo es keine Gewerkschaften gab. Im Rahmen multinationaler Gesellschaften wurden Fabriken in Ländern mit günstiger Gesetzgebung errichtet, in denen zudem die Rohstoffe noch billig waren. Firmen, die dank ihrer ungeheuren Ausdehnung maßgeblichen Einfluß auf Regierungsentscheidungen hatten, bliesen zum Kampf gegen die Gewerkschaften. In den USA verbesserten sich nach dem Zweiten Weltkrieg die Arbeitsbedingungen, und die Löhne der Arbeiterschicht stiegen an, im Durchschnitt von 15 056 Dollar im Jahr 1955 auf 24 621 Dollar im Jahr 1973. 1987 jedoch lag der um die Inflationsrate bereinigte Durchschnittslohn bei 19 859 Dollar, das entspricht einer Verringerung von 19 Prozent. Zu diesem Zeitpunkt waren viele verheiratete Frauen berufstätig geworden, um das Familieneinkommen aufzubessern. Aber zwei Gehälter brachten im Jahr 1988 nur sechs Prozent mehr Einkommen als eines im Jahr 1973. Viele Unternehmen betreiben eine Politik der Abschaffung gutbezahlter, durch Gewerkschaftsverträge abgesicherter Arbeitsplätze. Ein Betriebswirt drückte es folgendermaßen aus: «Ein gutbezahlter Spitzenjob mit Krankenversicherung wurde ersetzt durch zwei Dienstleistungsjobs ohne Sozialleistungen.»[3]

Dem Sozialismus wurde schließlich paradoxerweise von eben jenen Regierungen der Todesstoß versetzt, die seine Hüter hätten sein sollen – von den neuen Herrschercliquen, die so repressiv und ausbeuterisch waren wie diejenigen, deren Stelle sie eingenommen hatten, ja sogar noch repressiver und ausbeuterischer angesichts der Bedrohung von außen. Das ausgehende 20. Jahrhundert scheint Zeuge der endgültigen Niederlage der Arbeiterbewegung in ihrer heutigen Form zu sein: Mit dem Sturz der sozialistischen Regierungen hat sich offenbar auch der Sozialismus selbst diskreditiert. Doch noch immer kämpfen die Arbeiter weiter, die Gewerkschaftsbewegung liegt noch nicht am Boden. Sobald sie den neuen Strategien einer weltweiten Ökonomie gewachsen ist, ist eine Fortsetzung des Konflikts zu erwarten.

Genauso suchen die Männer-als-Gesamtheit – die der Oberschicht *und* die der Arbeiterschicht – beständig nach Mitteln, den Feminismus in die Knie zu zwingen. Sie versuchen, bisherige Errungenschaften (z. B. das Recht auf Abtreibung) zunichte zu machen oder zu beschneiden, Frauen in niederen Berufen zu halten (und eine «gläserne Decke» über Frauen in höheren Berufen zu legen), oder sie gründen Bewegungen, die die Frauen in eine Position vollständiger Unterordnung zurückzwingen sollen («Fundamentalismus»). Je mehr die Normenkontrolle der Verwandtschaft und Gemeinschaft versagt, um so häufiger kommen Männer nicht mehr für die von ihnen gezeugten Kinder auf und um so gewalttätiger werden sie im Umgang mit Frauen – mit Töchtern, Ehefrauen, Geliebten, Müttern, Schwestern und Fremden. Die Männer spannen neue Technologien für altbekannte Zwecke ein, benutzen die Amniozentese, um das Geschlecht eines Fötus festzustellen und weibliche abtreiben zu lassen, oder neue Befruchtungstechniken, um Kinder zu produzieren, die sie für sich beanspruchen («Leihmutterschaft»). All das läuft auf einen weltweiten Krieg gegen die Frauen hinaus.

Ziel dieses Krieges ist es, die Herrschaft der Männer über den weiblichen Körper, insbesondere über seine sexuellen und reproduktiven Fähigkeiten, sowie über die weibliche Arbeitskraft wieder zu behaupten und zu festigen. Wenn auch nicht alle Frauen Mütter sind oder sein wollen, so sind es doch die meisten, und *nur* Frauen sind Mütter. Mutter sein bedeutet Verantwortung übernehmen, und seit dem Beginn des menschlichen Lebens auf diesem Planeten haben Frauen die Verantwortung für das Wohlergehen der menschlichen Rasse übernommen. *Das ist ihre Wahl:* Sie tun es nicht, weil sie genetisch oder hormonell so programmiert sind, sondern weil es notwendig ist. Es genügt, einen Blick auf ein Neugeborenes zu werfen, um diese Notwendigkeit zu begreifen. Abgesehen davon haben Frauen das immer getan, sie sind es gewöhnt. Aber seitdem die Industrialisierung, die Ideen von Gleichberechtigung und Freiheit sowie neue Technologien den Frauen die Möglichkeit eröffneten, sich dieser oft undankbaren Aufgabe zu entledigen, tun mehr und mehr Frauen genau dies. Angesichts dieser veränderten Situation brechen die Männer in Panik aus. Da sie wissen, daß irgend jemand diese Rolle übernehmen muß, weil ansonsten die menschliche Rasse zum Untergang verdammt ist, stehen sie vor verschiedenen Alternativen: Sie übernehmen selbst diese Rolle (unerträglich); sie entlohnen die Frauen für ihre Leistungen (unangenehm); oder sie greifen auf jedes nur denkbare Mittel zurück, um Frauen zu drängen, aufzufordern und zu zwingen, sich weiter in ihre Rolle und ihre Unterwerfung zu fügen.

Die meisten (nicht alle) Männer entscheiden sich, ohne die Kosten dafür zu bedenken, für die letzte Möglichkeit. So wie Männer gegen andere Völker Krieg führen, ohne sich die langfristigen Konsequenzen vor Augen zu halten, so verfolgen sie Frauen, ohne zu erkennen, daß sie damit die menschliche Rasse vernichten. Die Männer wollen sichergehen, daß Frauen auch in Zukunft die gesamte Verantwortung für die Aufzucht der Kinder übernehmen. (Diese Behauptung mag bei Männern, die für den Unterhalt ihrer Familie sorgen, Verärgerung auslösen, aber Tatsache ist, daß eine riesige Anzahl von Männern in nichtindustrialisierten wie auch in industrialisierten Ländern genau das nicht tut. Keine einzige Behauptung in diesem Buch ist gegen einen Mann als Individuum gerichtet. Das Buch basiert auf allgemeinen Informationen und ist eine Anklage gegen ein System, das von den Männern-als-Gesamtheit erfunden wurde und noch immer aufrechterhalten wird.)

Ich glaube, daß das Patriarchat als Krieg gegen die Frauen begann und sich so auch ausbreitete. Anfänglich war den Menschen nicht klar, welchen Beitrag die Männer zur Vermehrung leisten, und die Männer spielten nur eine nebensächliche Rolle im menschlichen Leben: Die Frauen machten alles, so wie es noch heute in vielen Gesellschaften der Fall ist. Sie brachten die Kinder zur Welt und erzogen sie, sammelten oder bauten den größten Teil der Nahrung an und trafen wahrscheinlich die Entscheidungen in der Gruppe. Die Menschen lebten vermutlich zwei Millionen

Jahre lang auf diese Weise, bis sie Wurfgeschosse erfanden und zu jagen begannen. Während die frühen Menschen noch in der Gruppe auf die Jagd gingen, brachten die Männer allmählich die Jagd unter ihre Kontrolle. Vielleicht waren sie durch ihre Körperkraft in dieser Tätigkeit überlegen, und sie waren entbehrlicher als die lebenspendenden Frauen. Die Jagd wies den Männern eine gesellschaftliche Rolle zu und bildete die Grundlage ihrer Solidarität. Doch selbst nach der Entdeckung des männlichen Beitrags zur Zeugung (diese Erkenntnis dürfte Kunstwerken aus anatolischen Dörfern zufolge auf die Zeit zwischen 9000 und 7000 v. Chr. zurückgehen) blieb die soziale Struktur noch unverändert.

Vieles spricht dafür, daß in der weiteren Entwicklung mehrere tiefgreifende Veränderungen zusammentrafen: Der Ackerbau löste das Sammeln ab, dadurch wurde ein Wachstum der Bevölkerung möglich. Aber je mehr die Menschen sich auf der Welt vermehrten, desto weiter schrumpften die Wildvorräte. Die Jagd wurde zu einer unzuverlässigen Nahrungsquelle; der einzige Existenzgrund der Männer schwand dahin. Aus Angst erfanden sie Jagdkulte, von denen sie Frauen ausschlossen (möglicherweise machten sie ihnen den Wildmangel zum Vorwurf, weil sie noch immer glaubten, die Frau sei Quelle allen Lebens), und begannen, männliche Gottheiten zu verehren. (Alle Jägergesellschaften haben ausschließlich männliche Jagdkulte.) Aber den Jungen, die nicht als Jäger, sondern als Bauern aufwuchsen, fehlte die alte männliche Solidaritätsbasis. Die Männer imitierten das Einsetzen der Pubertät bei den Frauen und erfanden Initiationsriten für die männlichen Nachkommen, um ihnen männliche Solidarität nahezubringen. In Sammler- und Jägergesellschaften gibt es bis auf wenige Ausnahmen keine Initiationsriten für Jungen; die meisten Gruppeninitiationen findet man bei Ackerbaugesellschaften. Als der Ackerbau an die Stelle des Sammelns trat, entstand unter den Männern ein Bewußtsein für männliche Solidarität – das war unvermeidlich, andernfalls wäre diese Solidarität verschwunden, sobald jeder Mann nur noch alleine sein Feld bestellt hätte. Um diese Solidarität also zu erhalten, begannen die Männer mit Inititationsriten für den Nachwuchs.

Die männliche Solidarität gründet einzig auf dem Gegensatz zu den Frauen, und ihr Ziel ist es, die primäre Mutterbindung zu ersetzen. Da die Männer diese mit lebensbejahenden Attributen wie Nähren, Mitleid, Weichheit und Liebe assoziieren, geht die Bildung männlicher Solidarität immer mit einer gewissen Brutalisierung einher. In männlichen Initiationsriten wird den Jungen beigebracht, «weibliche» Züge zu verachten und auszumerzen und durch Härte, Selbstverleugnung (nicht Selbstaufopferung), Gehorsam und Unterwürfigkeit gegenüber «höheren» Männern zu ersetzen. Dabei entsteht eine andere Bindung als Liebe, tauglich als Instrument im Dienst «höherer» Werte, eines transzendenten Ziels: der Macht. In vielen Riten wird von den Jungen explizit die Abgrenzung von der Mutter verlangt – und damit von der «weiblichen» Welt.

Frauen-als-Gesamtheit haben sich selbst nie im Gegensatz zu den Männern definiert. Da die Bindung an ihre Kinder immer am stärksten war, kannten sie keine weibliche Solidarität. Und weil sie um ihre absolute Notwendigkeit für das Überleben der Gruppe wußten, sahen sie in diesen Veränderungen möglicherweise keine Bedrohung. Vielleicht haben sie diese Riten sogar unterstützt, weil sie glaubten, ihren Söhnen würde es dadurch bessergehen und die Männer würden mehr Verantwortungsgefühl entwickeln. Aber nachdem die Männer entdeckt hatten, was für eine lebenswichtige Rolle sie bei der Fortpflanzung spielten, kämpften sie wahrscheinlich unter der Regie machtgieriger Priester darum, daß die Kinder nach *ihnen* benannt wurden und die patrilineare Abstammung sich durchsetzte. An manchen Orten (wie in Afrika) versklavten die Männer die Frauen zu diesem Zweck, sie nahmen sie gefangen und isolierten sie von ihrer eigenen Sippe, der sie verpflichtet waren und der ihre Kinder gehörten. Doch selbst unter diesen Bedingungen mußte ein Mann, um die Vaterschaft für sich beanspruchen zu können, die Sexualität der Mutter überwachen. Die Männer verlangten von den Frauen, daß sie nach der Heirat in den Clan des Mannes zogen, hielten sie so von ihrer Sippe fern und stellten sie unter die Überwachung und Kontrolle der Sippe des Mannes. Erst an diesem Punkt begannen die Männer, die Frauen zu mißbrauchen. Diese Schritte vollzogen sich an unterschiedlichen Orten zu unterschiedlichen Zeiten, aber sie vollzogen sich fast überall vor etwa 5000 Jahren.

Die Frauen wehrten sich gegen diese Veränderungen: Mythen sowie Legenden in der Bibel und in anderen literarischen Werken legen Zeugnis ab von einem Kampf zwischen den Geschlechtern, der vermutlich Tausende von Jahren währte. Die Niederlage der Frauen bedeutete zugleich eine Niederlage für die meisten Männer, die die relative Autonomie und Gleichheit verloren, welche das Leben in der Sippe mit sich gebracht hatte. Das sumerische Wort für Freiheit – *amargi* – bedeutet «zurück zur Mutter». In der Phantasie bestimmter Männer setzte sich die Idee der Macht fest, und um ihre Herrschaft auf größere Gebiete auszudehnen, führten sie Neuerungen ein: Krieg in großem Maßstab, Tributpflicht (Besteuerung), Leibeigenschaft (Sklaverei), Prostitution sowie zwei neue Verbrechen – Verrat und Ehebruch (von den Sumerern bis ins England und Amerika des 19. Jahrhunderts ein reines Frauenverbrechen). Obwohl Frauen in vielen Gesellschaften Soldaten waren, wurde der Kampf zunehmend zu einer männlichen Domäne – vermutlich aus denselben Gründen wie die Jagd. Eroberer zwangen die besiegten Völker in die Sklaverei oder Leibeigenschaft, erlegten ihnen Steuern auf, und manchmal eigneten sie sich ihr Land an. Der Staat war geboren. Frauen nahmen in den frühen Staaten hohe Positionen ein, wenn auch meistens als Untergebene von Männern, denn nur wenige eroberten eigenständig Territorien. *Alle* frühen Staaten erließen Gesetze, durch die der Körper der Frauen – ihre Sexualität und Reproduktionsfähigkeit – zum Eigentum der Männer erklärt wurde, und erschwerten oder verunmöglichten den Frauen den Besitz oder die Weitergabe von Eigentum.

Die institutionalisierte männliche Vormachtstellung wird als Patriarchat bezeichnet. Vermutlich entstand es im 4. Jahrtausend v. Chr. in Mesopotamien und breitete sich allmählich über den ganzen Globus aus. In unzähligen Revolutionen wurde seitdem die Herrschaft einer Elite angegriffen, aber der Feminismus ist die erste Bewegung, die das Patriarchat als solches in Frage stellt. In praktisch jedem Land der Erde organisieren Frauen heute kleine Basisgruppen oder politische Aktionsgruppen. Sie verlangen, als menschliche Wesen mit entsprechenden Rechten behandelt zu werden: Sie fordern das Recht auf eigenen Lohn, das Recht auf ihre Kinder nach einer Scheidung, auf den Erwerb von Eigentum, auf Ausbildung, auf ausreichende Entlohnung für ein Leben in Unabhängigkeit, auf politischen Einfluß, auf freie Heirat, auf körperliche Unversehrtheit. Sie verlangen, daß Männer sie nicht mehr nach Gutdünken schlagen, vergewaltigen, verstümmeln und töten können. Feministische Theorien stellen die patriarchalische Schichtenstruktur der Gesellschaft mit ihrem unterschiedlichen Zugang zum gesellschaftlichen Reichtum in Frage, ihre Trennung in Privilegierte und von Geburt an Benachteiligte sowie die patriarchalische Anbetung von Herrschaft. Frauen spielen in weltweiten Friedens- und Ökologiebewegungen eine zentrale Rolle. Frauen gründen Netzwerke für Frauen und Organisationen, die auf enger Zusammenarbeit basieren und nur zeitlich begrenzte Führerschaft kennen.[4] Frauen definieren ihr Selbstverständnis neu.

Die mit patriarchalischen Wertvorstellungen vollgestopften Männer bieten alle Kräfte auf, um diese Herausforderung abzuwehren. Die sozialen und politischen Bewegungen der vergangenen zwei Jahrhunderte basierten auf den Ideen der Aufklärung, die die Rechtfertigung für jene Revolutionen lieferte, durch die die heutigen Oberschichten an die Macht kamen.

Aus diesem Grund können die Herrschenden diese Prinzipien nicht einfach von sich weisen, und gebildete Männer können nicht offen zugeben, daß sie Bauern, Arbeiter und Frauen für minderwertige Arten halten, von Natur aus dazu bestimmt, ihnen zu dienen. Solche Ansichten werden zwar im privaten Kreis noch geäußert, aber im Diskurs der westlichen Welt des 20. Jahrhunderts ist die Idee einer naturgegebenen Unterlegenheit nicht mehr salonfähig. Aber das Patriarchat hat seine wahren Ziele noch nie offengelegt – zumindest ist aus der Geschichte keine derartige Offenlegung bekannt, obwohl in den Mythen vieler Kulturen ein männlicher Angriff auf weibliche Vorherrschaft gefeiert oder gerechtfertigt wird. Wo und wie auch immer Männer Frauen unterjochten, als Rechtfertigung führten sie immer die gott- oder natur*gegebene* Unterordnung der Frauen unter die Männer an. Zu diesem Zweck sprachen sie den Männern, nicht jedoch den Frauen, bestimmte Eigenschaften zu (Vernunft, Logik, Intellekt, Seele) und statteten die Frauen, nicht jedoch die Männer, mit Wesenszügen aus (chaotische Gefühle, ungezähmte Sexualität), durch die sie zum subversiven Element aller wahren Ordnung wurden. Die Männer tun so, als kämen Frauen nur am Rande mit dem Ernst des Lebens in Berührung, als wären nicht sie es, die in erster Linie zu seiner Erhaltung beitragen. Selbst wenn Feministinnen die Männer zum Zuhören zwingen, behandeln die Politiker sie als «besondere Interessenlobby» – als ob ihr Anliegen nur einen Bruchteil der Bevölkerung beträfe und nicht alle Frauen (51 Prozent der Bevölkerung in den meisten Ländern) und die Kinder, für die die Frauen fast die alleinige Verantwortung tragen.

Wenn heute Regierungen und Kirchen eine extrem frauenfeindliche Politik betreiben, dann werden Frauen nur selten direkt erwähnt; vorgeblich geht es um andere Themen, oder die Ziele werden euphemistisch ummäntelt. Gewöhnlich wird zur Förderung der weiblichen Unterwerfung beschönigend der «Schutz der Familie» angeführt – sowohl in westlichen wie in östlichen Ländern. Das entbehrt nicht einer gewissen Ironie: Welches Geschlecht hat schließlich immer die «Familie» aufrechterhalten und die Verantwortung für die Kinder übernommen? Doch viele Männer brauchen, ob in Gruppen mit politischer Schlagkraft oder als Individuen mit Fäusten und Gewehren, keine Beschönigung, um Frauen zu schaden. Das hat dazu geführt, daß die Frauen – und mit ihnen immer auch die Kinder – in weiten Teilen der Welt zu einer gefährdeten Spezies geworden sind. Charlotte Bunch schreibt, daß eine Situation, in der eine ethnische oder nationale Gruppe eine andere in dem Ausmaß angreifen, töten und verstümmeln würde, wie Männer Frauen angreifen und töten (und sie bezieht sich dabei nur auf Angriffe aus dem Bekanntenkreis), daß eine solche Situation Anlaß genug wäre für die Ausrufung des Ausnahmezustands oder gar für eine Kriegserklärung.[5] Aber die häusliche Gewalt gegen Frauen ist nur *ein* Schauplatz in einem globalen Krieg gegen die Frauen.

Da die Männer ihre wahren Absichten verbergen, indem sie Frauen nicht oder nur am Rande erwähnen, müssen wir zur Entmystifizierung ihrer Ziele auf die Auswirkungen ihres Tuns achten, nicht auf die Rhetorik. Man mag dagegen einwenden, diese Auswirkungen könnten zufällig und ohne böse Absicht eintreten. Aber es kann kein Zufall sein, daß überall auf der Welt ein Geschlecht dem anderen so massiven Schaden zufügt, daß man am Verstand der Führer dieser Kampagne zweifeln muß: Kann eine Art überleben, wenn die eine Hälfte davon systematisch und mit vereinten Kräften Jagd auf die andere macht?

Menschen sind die einzige Art, in der das eine Geschlecht beständig Jagd auf das andere macht. Die Männer behaupten, ihr Raubtierverhalten sei «natürlich», genetisch oder hormonell verankert und daher nicht zu ändern: Männer würden von Natur aus dazu getrieben, Frauen zu versklaven, zu mißbrauchen und zu beherrschen. Wenn das wahr ist, dann ist die Menschheit dem Untergang geweiht. Aber die Geschichte lehrt uns, daß Männer nicht immer Jagd auf Frauen machten, daß die Geschlechter einst in relativer Gleichberechtigung lebten. Es mag sein, daß das Patriarchat sich entwickelt hat, um die weibliche Vorherrschaft zu überwinden, aber auch wenn Frauen dominant waren, dann institutionalisierten sie diese Vormachtstellung niemals als Matriarchat (soweit wir wissen, gab es nie ein Matriarchat) und versuchten nie, die Männer in ihrer Sexualität und Fortpflanzung, im Denken und Handeln einzuengen. In geschichtlichen Epochen, in denen Frauen große Macht ausübten (manchmal war das der Fall), verbündeten sie sich nie gegen die Männer. Für Mütter von Söhnen ist das auch ganz unvorstellbar. Das Bedürfnis der Männer, Frauen zu beherrschen, rührt vielleicht aus ihrem eigenen Gefühl der Leere; wir kennen seine Wurzeln nicht, und die Männer unternehmen keine Anstrengung, sie freizulegen. Aber als Reaktion auf die weltweiten Frauenbewegungen wird der seit langem während Krieg der Männer gegen die Frauen jetzt mit neuerwachter Heftigkeit, Dringlichkeit und unter neuen Fahnen geführt.

*

Das vorliegende Buch gliedert sich in vier Teile. Teil I befaßt sich mit systemimmanenten Kriegen gegen Frauen, mit den Methoden, wie Frauen durch übergreifende internationale und religiöse Systeme benachteiligt werden. Diese Benachteiligungen nehmen in verschiedenen Ländern verschiedene Formen an, aber es gibt doch einige universale Konstanten. Überall auf der Welt bürden die Männer den Frauen die Hauptlast bei der Erziehung der Kinder und der Sorge für das Heim auf, tun aber so, als sei diese Last keine Arbeit: Weder in Entwicklungsländern noch in industrialisierten Nationen wird diese Arbeit bezahlt oder geht als Arbeitsleistung in die Statistiken ein. Die systemimmanente wirtschaftliche Benachteiligung von Frauen zieht unweigerlich eine systemimmanente politische Benachteiligung nach sich. Den durch Arbeit überlasteten Frauen fehlt die Muße, politische Aktivitäten zu entwickeln, und diejenigen, die es dennoch tun, sehen sich mit systemimmanenten Barrieren konfrontiert. Das führt dazu, daß die Frauen dieser Welt wenig Einfluß auf die Geschicke dieser Welt haben – was wiederum die Macht der Männer stärkt. Um Frauen aus der politischen Arena fernzuhalten, ignorieren Männer ihre Verdienste und tilgen sie aus der Geschichtsschreibung. Ich werde dieses weit zurückreichende und weitverbreitete Problem an einem Beispiel aus jüngster Zeit veranschaulichen.

Die Religionen, die oft nationale Grenzen überschreiten, sind Hauptvehikel der Unterjochung der Frauen. Um Frauen von politischer Macht fernzuhalten – von der Macht innerhalb der Kirchen und von Themen von öffentlichem Interesse –, konzentrieren sich die Religionen in erster Linie auf den weiblichen Körper und tun so, als würde er die Moral der gesamten menschlichen Rasse inkarnieren. Daher stürzen sich einige auf die äußere Erscheinung, die Kleidung und die Gewohnheiten von Frauen, als ob davon alle menschliche Tugend abhinge (während Erscheinung, Kleidung und Verhalten von Männern für die Tugend keine Rolle spielen); andere richten ihr Hauptaugenmerk auf das weibliche Potential der Mutterschaft, als ob Frauen alleine die Pflicht obläge, die menschliche Rasse zu erhalten. Die Religionen verlangen von Männern nicht, die Frauen bei dieser Aufgabe zu unterstützen, ihnen zu helfen oder sie dafür zu entlohnen, sondern sie verlangen, daß Männer darüber die Kontrolle gewinnen.

Die Diskussion über den Krieg der Religionen gegen die Frauen führt uns zu den staatlichen Bemühungen, den weiblichen Körper zu beherrschen. Vom Staat werden Gesetze zur Reglementierung des weiblichen Körpers erlassen, entweder in Verbindung mit einer Religion oder unabhängig davon. Mit Religion und der Vorstellung, den Frauen die Last menschlicher Sexualmoral aufzubürden, ist die unter der Schirmherrschaft vieler Religionen propagierte Praxis der genitalen Verstümmelung von Frauen, von der heute etwa zwanzig Millionen Frauen auf der Welt betroffen sind, eng verknüpft. Zum Abschluß werden wir auf den Krieg gegen die bloße Existenz von Frauen zu sprechen kommen, der in den Teilen der Welt tobt, wo durch selektive Abtreibung weiblicher Föten und bewußte Vernachlässigung weiblicher Nachkommen Millionen von ihnen getötet werden.

In Teil II geht es um die institutionelle Diskriminierung innerhalb bestimmter Länder, vor allem in den Vereinigten Staaten. Auch hier stoßen wir auf eine konzertierte Aktion: Auf institutioneller Ebene wird versucht, den Frauen wirtschaftliche Selbständigkeit, politischen Einfluß und die Verfügungsgewalt über den eigenen Körper zu verwehren. Institutionen versuchen manchmal, eine Rechtfertigung für ihr Verhalten gegenüber Frauen zu liefern, daher beginnt dieser Abschnitt mit der Diskussion einer gängigen wissenschaftlichen Begründung – der Soziobiologie.

Anschließend werden wir einige neuere Beispiele für Vorurteile gegen Frauen erörtern: Der Ärztestand steht den medizinischen Problemen von Frauen im allgemeinen gleichgültig gegenüber; in der Rechtsprechung werden Frauen auf unzählige Weise geschädigt; Anwältinnen begegnet man von oben herab; Scheidungsurteile und Sorgerechtsentscheidungen werden einseitig gefällt; in der Ausbildung und im Geschäftsleben werden Männer bevorzugt. Nur gelegentlich und unter Schwierigkeiten können einzelne Frauen sich über die Ungleichbehandlung dieser Institutionen hinwegsetzen.

In Teil III möchte ich auf einige Beispiele für Frauenhaß im kulturellen Bereich eingehen. Kulturelle Erzeugnisse werden zwar von Institutionen verbreitet, doch Kultur ist zu amorph, als daß man sie einer bestimmten Institution zuordnen könnte. Kultur entsteht aus Form, Stil und Bild; hinter ihrer Erscheinung mag sich die politische Absicht so gut verbergen, wie sich die Politik von Regierungen und Kirchen hinter ihrer Rhetorik verbirgt. Dennoch ist eine etwas andere Art der Analyse erforderlich, um diese politische Absicht freizulegen, zu «entmystifizieren». Aus diesem Grund habe ich dem Thema einen eigenen Abschnitt gewidmet. Dazu gehören eine Untersuchung der Sprache von Soldatenliedern und von hochstehenden Persönlichkeiten der Kriegs- und Waffenindustrie, die Analyse der Anzeigenpolitik in Frauenzeitschriften sowie einige willkürlich ausgewählte Bemerkungen über die männliche Darstellung von Frauen in der Kunst. Zum Schluß werde ich auf sadomasochistische Darstellungen von Frauen in der Kunst eingehen und mich mit dem Thema Zensur befassen.

In Teil IV werden die Angriffe auf den weiblichen Körper im alltäglichen und häuslichen Leben zur Sprache kommen. In der Presse und anderen Medien werden Vergewaltigung, Schläge und Mord an Ehefrauen und Geliebten oder auch der männliche Inzest mit (meist weiblichen) Kindern als individuelle Handlungen und anormales Verhalten behandelt. Häufig aber sind sie so weit verbreitet und so allgemein akzeptiert, daß man sie systemimmanent nennen muß: Männliche Gewalt gegen Frauen könnte ohne die Unterstützung oder zumindest die Billigung von Institutionen wie den Gerichten und der Polizei nicht in dem Ausmaß gedeihen, wie das der Fall ist. Und aus allen psychologischen Untersuchungen geht hervor, daß Männer, die vergewaltigen oder Inzest begehen, doch innerhalb der Bandbreite eines für amerikanische Männer «normalen» Verhaltens eingestuft werden. Insofern sind die Gewalttätigkeiten einzelner Männer immanenter Bestandteil eines kulturellen Kontexts. Tatsächlich haben Männer in vielen Teilen der Welt noch immer das Recht, die Frauen, die sie «besitzen», zu schlagen, zu foltern, einzusperren oder zu töten, und an anderen Orten hatten die Männer bis ins 20. Jahrhundert solche Vorrechte. Regierungen, Kirchen, Institutionen und kulturelle Gruppen, die männliche Gewalt gegenüber Frauen zwar nicht offen billigen, weigern sich, darin etwas anderes zu sehen als einen privaten Akt, der sich ihrem Einfluß entzieht.

Durch den Vorwand, diese Gewalt geschehe nicht mit stillschweigender Duldung der staatlichen Institutionen, wird Menschenrechtsgruppen wie Amnesty International die Interventionsgrundlage entzogen, um Frauen vor Schlägen, Verhaftungen, Verstümmelungen, Folter, Hunger, Vergewaltigung und Mord *im häuslichen Bereich* zu schützen. Tatsächlich weigern sich viele Männer, sogar innerhalb von Menschenrechtsorganisationen, anzuerkennen, daß der Kampf um «Menschenrechte» auch Frauen miteinschließt.

Erschwerend kommt hinzu, daß es dank der Behauptung, man könne nicht alles in einen Topf werfen, keine Statistiken über männliche Gewalt gegen Frauen *im allgemeinen* gibt. Meiner Ansicht nach ist alle Gewalt von Männern gegen Frauen Teil einer konzertierten Aktion. Da ich wegen des fehlenden Quellenmaterials nicht in der Lage bin, die Beziehung zwischen individueller männlicher Gewalt an Frauen (und Kindern) und der Politik von Regierung, Religion und Institutionen in einem bestimmten Land zu analysieren, habe ich diesen Aspekt nicht in den Abschnitt über systemimmanente oder institutionelle Kriege gegen Frauen aufgenommen. Trotzdem möchte ich betonen, was für einen wichtigen Beitrag ganz gewöhnliche Männer in diesem Krieg gegen die Frauen leisten. Sowenig wie individuelle Gewalt ohne Rückhalt auf breiter Ebene so häufig vorkommen und so verheerende Ausmaße annehmen könnte, sowenig könnte ein weltweiter Krieg gegen Frauen ohne die Mitwirkung einzelner Individuen geführt werden.

Nur in feministischen Analysen erscheint die männliche Gewalt gegen Frauen als globales Problem. Journalisten, Sozialwissenschaftler und Sozialarbeiter, die Gewalt gegen Frauen als individuellen Akt betrachten, maskieren nur die zugrundeliegende Politik: Sie waschen die Männer rein und verhindern dadurch eine öffentliche Diskussion der wirklichen Situation. Doch ohne öffentliche Diskussion können wir nicht ergründen, welche Auswirkungen das Gefühl, Frauen in einer Weise mißhandeln zu dürfen, wie nur wenige ein Tier mißhandeln würden, auf die Psyche von Männern hat. Und wir können auch nicht ernstlich über menschliche Moral sprechen.

Die folgende Diskussion wird durch einige Faktoren kompliziert: durch den Umstand, daß frauenspezifische Probleme sich oft gegenseitig bedingen und verstärken; durch die Schwierigkeit, Diskriminierung zu «beweisen»; durch die ständigen Bemühungen der Männer, die weibliche Fortpflanzung zu kontrollieren und unter ihre eigene Regie zu bringen. Ich werde der Reihe nach auf diese Faktoren eingehen.

Der Umstand, daß frauenspezifische Probleme sich oft gegenseitig bedingen und verstärken

Die Diskriminierung in einem Bereich, sagen wir in Eigentumsfragen, hat nicht nur auf das wirtschaftliche Potential einer Frau Auswirkungen, sondern auch auf ihren politischen Einfluß, auf ihren Körper und auf ihre Kinder. Wenn ein System das Recht auf Eigentum fast ausschließlich Männern zugesteht (wie in vielen afrikanischen Ländern), dann muß eine Frau, um zu überleben, entweder heiraten und das Land ihres Mannes bestellen oder in der Stadt Arbeit finden. Die meisten afrikanischen Frauen werden in die Ehe getrieben; aber Ehe bedeutet Kinder, und viele afrikanische Männer kommen nicht für den Unterhalt ihrer Familie auf. Wenn das Land eines Mannes zum Lebensunterhalt nicht ausreicht oder wenn der Mann die Frau verläßt, muß sie in der Stadt Arbeit suchen, aber *sie* hat die Kinder; sie tragen zwar den Namen ihres Vaters, aber er kümmert sich wenig oder gar nicht um sie.

Die Kinder schränken die Frau in ihrer Mobilität ein und

erschweren die Arbeitssuche – sie kann sie nicht einfach alleine lassen. Aufgrund von Vorschriften oder Bräuchen sind nur wenige Frauen in Afrika so gut ausgebildet, daß sie Arbeit in einem Büro finden, und nur wenige Fabriken stellen Frauen ein. Eine verarmte Frau mit Kindern kann nur in einem Randbereich Arbeit finden: als Hausangestellte, im Kleinhandel oder als Prostituierte. Nur in wenigen afrikanischen Staaten werden Frauen als Bedienstete angestellt, und der Mann oder die Männer des Hauses behandeln weibliche Bedienstete häufig als sexuelles Freiwild. Kleinhandel ist oft illegal, genau wie Prostitution. (Seit Beginn des Patriarchats ist die Prostitution die einzige Arbeit, für die Männer den Frauen so viel bezahlen, daß sie für sich selbst sorgen können.) Aber vielleicht reicht auch das noch nicht zum Überleben aus, oder die Frau steckt sich mit AIDS an oder wird sonstwie krank. Wenn das passiert, werden ihre Kinder verhungern. Wenn die Kinder krank werden, muß sie diese pflegen, was bedeutet, daß sie nicht arbeiten gehen kann, und so verhungern alle. Die Gesellschaft macht ihr ob der Situation, in der sie steckt, einen Vorwurf; sie nimmt sich diesen Vorwurf zu Herzen und fühlt sich schuldig. Das ist ein gängiges Szenario. Und wo immer Frauen Leid zugefügt wird, trifft es auch die Kinder.

Dieser Teufelskreis spiegelt sich in diesem Buch wider, wo jedes Thema regelmäßig mit anderen verquickt ist: Es ist ebenso unmöglich, einzelne Benachteiligungen auszumachen, wie deren Urheber auseinanderzudividieren (Regierungen, Kirchen, Firmen und Institutionen, die Männer begünstigen, die wiederum zu ihrer Erhaltung beitragen). Ich möchte mit Nachdruck darauf hinweisen, daß fast immer, wenn Frauen ein Leid zugefügt wird, auch die Kinder betroffen sind – Jungen wie Mädchen, und fast immer, wenn Frauen geholfen wird, ist auch den Kindern geholfen. Daher fügt eine frauenfeindliche Politik letztendlich der gesamten menschlichen Spezies Schaden zu. Ich sage das nicht, um die bittere Pille zu versüßen, um den Männern einen anderen Grund zu bieten, warum sie ihren Krieg gegen die Frauen einstellen sollen. Zu oft haben die Frauen in den Kämpfen für eine neue Religion oder gegen die Versklavung der Schwarzen oder die Ausbeutung der Arbeiterklasse mitgekämpft, ohne auch an sich selbst zu denken. Die Männer müssen den Krieg gegen die Frauen beenden, weil er falsch ist. Aber sie sollten auch erkennen, daß sie damit sich und ihren Kindern schaden.

Die Schwierigkeit, Diskriminierung zu beweisen

Es ist schwer, in einer von Vorurteilen geprägten Gesellschaft Diskriminierung *nachzuweisen*. Man kann immer einen Angriffspunkt finden, wenn man lange genug danach sucht – bei jedem Menschen. Jeder, der sich in den Kopf setzt, eine Gruppe oder eine Person als minderwertig zu deklarieren, kann eine ganze Reihe von Beweisen für diese Minderwertigkeit finden, denn wir alle sind minderwertig, gemessen an den hehren Idealen von Menschlichkeit, die wir selbst errichtet haben.

Wenn wir uns (zur Abwechslung) einmal vornehmen, die Unterlegenheit der Männer zu beweisen, könnten wir anführen, daß Männer eine höhere Sterblichkeitsrate haben, und zwar in jeder Lebensphase, daß sie an emotioneller Verstopfung leiden, unfähig sind, anderen einen emotionalen Rückhalt zu bieten, keine Kinder haben oder erziehen können, ja nicht einmal ihr eigenes Abendessen zubereiten können. Unter dem Einfluß hormoneller Schwankungen verfallen sie in (für sich und andere) lebensbedrohliche Rasereien, sie sind fasziniert von Spielereien und erfinden Strukturen, die ihnen die Illusion vorgaukeln, alles unter Kontrolle zu haben. Sie haben aber auch einige erfreuliche Züge: Sie sind leidenschaftlich in ihrer Sexualität, und ihre Verantwortungslosigkeit erlaubt ihnen einen spielerischen, brillanten Umgang mit Dingen, die nichts mit dem wirklichen Leben zu tun haben. Es wäre sicher das beste, eine solche Spezies zur eigenen Belustigung wie zur Unterhaltung der Frauen in einen Laufstall zu stecken, während die Frauen die Verantwortung für die Vorgänge in der Gesellschaft, die Erziehung der Kinder und die Zubereitung des Abendessens übernehmen. Wäre das die vorherrschende Ideologie, so würden individuelle Handlungen, die im Widerspruch zu dieser Definition stünden, dementsprechend zurechtgebogen, und Proteste männlicher Gruppen würden als Folge hormonell bedingter Stimmungsschwankungen interpretiert werden.

Weiße nehmen schwarze Männer in einem von Weißen bewohnten Viertel als Plünderer *wahr*. Weiße nehmen schwarze Frauen in einem reichen weißen Viertel als Dienstmädchen und Kindermädchen *wahr*, auf den Straßen der Städte aber als Prostituierte und in teuren Läden als Ladendiebinnen. In Moskau können Frauen kein Hotel betreten, ohne zu beweisen, daß sie dort Gast sind, weil die Regierung *annimmt*, daß jede nicht dort gemeldete Frau eine Prostituierte ist. (Das hat sich möglicherweise seit meinem letzten Besuch 1990 geändert.) In meiner Jugend verwehrten gute Restaurants mir wie jeder Frau ohne männliche Begleitung den Zutritt. Frauen ohne Männer wurden als Prostituierte *wahr*genommen. Das sind Vorurteile, Vorverurteilungen von Menschen aufgrund ihres Geschlechts, für das sie nichts können, oder ihrer Hautfarbe. Alle Gesellschaften nähren Vorurteile, die auch unausgesprochen von allen geteilt werden. Deswegen sind sie so schwer nachzuweisen. Viele Gesellschaften verschlüsseln ihre Vorurteile in ihren Gesetzen. Der feministischen Bewegung ist es hervorragend gelungen, diskriminierende Gesetze aus den Strafgesetzbüchern der meisten Industrieländer zu tilgen, aber die Männer greifen heute auf raffiniertere Techniken zurück, um Frauen auszugrenzen. Nur wenige erklären Frauen in Bausch und Bogen für minderwertig, aber viele handeln weiterhin so, als ob nur Männer zählten. Firmenchefs beharren darauf, daß keine Diskriminierung im Spiel war, wenn eine Frau nicht befördert wurde; das Problem war einfach, daß die Typen nicht mit ihr auskamen, daß sie nicht dazupaßte. Wenn die Leute über Frauen sprechen, ist das entscheidende Wort «zu». Die Stimmen von Frauen sind *zu* laut oder *zu* leise, sie sind *zu* aggressiv, *zu* alt oder *zu* jung. Über jeden menschlichen Zug regt irgend jemand sich auf. In frauenfeindlichen Gesellschaften regt *jeder* sich mehr über Frauen auf als über Männer.

Was auch immer Frauen tun, sie weichen von der Norm ab. In einem vor kurzem erschienenen Buch, *The Trapped Woman:*

Catch 22 in Deviance and Control, werden diverse Fallen für Frauen veranschaulicht.[6] Einer der Artikel führt einige Verhaltensweisen auf, die einer Frau das Etikett «abweichendes Verhalten» eintragen: Kinder haben oder keine Kinder haben; berufstätig sein und die Kinder fremd versorgen lassen oder Kinder haben, berufstätig sein und keinen Tagesplatz für das Kind finden.[7] Frauen mit Kindern, die auf Sozialhilfe angewiesen sind, werden ebenso für schuldig befunden wie Frauen, die sich scheiden lassen, die geschlagen werden und sich nicht wehren oder die geschlagen werden und ihre Peiniger verlassen. Frauen wird wahlweise ihre sexuelle Freizügigkeit oder ihre «Zugeknöpftheit» in Sachen Sex vorgehalten, ihr Festhalten an Jungfräulichkeit oder ihre vorehelichen Liebhaber, sogar aus einer Vergewaltigung wird ihnen ein Vorwurf gemacht. Frauen fallen der gesellschaftlichen Verdammung anheim, weil sie ehrgeizig sind oder weil es ihnen an Ehrgeiz mangelt, weil sie reich oder arm sind, dick oder dünn, Karriere machen oder nicht.

In allen patriarchalischen Gesellschaften ist Frauenfeindlichkeit eine allgemein akzeptierte Währung, das Wechselgeld in jedermanns Tasche (und in der mancher Frauen), schnell zur Hand bei jeder Handlung – und ihrer Rechtfertigung. Weil den Frauen alles, was sie sind, zum Vorwurf gemacht wird, ist es schwierig, Diskriminierung zu beweisen. Um ihre Existenz zu beweisen, müssen wir ihre Auswirkungen untersuchen.

Die fixe Idee der Männer: Kontrolle der weiblichen Fortpflanzungsfähigkeit

Auch die Männer werden überall durch rassische, religiöse, wirtschaftliche und politische Faktoren unterdrückt. Die Frauen sind von diesen Problemen gleichermaßen betroffen (ausgenommen vom Problem der männlichen Identität, einem ernsthaften Problem, dem nur wenige Männer je ins Gesicht sehen). Aber die Männer nehmen kaum Anteil an den meisten Problemen der Frauen. Die Probleme, von denen Männer nicht betroffen sind, haben ihren Ursprung in der Fortpflanzungsfähigkeit der Frauen. Auch ohne Patriarchat wäre die Situation der Frauen einzigartig, denn durch ihren Körper wird die menschliche Spezies wiedererschaffen. Aber das Patriarchat macht die Frauen zu Gefangenen ihres Körpers. Weil die Frauen Kinder gebären, versuchen die Männer, sich die Kontrolle oder die Verfügungsgewalt über ihren Körper anzueignen. Das von Männern beherrschte System tut so, als ob die Frauen tatsächlich (wie Millionen Jahre lang geglaubt wurde) auf wundersame Weise alleine die Fortpflanzung übernehmen würden. Diese Einstellung, daß Frauen ganz allein Kinder hervorbringen, findet sich in allen Gesellschaften, industrialisierten und nichtindustrialisierten, und in allen Gesellschaftsschichten.[8] Weil Frauen allein Kinder gebären, schieben die Männer ihnen alleine die Verantwortung für deren Erziehung zu. Die Männer erheben zwar Anspruch auf die Kinder und fordern, daß sie *ihren* Namen tragen, aber sie tun, als ob die Frauen sich alleine für ein Kind entschieden hätten und deswegen auch ausschließlich für seine Erziehung – und oft genug für seinen Unterhalt – verantwortlich wären.

Wegen der Gebärfähigkeit der Frauen hängt ein Problem mit dem anderen zusammen: Was die Männer dem weiblichen Körper antun, hat oft Auswirkungen auf die Fortpflanzung, und die Mutterschaft hat für das gesamte Leben einer Frau ungeheure und bleibende Folgen. *Keine Behandlung des männlichen Körpers – einschließlich Kastration und Vaterschaft – belastet diesen in ähnlicher Weise für den Rest seines Lebens*, denn Männer bringen keine Kinder auf die Welt, für die sie über Jahrzehnte hinweg verantwortlich sind. Daher können Männer ihre Erfahrung in einer Weise aufsplittern, die Frauen unmöglich ist. Nur weil Frauen Kinder zur Welt bringen, bestehen die Männer hartnäckig darauf, in allen Frauen Mütter zu sehen, die ihnen ihre Fürsorge schulden. Es wäre durchaus denkbar, daß Frauen die alleinige Verantwortung für die Reproduktion und Sozialisation der menschlichen Rasse tragen könnten, wenn sie auch die Macht in Händen hätten, um dieses Ziel zu verwirklichen. Aber die Männer erwarten von den Frauen, daß sie die wichtigste aller menschlichen Aufgaben erfüllen, ohne dafür Lohn und Hilfe zu erhalten, und kaum Anerkennung. Die Geschichte lehrt uns, daß die Männer die Frauen um ihre Reproduktionsfähigkeit beneiden: Das war die erste weibliche Macht, die sie sich anzueignen suchten, indem sie, noch vor der Entstehung von Staaten, Frauen zu Tausch- und Gebrauchsgegenständen machten. Und ihre Anstrengungen, sich diese Macht zu unterwerfen, grenzen ans Wahnhafte. In den folgenden Ausführungen werden diese Bemühungen auf allen Ebenen immer wieder zutage treten. Wir werden schnell erkennen, daß der Drang, die weibliche Fortpflanzung zu kontrollieren, in sämtlichen Bereichen männlichen Verhaltens ein unausgesprochenes Anliegen ist.

Dieses Buch kann nur einen Überblick bieten, es ist nicht erschöpfend. Weltweite Zahlen über männliche Gewalt gegen Frauen – Schläge, Vergewaltigung, Inzest – existieren entweder gar nicht oder sind unzuverlässig. Welche Ausmaße der Inzest annimmt, müssen wir erst noch herausfinden. Die Behandlung von Frauen vor Gericht, in der Kunst, in den Medien und in Bräuchen kann hier nur gestreift werden. Aber das, was hier steht, sollte Ihnen eine Warnung sein.

TEIL I
DIE SYSTEMIMMANENTE DISKRIMINIERUNG DER FRAUEN

1. Die systemimmanente wirtschaftliche Diskriminierung der Frauen

Wenn Sie in der Welt herumreisen, insbesondere in ländlichen Gebieten, werden Sie bemerken, daß überall (ausgenommen in islamischen Ländern) die Frauen den größten Teil der Arbeit verrichten. So an der indischen Küste bei Ahmadabad: Zwei Frauen sammeln Tang; sie bücken und strecken sich, bücken und strecken sich, werfen die Pflanzen auf einen Haufen. Wenn sie so viel, wie sie tragen können, beisammen haben, schleppen sie den Haufen den Strand hoch zu einem am Straßenrand abgestellten Karren, lassen ihre Last hineinfallen und machen kehrt, um mehr zu holen. Stundenlang fahren sie darin fort, bis der Karren voll ist. Im Karren sitzt ein Mann; er döst in der Sonne, hält die Zügel seines Pferdes in der Hand. Er tut nichts.

Überall in Indien trifft man auf dem Land auf erwachsene Frauen, die so mager sind, daß man sich größte Sorgen um sie machen würde, wären es die eigenen Kinder. Barfuß trotten sie die staubigen Straßen entlang, mit fast vierzig Kilo schweren Krügen auf ihren Köpfen. Ihre leuchtenden Saris stechen wie Farbtupfer aus den Feldern hervor, in denen sie sich zum Unkrautjäten hinabbeugen. Doch unter dem ausladenden Blätterdach eines Baumes, auf einem Grasflecken, liegen müßig dahingestreckt und plaudernd zwanzig oder mehr Männer in blendendweißen Hemden, die sie, wie Ihnen sogleich klar wird, mit Sicherheit nicht selbst gewaschen haben. In dem *grog shop* werden nur alkoholfreie Getränke verkauft – er gehört einem Hindu –, aber für diese armen Menschen sind auch die fast unerschwinglich. Nur Männer sitzen auf den Kisten, die in dieser indischen Variante eines

Straßencafés als Sitzplätze dienen. In Äthiopien gehen Sie an einer Frau mit einem verbrauchten Körper unbestimmbaren Alters vorbei; sie wird niedergedrückt von einer Last von Zweigen, zweimal so groß wie sie. Neben ihr reitet ein Mann, unbeladen, auf einem Esel.

Andererseits sieht man in vielen Städten während der Arbeitszeit kaum eine Frau in der Öffentlichkeit. Wenn man in Dublin untertags ein Pub betritt, dann ist es voller Männer. Stellen Sie sich vor, Sie seien in Italien und würden bemerken, daß Ihnen ein junger Mann folgt. Sie bleiben stehen und stellen ihn zur Rede. Er sagt, er sei Ihnen schon den ganzen Tag gefolgt, und erzählt Ihnen, wie Sie die letzten Stunden verbracht haben. Er ist gutgekleidet, arbeitet für eine Versicherungsgesellschaft. Er fragt, ob Sie ihm nicht auf einen Drink Gesellschaft leisten möchten. Es ist klar, daß nicht er die Rechnung bezahlen wird.

In Moskau lungerten selbst in Zeiten der Vollbeschäftigung vor den Hotels, auf Flughäfen und in Bahnhöfen Männer herum, die auf eine Gelegenheit zum illegalen Geldwechseln warteten, auf irgend etwas, auf ein schnelles Geschäft. Heute sind es mehr geworden. Frauen sind nicht zu sehen, ausgenommen in den häuserlangen Schlangen vor Lebensmittelgeschäften; die einzigen Schlangen, in denen Männer anstehen, befinden sich vor Wodkaläden. Auch auf den Straßen Athens werden Sie keine Frau entdecken, außer in den abendlichen Einkaufsstunden. Sie sehen keine Frau, weil sie alle arbeiten – zu Hause, in Büros, in Fabriken. Aber Sie wissen, daß die Männer, was auch immer sie tun, wie wenig Arbeit sie auch verrichten, mehr verdienen als die Frauen. Und Sie wissen auch, daß die Frauen am Abend zu Hause ebenso hart weiterarbeiten, während die Männer sich zurücklehnen und erwarten, daß man sie bedient.

Die Zahlen, die auf der Konferenz der Vereinten Nationen 1980 in Kopenhagen vorgelegt wurden, sind unverändert gültig: Frauen verrichten zwischen zwei Drittel und drei Viertel der Arbeit auf der Welt.[1] Sie produzieren 45 Prozent der Nahrungsmittel auf der Erde. Trotzdem verfügen die Frauen nur über zehn Prozent aller Einkommen und nur über ein Prozent des Privateigentums in der

Welt – wobei sich hinter einem Teil dieses einen Prozents aus Steuergründen männlicher Besitz verbirgt. Und die Situation der Frauen verschlechtert sich noch, denn eine neue Weltordnung, Produkt eines neuen ökonomischen Systems, bringt überall Männer an die Macht, selbst an Orten, wo bis in die jüngste Zeit Frauen noch etwas zu sagen hatten.

Heute hängt alles mit allem zusammen: Nur wenige Gemeinschaften leben in isolierter Autonomie. Was uns verbindet, ist die Wirtschaft, der weltumspannende Handel. Eine Erhöhung des Ölpreises trifft heutzutage fast jeden. Dürren und Mißernten haben einen eingeschränkteren Wirkungsradius, und doch beeinflussen sie noch Gebiete, die weit von den unmittelbar betroffenen entfernt sind. Alle Staaten sind Teil eines Weltmarktes, der in unterschiedlichem Ausmaß von übergreifenden Institutionen kontrolliert wird – von der Weltbank, vom Weltwährungsfond und von den Vereinten Nationen. Die Jahresberichte dieser Organe wie auch der einzelnen Regierungen basieren auf nationalen Statistiken, die den Anspruch erheben, die wirtschaftliche Leistungskraft eines Landes darzustellen. In ihrem Buch *If Women Counted* erläutert Marilyn Waring die Bedeutung dieser Statistiken, auf deren Grundlage das *United Nations System of National Accounts* (die statistische Erfassung der Nationaleinkommen) erstellt wird, nach dem die Vereinten Nationen den Jahresbeitrag eines Landes bemessen und den Erfolg von Entwicklungshilfeprogrammen bewerten. Anhand dieser Zahlen werden die bedürftigen Nationen für Hilfsprogramme ausgewählt; diese Zahlen werden von multinationalen Gesellschaften zur Festlegung neuer Investitionsbereiche benutzt und von kleineren Firmen bei der Auswahl neuer Märkte, Investitionsanlagen und als Richtlinie der internen Firmenpolitik hinzugezogen.[2]

Überall auf der Welt wird durch die Analyse dieser Statistiken bestimmt, was geschehen ist und was in Zukunft geschehen soll. Als ob ein einziges Diagramm alles Wesentliche beinhalten könnte, werden sie zu Richtlinien nationaler und internationaler Vorhaben und Programme. Diese Daten diktieren keine Politik, sie sind vielmehr die Grundlage jeder Politik. Aber sie sind beschränkt, rein quantitativ und linear; sie sind Wegweiser zur Macht, wirtschaftlicher wie politischer. Da sie mehr vernachlässigen als berücksichtigen, können sie ihren Benutzern keine Hilfe auf dem Weg zu Zielen wie gesellschaftlichem Wohlbefinden bieten. Sie spiegeln nicht die tatsächliche Produktion eines Landes wider, sondern seine *Fähigkeit, Geld zu machen*. Diese Statistiken weisen zwei konstante Merkmale auf: Erstens sind es Männer, die die darauf basierenden Entscheidungen fällen, und zweitens vernachlässigen sie Umwelt, Frauen und Kinder. Der gegenwärtige Zustand der Welt ist die Folge eines Systems, das dem Frieden, der Erhaltung natürlicher Ressourcen, der Arbeit von Frauen oder der unbezahlten Aufgabe, das menschliche Leben zu reproduzieren, wenig oder gar keinen Wert beimißt. Wie Marilyn Waring ausführt, *kann das System nicht auf Werte reagieren, deren Anerkennung es beharrlich verweigert.*

Am Ende des von der UNO ausgerufenen Jahrzehnts der Frau kam 1985 ein Bericht zu dem Schluß, die Frauen hätten zwar in den Bereichen Erziehung, Gesundheit, Beschäftigung und Politik gewisse Fortschritte erzielt, doch noch immer laste auf ihnen der Hauptteil der Verantwortung, während die Männer die meiste Macht besäßen. 35 Prozent der verheirateten Frauen in Europa gehen diesem Bericht zufolge einer lohnabhängigen Beschäftigung nach. In Afrika leisten Frauen 75 Prozent der landwirtschaftlichen Arbeit, abgesehen davon, daß sie alleine Wasser und Brennholz holen, saubermachen, kochen und die Kinder aufziehen. In Malawi teilen sich Männer und Frauen zu gleichen Teilen die Arbeit auf den Baumwollfeldern und zu Hause, doch die Frauen arbeiten doppelt so viel auf den Getreidefeldern wie die Männer. In Burkina Faso verlieren die Menschen während der Regenzeit an Gewicht, weil die Frauen so lange auf den Feldern arbeiten, daß sie zu erschöpft sind, um zu kochen (und offensichtlich fällt es einem Mann ebenso schwer, sein Abendessen zuzubereiten, wie ein Kind zu bekommen). In den Industrieländern verbringen Frauen wöchentlich 56 Stunden mit Hausarbeit, Frauen in nichtindustrialisierten Ländern noch mehr – abgesehen davon, daß sie für die Kinderaufzucht verantwortlich sind.

Die gigantische Aufgabe, die menschliche Rasse zu reproduzieren, zu versorgen und zu erhalten, findet weder im Bruttoinlandsprodukt (BIP) noch im Bruttosozialprodukt (BSP) ihren Niederschlag. (In das Bruttosozialprodukt geht das gesamte Einkommen der Einwohner eines Landes ein, einschließlich der Werte aus ausländischem Vermögen; das Bruttoinlandsprodukt schließt nur die Vermögenswerte ein, die *innerhalb* eines Landes geschaffen werden. Die Statistiken der UNO basieren heute auf dem BIP, doch die Vereinigten Staaten ziehen noch immer das BSP vor.)

In den Augen der Männer sind Frauen keine Arbeitskräfte, weil sie für ihre Arbeit nicht bezahlt werden, weil die Männer sich ihre Löhne aneignen oder weil *ihre Arbeit nicht als Arbeit gilt*. Marilyn Waring erläutert das am Beispiel der Beti, die in den Regenwäldern Südkameruns leben. Die Beti praktizieren Brandrodung; jedes Jahr roden sie zwei neue Felder von einem Fünftel Hektar, die sie zwei oder drei Jahre lang bestellen. Für den eigenen Bedarf beanspruchen die Bauern (in Afrika sind das meistens die Frauen) immer fünf oder sechs Felder, auf denen hauptsächlich Erdnüsse, Kassava, Yams, Kochbananen und Gemüse angepflanzt werden. Auch die Männer arbeiten auf den Feldern, aber sie bauen Kakao an, ein *cash crop*, ein ausschließlich für den Verkauf oder Export bestimmtes Produkt.

Beti-Männer arbeiten siebeneinhalb Stunden am Tag. Durchschnittlich eine Stunde helfen sie den Frauen auf den Feldern; zwei Stunden verbringen sie auf den Kakaopflanzungen, weitere vier Stunden sind sie mit der Herstellung von Bier, Palmwein oder Korbwaren beschäftigt, mit Hausbau und Reparaturarbeiten, mit der Produktion von Gegenständen des täglichen Gebrauchs oder von einfachen, zum Verkauf bestimmten Erzeugnissen, oder sie gehen einer Teilzeitbeschäftigung nach. Beti-Frauen arbeiten *mindestens* elf Stunden pro Tag: Fünf Stunden für den eigenen Nahrungsbedarf und eine weitere, um Überschuß für den Verkauf in der Stadt zu produzieren; drei bis vier Stunden, um Lebensmittel zu konservieren und zu kochen, zwei weitere, um Wasser und Brennholz zu sammeln, zu waschen, die Kinder und die Kranken zu versorgen. Ohne Frauenarbeit könnten die Beti nicht überleben. Und dennoch zählt die Internationale Arbeitsorganisation ILO, ein Sonderorgan der UNO, die Beti-Männer und nicht die Beti-Frauen zu den «aktiven Arbeitskräften», denn die Frauen «unterstützen das Familienoberhaupt nicht bei seiner [sic!] Arbeit».

Die Länder der Dritten Welt förderten, nachdem sie Mitte des 20. Jahrhunderts ihre Unabhängigkeit von den Kolonialmächten des Westens erlangt hatten, zusammen mit westlichen Institutionen und Firmen Projekte zur «Entwicklung» ihrer Ressourcen. Ziel der meisten Entwicklungshilfeprojekte ist es, die Bevölkerung in die Lage zu versetzen, Geld zu verdienen, indem sie ihre Ernte oder handwerklichen Erzeugnisse auf den Märkten der Städte verkauft oder exportiert. In manchen Ländern wurde das von den Kolonialmächten enteignete Land an die Bevölkerung zurückgegeben. Aber fast immer wurde es ausschließlich Männern übereignet, und Fördermaßnahmen zum Anbau von *cash crops* – Produkten, die ausschließlich zum Verkauf, nicht für den Eigenbedarf bestimmt sind – werden nur mit Männern durchgeführt. Diese Hilfsprogramme aber sind mit fachlicher Unterweisung, Spenden oder Krediten für Saatgut, Düngemittel oder Geräte verbunden. Die Frauen in den «Entwicklungsländern» arbeiten schwerer als die Männer; weil sie jedoch die Gesellschaft nur reproduzieren und kein Bargeld verdienen, ist ihre Arbeit weniger wert als die der Männer – oder überhaupt nichts.

In den afrikanischen Staaten wurden auch nach der Unabhängigkeit bei Volkszählungen wie auch bei Projektvorhaben nur Männer zu «Haushaltsvorständen» erklärt; das allein schloß Frauen bereits von nationalen und internationalen Entwicklungshilfeprogrammen aus. Da die Männer vor Gericht und in der Rechtsprechung das Sagen haben, wird den Rechten der Frauen nur selten Geltung verschafft. In Kenia wurden neue Gesetze erlassen, um einer Witwe ihren Anteil am Grundbesitz ihres Mannes zu sichern, doch nach wie vor wird das Land normalerweise an den ältesten Sohn vererbt. Die Apartheidsgesetze Südafrikas benachteiligen Frauen, indem sie sie in überfüllte Reservate pferchen, ihre Rechte auf Arbeit und eigenen Landbesitz beschneiden und sie daran hindern, in die Stadt zu ziehen, wo sich ihnen andere Möglichkeiten bieten könnten.

Die Zielgruppe fast aller Entwicklungshilfeprojekte in Afrika sind Männer. Obwohl die Frauen den größten Teil der Feldarbeit in Afrika verrichten, wurden sie kaum gezielt gefördert. In Landreformen wurden den Männern Besitztitel übertragen, durch die sie Anspruch auf Kredite und Unterstützung bei der Intensivierung der Landwirtschaft erhielten. Ohne Besitzansprüche waren die Frauen davon ausgeschlossen. Die afrikanischen Frauen produzieren nicht nur die Nahrung für den Eigenbedarf, sondern die meisten Gegenstände des häuslichen Bedarfs sowie Handelswaren. Durch die Einführung westlicher Fertigerzeugnisse wurde ihre wirtschaftliche Unabhängigkeit geschwächt oder gar zunichte gemacht. Im Westen fanden im Zuge der Industrialisierung die Frauen der Unterschicht Arbeit in Fabriken; wie sehr sie auch ausgebeutet wurden, sie verdienten genug, um sich aus dem Griff der Männer zu befreien. Aber in Afrika stellt keine Fabrik eine Frau zu einem Lohn ein, der eine Akkumulierung von Kapital ermöglichen würde. Manchmal ist das blanke Überleben, ihr eigenes und das ihrer Kinder, alles, was eine afrikanische Frau bei gelegentlichen Tauschgeschäften im Gegenzug für ihre Knochenarbeit auf dem Land und für die Bereitstellung von Gütern und Dienstleistungen erhält. Und doch trägt ihre Arbeit zum Profit der Unternehmen ebenso bei wie zur Erhaltung der Arbeitskraft der Männer in den Minen, auf dem Land und in den Städten.

1984 bemerkte eine afrikanische Bauersfrau ironisch: «Den da nennen sie Bauer; sie schicken ihm Lehrer, die ihm Landwirtschaft beibringen sollen (während ich auf dem Feld das Essen heranschaffe); sie leihen ihm Geld für Traktoren und Ackergerät (während ich auf dem Feld das Essen heranschaffe); sie versprechen ihm ein Vermögen, wenn er Baumwolle anpflanzt (während ich auf dem Feld das Essen heranschaffe) . . . Nein, ich werde mich hüten, mit der Arbeit aufzuhören . . . Und ich werde nie das einzige aufgeben, wozu ich geboren bin – dafür zu sorgen, daß meine Kinder einen vollen Bauch haben.»

Indische und afrikanische Bäuerinnen sind die am meisten

überarbeiteten Geschöpfe auf der Welt; jeden Tag verbringen sie zehn bis fünfzehn Stunden mit einer ganzen Reihe von Beschäftigungen. Der typische Tag einer Frau aus Simbabwe beginnt um drei Uhr morgens. Sie geht an den Fluß zum Wasserholen, jätet Unkraut auf den Feldern (wobei sie ihrem Kind während der Arbeit die Brust gibt), verjagt Tiere, stampft die Körner zu Mehl, bereitet das Essen zu, holt wieder Wasser sowie Holz (wobei sie diese schweren Lasten wegen Dürre und Brennholzmangel von immer weiter herholen muß), wäscht sich und die Kinder. Sie hilft ihrem Ehemann beim Anbau von *cash crops*, verarbeitet Nahrungsmittel (drischt, dörrt und mahlt) und bringt sie zum Markt. Hinzu kommen wöchentliche Aufgaben wie die Wäsche. An der Elfenbeinküste arbeiten erwachsene Frauen doppelt so viel wie Männer; in Burkina Faso erledigen die Frauen die gesamte Hausarbeit und verrichten dennoch *82 Prozent* mehr Feldarbeit als die Männer. Ein tansanischer Mann klagte: «Wasser ist ein großes Problem *für die Frauen*. Wir müssen den ganzen Tag hier herumsitzen und auf das Essen warten, weil keine Frau zu Hause ist. Dauernd sind sie beim Wasserholen.»[3] [Hervorhebung von mir]

Die traditionellen Rechte der Frauen auf Landbesitz in Afrika sind von Land zu Land unterschiedlich, aber de facto kommt kaum eine Frau ohne einen lebenden Ehemann an Land heran. Die Kontrolle der Männer über das Land geht so weit, daß eine Frau, die auf den Feldern ihres in der Stadt arbeitenden Mannes arbeitet, nicht selbst entscheiden kann, was sie anpflanzt. Die meisten Männer Lesothos sind in den südafrikanischen Minen beschäftigt, und doch brauchen ihre Frauen bei jeder landwirtschaftlichen Entscheidung ihre Einwilligung, zur Einstellung eines Farmpächters ebenso wie zur Beantragung eines Kredits. Frauen sind, da sie keine Besitzansprüche haben, nicht kreditwürdig. Vielerorts können sie sich nicht einmal Kooperativen anschließen, die über Kredite, Transportmöglichkeiten und Vermarktung entscheiden. Und sie haben keinen Anspruch auf den Gewinn aus dem Anbau von *cash crops* – nicht einmal, wenn sie eigenhändig die Felder bestellen.

Mit dem Anbau von *cash crops* steigt häufig das Familieneinkommen, doch aus Untersuchungen über Hilfsprojekte, in denen Männern neue Technologien zum Anbau von *cash crops* zur Verfügung gestellt wurden, geht hervor, daß der Ernährungsstandard der Familie trotz des höheren Einkommens sinkt. Die Ernährungssituation von Frauen und Kindern verschlechtert sich, weil das Einkommen den Männern gehört, die damit prestigeträchtige Feste abhalten oder sich Kofferradios kaufen. In Kamerun, so schreibt Irene Tinker, verwenden die Männer ihr Geld, um die Schulgebühren ihrer Kinder zu bezahlen; aber in Kenia verspielen sie es, kaufen Schnaps und vergnügen sich mit Prostituierten, während ihre Familien hungern – die Frauen können keine Nahrungsmittel mehr für die Familie anbauen, weil das Land der Familie für die *cash crops* der Männer reserviert ist.[4] In Indien, so schätzen Forscher, geben die Männer etwa 80 Prozent ihres Verdienstes für sich aus: für Motorräder, Radios, Armbanduhren, Fernsehapparate und Unterhaltung – Kino, Alkohol und Prostituierte. Afrikanische Gastarbeiter schicken durchschnittlich zehn Prozent ihres Lohns nach Hause; die weiblichen Bewohner der Wohnheime in Kapstadt verdrehen kopfschüttelnd die Augen beim Anblick dieser Männer-«Spielzeuge», wie sie sie nennen – kaputte Autos, die rund um das Wohnheim jeden freien Raum verstopfen. Auch in den Vereinigten Staaten lassen unzählige Männer ihre Frauen und die Kinder, die sie gezeugt haben, im Stich und geben das meiste für sich selbst aus, während die Familie von der Sozialhilfe leben muß.

Aus anderen Untersuchungen geht hervor, daß der Ernährungsstandard und der Allgemeinzustand von Kindern sich verbessern, wenn Frauen über eigene Mittel verfügen oder selbst verdienen. Indische Frauen geben 95 Prozent ihres Verdienstes für ihre Kinder aus. In Indien gibt es folgendes Sprichwort: «Ein Pfennig für eine Frau ist ein Pfennig für ihre Familie; ein Pfennig für einen Mann ist ein Pfennig für den Mann.» 1986 wurde in Sambia die Steuergesetzgebung dahingehend geändert, daß die Frauen Anspruch auf die Hälfte des früher zur Gänze von den Männern einbehaltenen Unterhaltsgeldes für ein Kind erhielten. Daraufhin beklagten die Männer sich, die Frauen würden das

Geld «beim Friseur, für Make-up und teure Kleider» verschwenden. Doch die meisten Männer in Sambia verdienen nur wenig und eignen sich einfach den Lohn ihrer Frauen an, während männliche Arbeitgeber Frauen von bezahlter Lohnarbeit ausschließen. Derartige Ungerechtigkeiten festigen nur die Vorherrschaft der Männer und erschweren es den Frauen, das für ihren Unterhalt und den ihrer Kinder Nötige zu beschaffen oder zu fordern. Und weil Männer nur selten die Verantwortung für Kinder übernehmen, sind die Kinder der Welt in Gefahr.

Die eklatanteste Form der Ausbeutung eines Entwicklungslands ist der sogenannte Sextourismus, ein noch neuer Geschäftszweig, bei dem Ausflüge in Bordelle der Dritten Welt organisiert werden, die extra für Männer aus Industriestaaten eingerichtet wurden und buchstäblich mit Sklavinnen besetzt sind – mit Mädchen, oft noch Kindern, die von ihren armen Eltern auf dem Land in die Knechtschaft verkauft wurden. *Der Sextourismus wurde von internationalen Hilfsorganisationen als Mittel der Entwicklungsförderung vorgeschlagen.* Maria Mies schreibt, daß das Geschäft mit dem Sex zuerst durch die Weltbank, den IWF und die AID* ins Auge gefaßt und gefördert wurde.[5] Thailand, die Philippinen und Südkorea sind derzeit Mittelpunkt des südostasiatischen Sextourismus. Ganze Reisegesellschaften mit japanischen Geschäftsleuten werden von ihren Firmen als Belohnung dorthin geflogen. Amerikanische Bauarbeiter in Saudiarabien, die völlig von der sie umgebenden Kultur ausgeschlossen waren, wurden alle zwei Wochen nach Bangkok geflogen, um dort in den Genuß der Dienste von Thaimädchen in einem Massagesalon zu kommen. Eine andere Variante des Geschäfts mit dem Sex ist die Heiratsvermittlung: Private Firmen, zumeist westdeutsche, verkaufen Asiatinnen oder Südamerikanerinnen als Ehefrauen, wobei sie diese ganz unverhohlen als «unterwürfig, nicht emanzipiert und fügsam» anpreisen. Beide Industriezweige werden durch ein Geflecht internationaler Touristikunternehmen, Hotelketten und Fluglinien unterhalten.

---

* Association of International Development (Anm. d. Ü.)

Wenn Männer ihre Rechnung über die Welt aufmachen, tritt ihre tiefsitzende Verachtung für die grundlegenden Notwendigkeiten des menschlichen Lebens unverhüllt zutage. Nicht nur die Arbeit von Frauen, sondern auch die Umwelt werden als bedeutungslos abqualifiziert. Marilyn Waring faßt die internationale Umweltpolitik, die uns alle unmittelbar angeht, in einer vernichtenden Anklage zusammen, auf die wir hier nur kurz eingehen können. In Wirtschaftsstatistiken beispielsweise beläuft sich der Wert eines «unentwickelten» Regenwaldes in Brasilien auf null Dollar. Ein Baum spendet Schatten, sorgt für Kühle, verhindert Erosion und ist wichtig für das ökologische Gleichgewicht. Doch im Bruttosozialprodukt hat er keinen Wert, solange er nicht abgeholzt ist. Die Industrie hat eine unwiderrufliche Umweltverschmutzung bewirkt; viele von uns werden wegen Umweltvergiftungen an Krebs sterben oder unter Fehlgeburten, Totgeburten, Blindheit, Blutungen oder Geisteskrankheiten leiden. Aber solange derartige Schäden nicht weithin bekannt werden, wie etwa in Love Canal oder Three Mile Island, werden diese Krankheiten in der Statistik der Volkseinkommen nicht in Erscheinung treten.

Und während der gesunde Menschenverstand eindeutig dafür spricht, Krankheiten in der nationalen Gesamtrechnung als Kostenfaktor zu betrachten, werden medizinische Versorgung und Arzneimittel als *positive* Werte definiert. Die Volkswirtschaftler behaupten, daß Marktpreise (für medizinische Behandlung beispielsweise) tatsächliche Bedürfnisse widerspiegeln, aber das Bedürfnis nach sauberer Luft, sauberem Wasser und schützenden Wäldern läßt sich in diesem System nicht zum Ausdruck bringen. Auch die permanente Schädigung von Wasser, Luft oder des Ökosystems geht nicht in diese Rechnung ein. Das einzige, das vom Bruttosozialprodukt abgezogen wird, ist eine Wertminderung des Bestands an Produktionsgütern – die Kosten, um zum Beispiel Atombomben bereitzuhalten. Die Kosten für die Aufräumarbeiten nach einer Umweltkatastrophe dagegen gelten als Ausdruck der «Präferenzen» einer Gesellschaft.

Nirgends aber entlarvt sich unsere Werthierarchie erbarmungsloser als in der Tatsache, daß Krieg in der ökonomischen Gesamtrechnung als produktiver, wertschöpfender Faktor angesehen wird, während die Erziehung von Kindern, die Sorge um andere Menschen und die Bewahrung der Umwelt nichts zählen. 1988 wurden von den Völkern der Welt 110 Dollar pro Kopf für Militärausgaben aufgewendet – weitaus mehr als für Nahrung, Wasser, Unterkunft, Gesundheit, Erziehung oder den Schutz des Ökosystems. Marilyn Waring führt aus, daß der Grad der Militarisierung volkswirtschaftlich als der Anteil des BSP berechnet werden kann, der auf die Produktion militärischer Güter und Dienstleistungen entfällt, oder als Anteil des Militäretats am Gesamthaushalt eines Volkes. Bezogen auf die ganze Welt entspricht er dem Anteil der Militärproduktion an der weltweiten Gesamtproduktion und dem Anteil des Waffenhandels am internationalen Handel. Die weltweiten Militärausgaben stiegen zwischen 1980 und 1984 von 564 Milliarden auf 649 Milliarden, das entspricht einer Wachstumsrate von über 3,5 Prozent. 1983 wurden – in erster Linie von den Industrieländern – mehr als 5 Prozent der Weltproduktion für Militärzwecke ausgegeben, 27mal mehr als für die Entwicklung der Dritten Welt. 1985 beliefen sich die weltweiten Militärausgaben auf 900 Milliarden Dollar, sie übertrafen damit das Einkommen der Hälfte der Menschheit (der ärmeren Hälfte). Die Militärausgaben überstiegen das Bruttoinlandsprodukt Chinas, Indiens und ganz Afrikas südlich der Sahara zusammen und entsprachen etwa dem Gesamtbruttosozialprodukt von ganz Afrika und Lateinamerika.

Waring spricht von mehr als 70 Millionen Menschen, die direkt oder indirekt im Rüstungssektor tätig sind, und diese Arbeit erhöht das Bruttoinlandsprodukt ihres Landes. Die Arbeit im Militärbereich gilt als wertvoller Beitrag zum gesellschaftlichen Reichtum, die Erziehung von Kindern nicht. Ebensowenig interessiert irgend jemand, ob diese Kinder am Leben bleiben. Allein im 20. Jahrhundert hat die Welt mindestens 270 Kriege geführt, in denen 78 Millionen Menschen getötet wurden. Und während vom Staat die Krieg führenden Soldaten mit Ruhm überhäuft werden, sind die meisten Opfer Frauen und Kinder. In jeder Minute sterben dreißig Kinder, weil Nahrungsmittel und billige Impfstoffe fehlen; in derselben Minute geben die Regierungen der Welt 1,3 Millionen Dollar des nationalen Vermögens (wovon zwischen zwei Drittel und drei Viertel von Frauen produziert wurden) für Militärausgaben aus. Das, so behauptet Waring, ist der wahre Krieg.

Eine Milliarde Menschen leiden an chronischer Unterernährung und gehen jeden Tag ihres Lebens hungrig zu Bett: Die meisten von ihnen sind Frauen und Kinder. Durchschnittlich 50000 Menschen sterben täglich an Unterernährung und ihren Folgen: Die meisten sind Frauen und Kinder. Selbst in den reichen Ländern leiden Millionen an chronischer Mangelernährung, vor allem alte Menschen und alleinstehende, arbeitslose Frauen mit kleinen Kindern. In den Vereinigten Staaten haben zwölf Millionen Kinder keine Krankenversicherung, und fünf Millionen stehen am Rande der Obdachlosigkeit. Die schlechte pränatale Versorgung führt, wie die Volkswirtschaftlerin Sylvia Hewlett schreibt, dazu, daß «bei einem Kind, das im Schatten des Weißen Hauses geboren wird, die Sterblichkeit im ersten Lebensjahr heute größer ist als bei einem Kind, das in Costa Rica zur Welt kommt».[6]

Solche Probleme werden gemeinhin gerne als persönliche abgetan – verlassenen Frauen wird vorgeworfen, sie seien eben nicht fähig, ihren Mann zu halten, sie würden alt und unattraktiv, oder was für Fehler auch immer ihr Mann ihnen vorhalten mag. Doch das Problem ist ein systemimmanentes: Die westliche Gesellschaft baut darauf auf, daß Frauen isoliert und vereinzelt in ihrem Heim Kinder aufziehen. Das ökonomische und moralische System der Vereinigten Staaten baut darauf, daß Frauen die Sorge für Kinder und Männer auf sich nehmen, ohne dafür Anrecht auf Lohn, eine Altersversorgung oder eine eigene Krankenversicherung zu haben. Unter Androhung moralischer Schmach wurden die Frauen (und werden es zum Teil noch heute) gezwungen, diese Rolle auszufüllen, und diese Moral wurde gestützt von Normen, die die Frauen von Lohnarbeit ausschlossen oder zu so schlechter Bezahlung führen, daß sie es sich nicht leisten konnten, zu arbeiten und die Kinder versorgen zu lassen. Selbst ohne äußeren Druck ist es sehr schwierig, genug zu verdienen, um eine Familie zu ernähren und gleichzeitig Kinder aufzuziehen. *Das System zwingt Frauen in die Abhängigkeit von Männern.* Doch weder Väter noch der Staat werden gezwungen, den Frauen beizustehen, die die Stütze der Gesellschaft sind. Auch wenn die Richter einer geschiedenen Frau Unterhaltsgeld für das Kind oder Alimente zusprechen – tatsächlich zahlt die Mehrheit der Männer nichts oder nur wenig; und die Sozialhilfe ist ebenso erniedrigend wie unzureichend. Ältere Frauen, deren Kinder erwachsen sind und die dreißig oder vierzig Jahre lang nicht im Berufsleben standen, werden gesellschaftlich behandelt, als besäßen sie keinerlei Ansprüche – trotz vieler Jahre der Arbeit und der Verantwortung für andere.

Die Negierung der «Frauenarbeit» – die im wesentlichen darin besteht, die Sorge für die gesamte Gesellschaft zu tragen – hat sowohl auf Frauen in Industrieländern wie auch auf Frauen in bäuerlichen Gesellschaften katastrophale Auswirkungen. Die Frauen in sozialistischen Gesellschaften haben lange Zeit behauptet, sie würden im Vergleich mit Männern zwei Berufe gleichzeitig ausüben. Das trifft jedoch in allen Industriestaaten zu – und diese Last ist um so schwerer, je mehr es an Nahrung, Konsumgütern und arbeitssparenden Haushaltsgeräten mangelt. Die Frauen in den reichen Staaten des Westens leiden unter dem gleichen Problem. Wenn sie protestieren, sagen die Männer: «Was wollen die Frauen eigentlich? Erst sagen sie, sie wollen einen Beruf, dann beschließen sie, daß sie ein Kind wollen, jammern dann aber, daß sie überarbeitet sind. Wir haben ja gleich gesagt, daß die Welt draußen kein Zuckerlecken ist.» Doch nicht die «Welt draußen» ist an der Überlastung der Frauen schuld, sondern ihre doppelte Berufstätigkeit. Es scheint den Männern nie in den Sinn zu kommen, daß die Sorge um sie und die Erziehung ihrer Kinder Aufgabe aller sein sollte, nicht nur die der Frauen. Daß überarbeitete Frauen weniger Energie und Zeit für anspruchsvolle Berufe erübrigen können, dient Männern als Begründung, Frauen von solchen Berufen fernzuhalten. Und der Teufelskreis beginnt von neuem.

In den nichtindustrialisierten Ländern stellen multinationale

Gesellschaften in den Fabriken unterbezahlte Asiatinnen oder Mexikanerinnen ein und sichern sich die Mitarbeit ihrer Männer, indem sie sie zu «Vorgesetzten» machen. Auch in den westlichen Staaten sind weibliche Arbeitskräfte zunehmend von der Tendenz der Firmen betroffen, Arbeitsplätze zu schaffen, die von den Angestellten so gut wie keine Intelligenz oder Geschicklichkeit mehr erfordern; deswegen werden ihnen nur noch minimale Löhne für eine stupide Arbeit bezahlt, die sie jeglicher Autonomie beraubt. Und aus ökonomischen Analysen geht hervor, daß in Zukunft die meisten Frauen in Niedriglohngruppen angestellt sein werden.[7]

Die Männer schließen Frauen fast vollkommen von Führungsaufgaben aus: In Bangladesch und Indonesien nehmen Frauen ein Prozent der Führungspositionen ein; in Norwegen und Australien gibt es dreimal so viele männliche wie weibliche Manager. In den USA besetzen Frauen in den vom Wirtschaftsmagazin *Fortune* erfaßten Gesellschaften nur 3 Prozent der fünf Spitzenpositionen unterhalb der Vorstandsebene und weniger als ein halbes Prozent der höchsten Geschäftsführungspositionen.[8] Frauen verdienen heute bei ähnlicher Arbeit nicht einmal 75 Prozent soviel wie ein Mann und stellen noch immer 60 Prozent der Analphabeten auf der Welt – und das ist bereits eine *Verbesserung*.[9] In einer Gesellschaft, in der Geld und Macht an erster Stelle stehen, kommt der Wert einer Gruppe in ihrer finanziellen Entlohnung zum Ausdruck. Nachstehend folgt eine zahlenmäßige Aufschlüsselung des mittleren Einkommens in den Vereinigten Staaten aus dem Jahr 1987, als zum erstenmal die Frauen 70 Prozent des Einkommens der Männer verdienten.[10]

	pro Woche
Mittleres Einkommen der Gesamtbevölkerung	381 Dollar
Mittleres Einkommen von Männern	445 Dollar
Mittleres Einkommen von Frauen	309 Dollar
Mittleres Einkommen von Weißen	391 Dollar
Mittleres Einkommen von Schwarzen	306 Dollar

Mittleres Einkommen weißer Männer	462 Dollar
Mittleres Einkommen schwarzer Männer	334 Dollar
Mittleres Einkommen von Männern hispanischer Abstammung	316 Dollar
Mittleres Einkommen weißer Frauen	312 Dollar
Mittleres Einkommen schwarzer Frauen	283 Dollar
Mittleres Einkommen von Frauen hispanischer Abstammung	253 Dollar
Mittleres Einkommen männlicher Manager und Verwaltungsleiter	667 Dollar
Mittleres Einkommen männlicher Angehöriger gehobener Berufe	628 Dollar
Mittleres Einkommen männlicher Techniker	501 Dollar
Mittleres Einkommen weiblicher Angehöriger gehobener und technischer Berufe	475 Dollar
Mittleres Einkommen weiblicher Vorstandsmitglieder, Verwaltungsleiter und Manager	421 Dollar

Das ist der Stand nach fünfzehn Jahren feministischer Arbeit, zu deren Beginn Frauen nur 59 Prozent des den Männern bezahlten Gehalts verdienten. Doch die Forderungen nach gleichem Lohn für gleiche Arbeit werden zum Hohn, wenn bei den meisten Beschäftigungen nach Geschlechtern getrennt wird: Bei 275 der 504 erfaßten Arbeitsplätze in der Volkszählung von 1980 überwog ein Geschlecht (mit mehr als 80 Prozent). Und Berufe mit überwiegend männlichen Beschäftigten werden *immer* besser bezahlt als solche, in denen Frauen dominieren.

Zum Teil aufgrund der Geschlechtertrennung am Arbeitsplatz erreichen Männer zwischen 45 und 64 ihren beruflichen und finanziellen Höhepunkt, während Frauen mit 44 ihren Höhepunkt erreichen und unmittelbar darauf den Abstieg antreten. Aus neuesten Statistiken geht hervor, daß das mittlere Jahreseinkommen von Frauen zwischen 45 und 54 im Jahre 1989 bei 20 466 Dollar lag und damit nur 59 Prozent des mittleren Jahreseinkommens (34 684 Dollar) von Männern im selben Alter betrug. Frauen zwischen 55 und

64 verdienten 57,7 Prozent des Einkommens von Männern – 18727 Dollar im Vergleich zu 32476 Dollar. Diese vom Arbeitsministerium veröffentlichten Zahlen sind, ebenso wie die Ergebnisse anderer Meinungsforschungsinstitute, in einem Bericht der Older Women's League erschienen, in dem noch hinzugefügt wird, daß «diese Lohnkluft nicht einmal zur Hälfte auf Unterschiede in der Ausbildung oder in der Berufserfahrung zurückzuführen ist».[11] Die Zahlen sind aber noch deprimierender, wenn man den Faktor Rasse extrahiert. Die Arbeitssituationen schwarzer und weißer Frauen, die heute zu einem fast identischen Prozentsatz berufstätig sind, näherten sich eine Weile lang einander an. Immer mehr schwarze Frauen kehrten der Hausarbeit und den Dienstmädchenstellen den Rücken und strömten mit den weißen Frauen zusammen in die Büros, aber noch immer verdienen sie weniger als weiße Frauen, und ihre Arbeitslosenquote ist doppelt so hoch wie die weißer Frauen. Schwarze Frauen sind weitaus mehr von Armut bedroht, zum Teil aufgrund ihrer eigenen Verdienstmöglichkeiten, zum Teil, weil schwarze Männer im Durchschnitt weniger verdienen als weiße.[12]

In den politischen Analysen, die sich mit dem in den letzten Jahrzehnten in den USA erfolgten Rechtsruck befassen, wird als ein Grund für eben diesen Rechtsruck der Groll der Weißen darüber genannt, daß die traditionelle Diskriminierung der Farbigen zum Gegenstand von Gesetzen gemacht wurde. Keine einzige Analyse stellt meines Wissens eine Verbindung zu einem Phänomen her, das zur gleichen Zeit in Erscheinung trat, nämlich zu einer «Kluft der Geschlechter» im Wahlverhalten. Frauen stimmen zunehmend *en bloc* gegen konservative Kandidaten. Aber es kostet die Männer weit mehr Überwindung, den Frauen volle Gleichberechtigung zu gewähren als den Farbigen. Es kann durchaus sein, daß die wachsende wirtschaftliche Macht und der politische Einfluß der Frauen der Hauptgrund für die von den Männern vollzogene Wende zum Konservativismus sind. Ganz offensichtlich sind sich sowohl die Frauen wie auch die Farbigen über die Stoßrichtung der Schlacht im klaren; beide wählen tendenziell liberale Kandidaten. Die «Geschlechterkluft» ist zugleich eine

«Kluft der Hautfarbe». Man könnte sagen, der Graben verläuft zwischen weißen Männern und allen anderen.

Eine treibende Kraft bei diesem Rechtsruck war die Neue Rechte. Marilyn Power charakterisiert diese Gruppe als Sozialrevolutionäre, deren Lehre um die Rückkehr zur patriarchalischen Familienstruktur kreist: Frauen sollen wieder in wirtschaftliche Abhängigkeit von Männern getrieben werden, und das Recht auf Abtreibung soll wieder abgeschafft werden.[13] Die Neue Rechte, die besonderen Wert auf den freien Markt und die Freiheit des Individuums (des weißen Mannes) gegenüber dem Staat legt und damit vor allem die untere weiße Mittelschicht anspricht, hat entscheidend zu den Wahlsiegen der konservativen Regierungen von Ronald Reagan und George Bush beigetragen.

Reagan und Bush machten kein Hehl aus ihrer Übereinstimmung mit der frauenfeindlichen Politik der Neuen Rechten (euphemistisch bemäntelt als «Schutz der Familie»), fürchteten jedoch zu sehr eine Polarisierung der Wähler, um diese Politik direkt zu verfolgen. Doch im Lauf der letzten zehn Jahre untergruben sie auf dem Verwaltungsweg viele Errungenschaften der Farbigen und der Frauen. Reagans zentrales Programm zielte darauf ab, die Wirtschaft umzustrukturieren, die Kapitalerträge zu maximieren und die weltweite politische und wirtschaftliche Überlegenheit der USA wiederherzustellen. Auf ökonomische Krisen reagierte seine Regierung mit drastischen Kürzungen im sozialen Bereich, mit Steuersenkungen, die die Reichen und die Kapitalbesitzer begünstigten, und mit einer Schwächung der Gewerkschaften. Reagan erhöhte die Militärausgaben noch weiter, und das alles führte zu einer schweren Rezession. Das Ergebnis war eine Umverteilung des Einkommens von der armen Unterschicht (von denen viele obdachlose Arme sind) an die wohlhabende Oberschicht und an Firmen (von denen viele mittlerweile unter der Last ihrer eigenen Gier zusammengebrochen sind): 60 Prozent der Kürzungen in staatlichen Hilfsprogrammen betrafen Wohlfahrtsprogramme für Arme.[14]

Da Frauen bereits das Gros der Armen stellten (schon vor Reagan waren vier Fünftel der Ärmsten Amerikas Frauen und

Kinder), sind sie die Hauptleidtragenden dieser Kürzungen – insbesondere farbige Frauen. 1978 wurde eine von fünf amerikanischen Familien von einem alleinerziehenden Elternteil unterhalten, meistens von einer Frau (1970 betrug das Verhältnis eins zu neun). Die Wahrscheinlichkeit, daß eine Familie verarmt, die aus einer alleinerziehenden Frau mit Kindern besteht, ist etwa fünfeinhalb mal so groß, wie wenn ein Mann vorhanden ist; bei einer Familie mit einer alleinerziehenden Frau schwarzer Hautfarbe ist das Risiko der Verarmung zehneinhalb mal so hoch wie bei einer Familie mit einem weißen Mann.

Folglich waren diese Kürzungen nur scheinbar geschlechtsneutral gegen «die Armen» gerichtet; in Wirklichkeit wurzeln sie in frauenfeindlichen Theorien. Die Vorstellung, Armut sei das Ergebnis menschlicher Minderwertigkeit, beruht auf dem Glauben, daß die aggressive Jagd nach Wohlstand ein Charakteristikum höherwertigen Menschtums sei und daß wirtschaftliche Ungleichheit und gesellschaftliche Klassenbildung eine nützliche Anpassungsleistung der menschlichen Spezies darstellen. Sie bedeutet nichts anderes als eine Glorifizierung von Herrschaft. Konservative wie Reagan halten Armut für das Ergebnis individuellen Versagens und sind überzeugt, daß Hilfsprogramme, die die Armut mildern sollen, diese tatsächlich nur verschlimmern und verewigen, indem sie die Armen in ihrer Trägheit bestärken. Hinter diesem Glauben verbirgt sich eine Einstellung zu Frauen, die nach Ansicht Marilyn Powers am deutlichsten in George Gilders Buch *Wealth and Poverty* zum Ausdruck kommt. (George Gilder wurde übrigens von Reagan und seinem Berater für Wirtschafts- und Finanzpolitik, David Stockman, hoch geschätzt.)

Gilder behauptet, daß in der kapitalistischen Gesellschaft Arbeit, Familie und Glauben die Schlüssel zum Erfolg sind und daß die Armen arm sind, weil es ihnen eben daran mangelt. Er definiert «Familie» als die patriarchalische Kernfamilie mit einem männlichen «Oberhaupt» und einer wirtschaftlich abhängigen Frau, die ein «Heim» schafft. Weibliche Lohnarbeit lehnt er ab, denn die wirtschaftliche Unabhängigkeit der Frauen würde dieses «ideale» Arrangement stören und möglicherweise zu seinem Zusammenbruch führen. Ohne ein Wort über die ungeheure Zahl hungernder Kinder in diesem Land zu verlieren, greift Gilder Hilfsprogramme wie etwa Aid to Families with Dependent Children* heftig an – und zwar wegen ihrer vermeintlichen Auswirkung auf die Männer. Er verdammt dieses Hilfsprogramm, weil es die Männer aus der Pflicht ihrer Ernährerrolle entläßt und einkommensschwache Männer demoralisiert, die sodann mutlos und «von einem mitleidigen Staat ihres Mannesstolzes beraubt» dazu neigen, ihre Familien zu verlassen. Familien ohne Männer jedoch sind zur Armut verdammt, denn Frauen verdienen unweigerlich weniger als Männer. Mit dieser Logik will er Frauen jeden Zugang zu einem von Männern unabhängigen Leben versperren: *Weibliche Lohnarbeit ist verantwortlich für Armut, den Zerfall der Städte und für Kriminalität.*

Eine weniger bornierte Logik würde die Verantwortung der Männer in den Mittelpunkt stellen, aber es ist immer sicherer, dem Opfer einen Vorwurf zu machen, denn es kann sich nur selten zur Wehr setzen. Eine Untersuchung von Ian Ayres, einem Professor an der North Western School of Law, förderte eine vergleichbare Ungerechtigkeit zutage. Sechs Personen zwischen 24 und 28 Jahre alt, alle mit Collegeausbildung und gutgekleidet, wurden in der gleichen Ausdrucksweise und Körpersprache trainiert. Die Testpersonen – ein Mann schwarzer Hautfarbe, eine Frau schwarzer Hautfarbe, eine Frau weißer Hautfarbe und drei weiße Männer – suchten neunzig Autohändler in Chicago auf. Obwohl einige der Verkäufer selbst schwarz oder weiblich waren, wurden den weißen Männern durch die Bank die günstigsten Angebote für ein Auto gemacht. Von denjenigen, die sich am mühelosesten ein Auto leisten können, wurde am wenigsten verlangt, und von denen, die es sich am wenigsten leisten können, wurde das meiste verlangt. Die Testpersonen stellten fest, daß weiße Frauen 150 Dollar mehr für ein Auto bezahlen müssen als weiße Männer, schwarze Männer 400 Dollar mehr als weiße und schwarze Frauen 900 Dollar mehr als weiße Männer.[15]

---

* Sozialhilfeprogramm für Familien mit kleinen Kindern (Anm. d. Ü.)

2. Die systemimmanente
politische Diskriminierung der Frauen

Die Historiker nennen Athen gerne die Wiege der Demokratie, weil es der erste Staat war, in dem das allgemeine Wahlrecht für alle Bürger eingeführt wurde. *Doch nur sechs Prozent der Bevölkerung waren Bürger*; Frauen und Sklaven konnten keinen Bürgerstatus erlangen, und das Gesetz behandelte Frauen fast wie Sklaven. Man bringt uns bei, daß die politischen Revolutionen der letzten Jahrhunderte die Demokratie vorangetrieben haben, daß heute mehr Menschen als früher frei über ihre Regierung bestimmen können. Das mag zutreffen, obwohl die meisten zeitgenössischen «demokratischen» Systeme nur die Tatsache verschleiern, daß die wirkliche Macht im Staate bei anonymen Männern liegt, die die Leitung multinationaler Gesellschaften und wichtiger Institutionen innehaben. Wie dem auch sei, bis in unser Jahrhundert schloß eine «demokratische» Regierung, die vorgebliche «Herrschaft des Volkes über das Volk», niemals auch Frauen mit ein.

In Diskussionen über Frauen und politische Macht werden oft zwei völlig unterschiedliche Situationen miteinander vermengt: eine außergewöhnliche Frau, die als Individuum in einer hauptsächlich von Männern beherrschten Gesellschaft Macht erringt; und die politische Macht, die Frauen-als-Gesamtheit, Frauen im allgemeinen, innehaben. Seit dem Entstehen von Staaten hat kein Staat den Frauen-als-Gesamtheit ein Stimmrecht zugestanden. Doch in vielen Systemen konnten Frauen Macht ausüben, besonders in Monarchien. Die ersten Staaten wurden von einem einzigen Mann mit Unterstützung seines Clans regiert, der sich die Produkte und manchmal auch das Land seiner Untertanen aneignete. Aber Männer in Clans (Familien) sind von Frauen umgeben – von Müttern, Ehefrauen, Schwestern, Konkubinen und Sklavinnen. Innerhalb eines Familienverbandes spielen Frauen eine Rolle; sie sind Träger persönlicher Macht (im Gegensatz zu formaler), und oft steigen sie in Machtpositionen auf. Die meisten übten ihre Macht hinter den Kulissen aus, indem sie den männlichen Herrscher beeinflußten oder als Vormund für einen minderjährigen Regenten agierten. Aber viele regierten qua eigenem Recht, von den frühesten Staaten der Sumerer und der Japaner bis zu den Königreichen des mittelalterlichen Europa. Die meisten jedoch herrschten wie Männer unter Männern: Elitefrauen können Machtpositionen ausfüllen, ohne daß sich die Situation der Frauen-als-Gesamtheit deswegen irgendwie ändert. Sie handeln nicht im Namen der Frauen.

Das liegt daran, daß bei Frauen, wenn sie an die Macht kommen, die Geschlechtszugehörigkeit als nebensächlich angesehen wird; sie gelten dann als Ausnahmen, die fähig waren, die «Schwächen» ihres Geschlechts zu überwinden. Nichtsdestoweniger sind sie alle wegen ihres Geschlechts speziellen Angriffen ausgesetzt (die Chinesen machten beispielsweise die Konkubinen des Kaisers für den Untergang einer Dynastie verantwortlich). Es mag paradox erscheinen, daß eine Frau, nämlich Indira Gandhi, ausgerechnet über den Staat regierte, der häufiger als jeder andere seine Frauen tötet, aber zwischen diesen beiden Tatsachen besteht kein Zusammenhang. Daß Frauen wie Indira Gandhi, Golda Meïr oder Margaret Thatcher Regierungschefs waren, bedeutet nicht, daß in diesen Ländern den Frauen weniger Verachtung entgegengebracht wird als anderswo. Heute kommen Frauen gewöhnlich in jenen Ländern an die Macht, in denen traditionell die Macht innerhalb einer Elite weitergegeben wird: Die Männer der Führungsschicht überlassen Frauen ihrer eigenen Klasse Machtpositionen, wenn diese in der Lage sind, ein Land zu einen. Sie verlassen sich darauf, daß die Frauen Wachs in den Händen der Männer sind (ein Irrtum, dem die indische Kongreßpartei bei Indira Gandhi und die israelische Arbeiterpartei bei Golda Meïr erlag). Ob sich diese Frauen nun der männlichen Kontrolle beugen oder nicht, gewöhnlich sind sie verläßliche Wahrer von Klasseninteressen. Frauen sind mehr auf Bedienstete angewiesen als Männer, sie haben keine Ehefrau. Und sie wissen, daß sie nur mit stillschweigender Duldung der Männer regieren.

In Indien werden auch deswegen mehr Frauen in politische Spitzenämter gewählt, weil dort traditionell eine durch Blutsbande verbundene Elite regiert: Indien ist noch immer ein Feudal-staat. Heute existieren zwar nur noch wenige Monarchien, aber Länder, die von einer Elite regiert werden, von Clans, weitver-zweigten Familien, innerhalb derer Frauen zu Einfluß gelangen können, funktionieren nach ähnlichen Prinzipien. In Indien sind Klassen-(Kasten-)Schranken von ungeheurer Bedeutung und kaum zu überwinden. Bei den letzten Wahlen wurden mehr Frauen ins indische Unterhaus gewählt (7,9 Prozent) als ins amerikanische Repräsentantenhaus (6,4 Prozent); die Frauen stellen neun bis zehn Prozent des indischen Oberhauses, des Raya Sabha, aber nur zwei von hundert amerikanischen Senatoren sind Frauen. Amar-tya Sen bemerkte, daß während ihrer Lehrzeit an der Universität von Delhi mehr Frauen auf einen Lehrstuhl berufen wurden als in Harvard, wo sie heute lehrt.[16] In dem Maße jedoch, wie das indische Kastensystem zerfällt und durchlässiger wird, werden die Frauen der Elite ihre Privilegien gegenüber den Männern niederer Kasten verlieren. Und tatsächlich haben weniger indische Frauen der jetzigen Generation bedeutende Regierungsämter inne, als es in der ersten Generation nach der Unabhängigkeit der Fall war.

Politische wie wirtschaftliche Institutionen werden in ihrer Funktionsweise unpersönlicher und stärker von Männern be-herrscht, wenn an die Stelle der Blutsbande die Leistung als Aufstiegskriterium tritt. In Systemen, die angeblich auf individu-eller Leistung basieren, in denen der gesellschaftliche Status verdient und nicht vererbt wird, ist es für die Frauen am schwierig-sten, Machtpositionen zu erobern. Das liegt nicht etwa, wie einige Männer behaupten, an der Unfähigkeit der Frauen, sondern daran, daß ihnen die Wege versperrt sind, auf denen sie durch eigenes Verdienst einen hohen Rang erreichen könnten. In von Männercliquen kontrollierten Systemen – Militäroligarchien oder sogenannten Demokratien – kann ein hoher Sozialstatus durch den Militärdienst (wovon Frauen ausgeschlossen sind), durch Berufserfahrung oder politische Erfahrung (wovon sie weitge-hend ausgeschlossen sind) erworben werden. Als in Europa gebil-dete Männer an Einfluß gewannen, wurde den Frauen der Zutritt zu beinahe allen Universitäten verboten, und nur wenige erhielten eine lückenhafte Ausbildung. Allein durch diese Ausgrenzung hielten die Männer die Frauen von sämtlichen Berufen fern, ausgenommen von Geburtshilfe und von religiösen Betätigungen. (Bald schon verboten sie auch die Hebammen – sofern sie sie nicht verbrannten.)

Heute erhalten Frauen in den meisten Industrieländern eine Ausbildung und können in einer Vielzahl von Bereichen arbeiten (wenn auch nicht in allen). Doch männliche Vorgesetzte legen ihnen eher Steine in den Weg, als ihren Aufstieg in höhere Positionen zu unterstützen. In nichtindustrialisierten oder «Entwicklungs»-Ländern haben Frauen etwa 6 Prozent der Regierungsämter inne; in den meisten europäischen Staaten sind es zwischen 5 und 11 Prozent. Aber 1989 stand im Bericht der Interparlamentarischen Union zu lesen, daß der Anteil der Frauen in den Parlamenten der Welt *gesunken* war. 1975, zum Beginn des UNO-Jahrzehnts der Frau, bestanden alle Parlamente der Welt zusammengezählt zu 12,5 Prozent aus Frauen; Anfang 1988 waren es 14,6 Prozent, aber 1989 war ihr Anteil wieder auf 12,7 Prozent gesunken.[17] Auch in den Reformstaaten Osteuropas können die Frauen sich nirgends Gehör verschaffen: Die Spitzenregierungsämter in Ungarn und Rumänien befinden sich ausschließlich in der Hand von Männern. In Polen war im Kabinett von Tadeusz Mazowiecki noch eine Frau als Kultusministerin vertreten, Lech Walesa jedoch hat nicht eine einzige berufen.

Auf der anderen Seite sind in den skandinavischen Ländern, aber auch in so winzigen Staaten wie Dominica und den Niederländischen Antillen viele hohe politische Ämter von Frauen besetzt. Gro Harlem Brundtland wurde mehrmals zur Ministerpräsidentin Norwegens gewählt, und mehrere Staaten haben einen weiblichen Präsidenten (in erster Linie ein Ehrenamt). Ein norwegisches Forschungsinstitut gab eine Untersuchung mit dem Titel Scenario 2000 in Auftrag, um den Gründen dieses scheinbar feministischen Umschwungs nachzugehen. Norwegen gehört (meiner Erfahrung nach) zu den am stärksten feministisch geprägten Ländern der Erde; Männer wie Frauen treten zumindest prinzipiell für gleiche Rechte ein. Doch die Wissenschaftler, Geschäftsführer und Politiker, die in der Untersuchung zu Wort kamen, führten als einen Grund für die zunehmende Präsenz von Frauen im Rampenlicht des öffentlichen Lebens an, daß die Männer sich daraus zurückzögen. Ebenso wie die amerikanischen Männer in den protestantischen Kirchen Neuenglands das Sagen hatten, solange Staat und Kirche eins waren, ihnen jedoch scharenweise den Rücken kehrten, als sich mit dem Kapitalismus ein Weg zu größerer Macht auftat (worauf sie die Religion den Frauen überließen), so wenden sich nun die norwegischen Männer vom engen Feld der norwegischen Politik ab und der lukrativeren und mit mehr Macht verbundenen Tätigkeit für multinationale Konzerne zu. Der Bericht endete mit der Schlußfolgerung: «Möglicherweise tauschen die Frauen das Randgruppendasein einer Minderheit gegen das Randgruppendasein einer Mehrheit ein.»[18]

Soweit ist es in den Vereinigten Staaten, wo 1990 im 100 Sitze zählenden Senat gerade zwei Frauen saßen (2 Prozent) und 29 von 435 Abgeordneten im Repräsentantenhaus Frauen waren (6 Prozent), noch nicht gekommen. Hier, im Mutterland des Feminismus, in dem angeblich die Frauen über die Männer herrschen, haben die Frauen in der Regierung weniger zu sagen als in vorindustriellen Ländern. 1986 hatten 151 Frauen in den Bundesstaaten Regierungsämter inne – das entspricht 17,9 Prozent.[19] 1990 gewannen drei Frauen die Gouverneurswahlen in den 50 Bundesstaaten; sie gewannen 18 Prozent der Sitze im Repräsentantenhaus, und 54 Frauen errangen einen Regierungsposten in einem Bundesstaat. Es könnte schlimmer sein: Erst im April 1990 stimmten die Männer des Schweizer Halbkantons Appenzell-Innerrhoden dafür, Frauen weiterhin vom kantonalen Wahlrecht auszuschließen.[20]

Hinzu kommt, daß die wenigen in der Öffentlichkeit aktiven Frauen einer Art von Angriffen ausgesetzt sind, wie sie nur selten gegen einen Mann gerichtet werden – obwohl sich der erste schwarze Bürgermeister von New York, David Dinkins, Kritik an seiner Kleidung und seinem Auftreten gefallen lassen mußte, nicht aber an seinem sexuellen Verhalten. Als jedoch Margaret

Thatcher Premierministerin von England war, machten die Journalisten regelmäßig sexuelle Anspielungen, nahmen die «Männlichkeit» ihres Mannes (sprich seine Macht über sie) aufs Korn und kritisierten ihre äußere Erscheinung – ihre Kleidung und ihr Auftreten. So legitim (und berechtigt) die Kritik an Margaret Thatchers Politik war, derartige persönliche Angriffe haben nur die eine Funktion, weiblichen Führungskräften nachdrücklich in Erinnerung zu rufen, daß sie unter ständiger Beobachtung von Männern stehen, die jeden Ansatz einer Veränderung der Regierungspolitik zugunsten der Frauen sofort erspähen würden. Es steht zu bezweifeln, ob eine entschiedene Feministin in irgendeinem Staat ein hohes politisches Amt erringen könnte, aber selbst wenn Golda Meïr, Indira Gandhi, Benazir Bhutto oder Margaret Thatcher bestrebt gewesen wären, das Los der Frauen zu verbessern, so hätten sie es nicht gewagt. Abgesehen von einigen wenigen Ausnahmen wagen es nur männliche Führer, frauenfeindliche Gesetze aufzuheben.

Der Haß der Männer gegen Frauen, die im Rampenlicht der Öffentlichkeit stehen, erstreckt sich sogar auf die Ehefrauen politischer Führer. Barbara Bush entgeht der Kritik, indem sie sich in erster Linie als Mutter darstellt. Pat Nixon gewann in späteren Jahren die Sympathie vieler Amerikaner, doch während der Amtszeit ihres Mannes griffen die Journalisten sie wegen ihrer angeblichen Zickigkeit an. Denjenigen Frauen, denen man zutraut, daß sie ihre Männer beeinflussen könnten, ergeht es am schlechtesten. Die intelligente, einsatzfreudige und hart arbeitende Rosalyn Carter, die ihrem Mann immer zur Seite stand, wurde von den Journalisten mit Geringschätzung überhäuft. Nancy Reagan wurde wegen ihrer Vorliebe für Luxus, ihres Gewichts und ihrer Kleidung auf gemeine Weise von der Presse in den Schmutz gezogen; verhaßt aber war sie wegen des Einflusses auf ihren Mann (der in erster Linie ein positiver gewesen zu sein scheint: beispielsweise widersetzte sie sich dem Besuch Bitburgs und wollte, daß er William Casey Zügel anlegte). Auch die weitaus ernst zu nehmendere Raissa Gorbatschowa blieb deswegen nicht vor Angriffen verschont. Den sowjetischen Männern gehen ihr Selbstbewußtsein und ihr Stil gegen den Strich. Vor kurzem erst griff ein Abgeordneter sie in einem Regierungsgremium an.[21] Er stellte die (falsche) Behauptung auf, Napoleon sei durch «Speichellecker und seine Frau» zur Tyrannei getrieben worden, und warf Michail Gorbatschow vor, imperialistische Tendenzen zu zeigen, weil auch er «unfähig sei, sich der *Vergötterung* und dem Einfluß *seiner Frau* zu entziehen» [Hervorhebung von mir].

3. Die Tilgung der Frauen aus der Geschichtsschreibung

Eine Methode, mit der die Männer den Ausschluß der Frauen aus dem politischen Leben verewigen, besteht darin, alle Spuren ihrer Mitwirkung in der Vergangenheit und ihrer Beiträge zur Gegenwart zu verwischen. Das geschieht auf individueller Basis und ist dennoch systemimmanent: Die Männer schließen ihre Reihen, um sich Frauenprojekte anzueignen oder sie als Männerprojekte auszugeben; männliche Historiker machen geschlossen Front, um Frauen auf jeglicher Geschichtsebene auszugrenzen. Nur wenige Menschen wissen etwas über die Herrscherinnen, Philosophinnen, Wissenschaftlerinnen, Künstlerinnen, Schriftstellerinnen und Erfinderinnen der Vergangenheit, und doch waren einige von ihnen sehr einflußreich, und manch eine leistete einen Beitrag zum Wissen der Menschheit und zu ihrem Wohlergehen. Wir können diesem Mangel hier nicht Abhilfe schaffen, aber wir können einen Fall aus jüngster Vergangenheit schildern, in dem Frauen eine äußerst wichtige Organisation gründeten und dann hinausgeworfen und aus der Geschichtsschreibung gestrichen wurden.

Die Organisation war Polens Gewerkschaft Solidarność, die von zwei Frauen begründet wurde. Anna Walentynowicz begann vor über dreißig Jahren als Schweißerin in der Brigade Rosa Luxemburg auf der Lenin-Werft in Danzig.[22] 1953 wurde sie verhaftet und acht Stunden lang verhört, nachdem sie die Kühnheit besessen hatte, sich darüber zu beklagen, daß die finanziellen Anreize für Plansollerfüllungen bei Frauen niedriger waren als bei Männern. 1968 protestierte sie gegen die Korruption in den staatlichen Gewerkschaften und wurde entlassen. Später erlaubte man ihr, an ihren Arbeitsplatz zurückzukehren. In den siebziger Jahren begann sie, sich für freie Gewerkschaften einzusetzen. Trotz der ständigen Schikanen und der Einschüchterung, denen sie ausgesetzt war, hielt sie durch und verschaffte sich dadurch großen Respekt bei ihren Kollegen.

1980, sie arbeitete damals als Kranführerin auf der Lenin-Werft, erkrankte sie. In ihrer Abwesenheit wurde sie entlassen. Die Werftarbeiter traten in einen Proteststreik, forderten ihre Wiedereinstellung sowie die von Lech Walesa (der ebenfalls entlassen worden war), eine Lohnerhöhung und das Versprechen, daß zu Ehren der beim Dezemberstreik 1970 getöteten Arbeiter ein Denkmal errichtet werden würde. Andere Werften traten in einen Solidaritätsstreik. Nach zwei Tagen gab die Lenin-Werft den Forderungen ihrer Arbeiter nach, und diese waren bereit, die Arbeit wieder aufzunehmen. Doch die Walentynowicz und eine junge Krankenschwester, Alina Pienkowska, widersetzten sich dem Beschluß mit der Begründung, die Wiederaufnahme der Arbeit sei ein Verrat an den anderen Arbeitern, deren Forderungen nicht erfüllt worden waren. Sie rannten in die Halle zurück, um die Arbeitsaufnahme zu verhindern, doch die Mikrophone waren ausgeschaltet worden. Anna Walentynowicz erklärte später: «Über Werftlautsprecher wurde verkündet, der Streik sei zu Ende und jeder habe bis sechs Uhr nachmittags die Werft zu verlassen. Die Tore standen offen, und die Leute gingen hinaus.» Alle, auch Lech Walesa, waren zur Wiederaufnahme der Arbeit bereit. Die beiden Frauen rannten zum Haupttor; die Walentynowicz forderte mit lauter Stimme einen Solidaritätsstreik und erinnerte daran, daß die Werftleitung nur deshalb ihren Forderungen nachgegeben hatte, weil die anderen Werften auch gestreikt hatten. Wenn diese eine Niederlage erlitten, dann konnte das auch den Arbeitern auf der Lenin-Werft geschehen.

Die erschöpften Arbeiter achteten nicht auf sie. Ebenfalls am

Ende ihrer Kräfte, begann sie zu weinen. Doch Alina sprang auf ein Faß und rief der hinausströmenden Menge zu: «Wir müssen die anderen in ihren Streiks unterstützen, weil sie uns auch unterstützt haben!»

Jemand sagte: «Sie hat recht!» Ein anderer schloß das Tor. Die Arbeiter kehrten in die Halle zurück und nahmen den Streik wieder auf. Aus ihren Verhandlungen ging 1980 die Gewerkschaft Solidarność hervor. Im Dezember 1981 rief die polnische Regierung das Kriegsrecht aus. Obwohl sie sich an einem sicheren Ort in Südpolen befand, kehrte Walentynowicz zur Werft zurück, um bei der Organisation des Widerstands zu helfen. Die Arbeiter bauten Barrikaden und richteten eine Krankenstation ein. Sie hatten keine Waffen. Um sechs Uhr morgens begann die ZOMO, die polnische Bereitschaftspolizei, in die Werft einzudringen. «Ich wollte mich vor die Arbeiter stellen, aber sie hielten mich zurück. Sie schmuggelten mich hinaus, und ich versteckte mich in einer Privatwohnung.» Doch die ZOMO spürte sie auf und verhaftete sie zusammen mit Pienkowska und anderen Führern.

Unter schrecklichen Bedingungen blieb sie bis 1983 in einem Männergefängnis eingesperrt. Dann wurde sie freigelassen, durfte jedoch nicht in die Werft zurückkehren. Sie schlich sich dennoch hinein, wurde verhaftet und in ein Gefängniskrankenhaus zur psychiatrischen Beobachtung gebracht: «Sie wollten beweisen, daß ich verrückt war.» Jane Atkinson fragte sie während eines Interviews nach einem Gerücht, demzufolge die Regierung die weiblichen Gefangenen freilassen wollte, weil sie keine politische Gefahr darstellten. Walentynowicz lachte: «Es hieß immer, Alina sei besser in Verhandlungen mit der Regierung, weil sie im Gegensatz zu Lech nie Kompromisse schloß und immer bekam, was sie forderte.» Anna Walentynowicz durfte ihre Arbeit in der Werft nicht wiederaufnehmen (Walesa schon); sie erhielt keine Rente und verlor ihren gesamten Besitz, während sie im Gefängnis saß (ihre Wohnung wurde leergeräumt). Männer übernahmen die Führung von Solidarność. Achselzuckend meinte Walentynowicz dazu: «Männer sind das Sprachrohr in der Öffentlichkeit, sie haben Autorität und Macht. Sie brauchen das Gefühl, die ersten zu sein, und sie wollen es mit niemandem teilen.» Am Ende war sie arm und arbeitslos; Walesa wurde Präsident Polens.

Die Männer von Solidarność rissen nicht nur eine Gewerkschaft an sich, die eine Frau gegründet hatte, sondern stießen die Gründerin Anna Walentynowicz aus, zweifelten an ihrem Verstand (eine gängige Art, Frauen anzugreifen) und tilgten ihre Spuren in der Geschichtsschreibung. Ohne die Illustrierte *MS* hätten wir nie von Annas Existenz erfahren. Und doch rebelliert diese unbeugsame Frau nun gegen Walesas Regierung: Sie gründete eine neue Arbeiterorganisation, die Unabhängige Gewerkschaft, und initiierte im März 1991 auf derselben Danziger Werft einen Streik um höhere Löhne und schnellere Privatisierung des Unternehmens.[23]

4. Der Krieg der Religionen gegen die Frauen

Obwohl die ökonomischen und politischen Systeme eines jeden Landes den Frauen Hindernisse in den Weg legen und obwohl überall auf der Welt die wirtschaftliche und politische Situation der Frauen schlechter ist als die der Männer, deuten die in Kapitel 2 zitierten Zahlen über den Anteil von Frauen in der Politik auf eine in den letzten zwanzig Jahren erfolgte Besserung hin. Einige einflußreiche internationale Institutionen sind jedoch bestrebt, diese Errungenschaften wieder rückgängig zu machen und die Frauen in untergeordnete Positionen zurückzudrängen. Das sind allem voran die Religionen, für viele Frauen ein Hort des Vertrauens und des Glaubens.

Alle bedeutenden Weltreligionen sind patriarchalisch. Sie wurden gegründet, um die Vorherrschaft der Männer zu verbreiten und zu festigen – deswegen sind auch alle ihre Götter männlich. Doch der religiöse Drang ist nicht an sich patriarchalisch. Jeder gläubige Mensch definiert Gott auf seine Weise, und seitdem die Kirchen durch den Feminismus unter Druck geraten sind, bemühen sich viele, die krassesten patriarchalischen Elemente ihrer Symbolik zu eliminieren. Als Gegenreaktion sind andere Kirchen, die sich als fundamentalistisch bezeichnen, noch strikter, noch fanatischer in ihrem patriarchalischen Impetus geworden. Zwar haben jüdische wie islamische Gelehrte darauf hingewiesen, daß der Begriff «Fundamentalismus» nicht auf die neuen Bewegungen des Judentums oder des Islam zutrifft, aber dennoch bezeichnen Journalisten tendenziell jede übereifrige rechtsgerichtete religiöse Bewegung als «fundamentalistisch».[24] Einige wenige beziehen diesen Begriff auch auf Gruppen, die sich kaum oder gar nicht um Religion kümmern, aber mit derselben grimmigen Entschlossenheit für die Herrschaft des Mannes über die Frau kämpfen. Das zeigt, daß sie den Hintergrund, das wahre, wenn auch unausgesprochene Anliegen dieser Bewegungen, erfaßt haben. In Artikeln über «fundamentalistische» Sekten ist zwar nur selten von Frauen die Rede, aber das einzige, was all diesen als fundamentalistisch bezeichneten Glaubensrichtungen gemeinsam ist, ist ihr Kampf für eine noch weitergehende Unterwerfung der Frauen.

4.1 Der Protestantismus

Frauen spielten bei der Gründung und Verbreitung des Protestantismus eine bedeutende Rolle. Für die nach größerer Macht strebenden Männer Amerikas dagegen verlor der antihierarchische Protestantismus an Anziehungskraft, als ihnen der industrielle Kapitalismus andere Wege zu mehr Macht eröffnete. Mit dem Rückzug der Männer wurde der Protestantismus zu einer Kirche der Frauen. Durch die fundamentalistische Renaissance des 19. und 20. Jahrhunderts sollte die männliche Vorherrschaft (über die Kirche wie über die Familie) wieder gefestigt werden. Außerdem sollten die protestantischen Frauen dadurch vom Einflußbereich des Feminismus ferngehalten werden. Ins Leben gerufen wurden diese Bewegungen aber immer unter ganz anderen Vorzeichen.

Die amerikanischen Fundamentalisten sehen sich als Hüter der fundamentalen Grundwerte des Christentums. Damit behaupten sie indirekt, daß andere Protestanten diese aufgegeben haben, sonst wären alle Protestanten «fundamentalistisch», und keine Gruppe könnte das Etikett für sich alleine in Anspruch nehmen. Eine fundamentalistische Autorität, ein Mentor Jerry Falwells, schrieb:

> «Zu den Grundüberzeugungen des christlichen Glaubens gehört die göttliche Eingebung und damit die gottgegebene Autorität der Bibel; die Existenz Gottes, die jungfräuliche Geburt, das Sühneopfer Jesu Christi, die Auferstehung des Leibes, die Wiederkunft Christi; der Verlust der Gnade der ganzen Menschheit; die Erlösung durch Reue und Glauben, Gnade ohne eigenes Verdienst; die ewige Verdammnis der Ungläubigen in der Hölle und die ewige Seligkeit der Geretteten im Himmel.»[25]

Diese Vorstellungen werden auch von Christen anerkannt, die sich nicht als Fundamentalisten bezeichnen, doch die meisten protestantischen Fundamentalisten Amerikas glauben darüber hinaus, daß die Bibel von Gott selbst geschaffen wurde und die höchste Autorität darstellt, daß die ewige Erlösung nur durch das Sühneopfer Christi möglich wurde und daß der höchste Grad an Nächstenliebe darin besteht, anderen dieses Erlösungsversprechen nahezubringen. Fundamentalisten sind daher militante Kämpfer für ihren Glauben. Ob sie nun gegen die moderne Theologie oder gegen den weltlichen Humanismus in den Krieg ziehen, die protestantischen Fundamentalisten Amerikas führen einen Religionskrieg. Ihr Kampfwille ist ein Merkmal, das sie mit «fundamentalistischen» Juden und Muslimen gemeinsam haben.

Die meisten Fundamentalisten sind Anhänger der Lehre vom Siebenten Tag; sie glauben an die Existenz von sieben Zeitaltern, deren letztes mit dem tausendjährigen Reich Christi endet. Jedes Zeitalter endet mit einem göttlichen Strafgericht, weil die Menschheit bei einer von Gott auferlegten Prüfung versagt hat. Das letzte Zeitalter wird durch die Wiederkunft Jesu Christi eingeläutet, der sein Königreich errichten und tausend Jahre lang – ein Millennium – in Jerusalem herrschen wird: alles wörtlich gemeint. Wir im sechsten Zeitalter werden der Vernichtung anheimfallen, doch die wahren Gläubigen werden durch «heimliche Verzückung» der Vernichtung entgehen. Der Glaube an die sieben Zeitalter ist daher gleichermaßen ein Ratschlag zur Verzweiflung (die Menschheit ist zum Untergang verdammt) und eine Befreiung von jeder Verantwortung (die Geretteten trifft keine Verantwortung für das Böse unserer Zeit). Weil die Anhänger dieser Lehre den christlichen Grundsätzen treu bleiben, werden sie vor der Vernichtung bewahrt. Und weil Fundamentalisten nicht für die Gesellschaft außerhalb ihrer eigenen Sekte verantwortlich sind (bis vor kurzem noch war die Lossagung von der Hauptkonfession ein obligatorischer Glaubensbeweis für Hardcore-Fundamentalisten), sind alle Mittel zur Durchsetzung ihres Glaubens gerechtfertigt.

Aber wir müssen das abgehobene Reich des abstrakten Glaubens verlassen und uns konkreten Punkten zuwenden, um dem wahren Kern des Fundamentalismus auf die Spur zu kommen. Fundamentalisten werden militant, wenn es um die Bibel, die reine Lehre und das Verhalten im Alltag geht; sie verbieten das Rauchen, das Trinken, das Tanzen, das Kartenspiel, unzüchtige Bekleidung und jegliche Sexualität außerhalb der Ehe. Richard Hofstadter charakterisiert sie als antiintellektuell, paranoid, militant und konfrontationsfreudig; zugleich haben sie ein populistisches Demokratieverständnis. Hofstadters Fundamentalisten ertragen keine Zweideutigkeiten und haben ein phobisches Verhältnis zur Sexualität: Sie verbieten jegliche verbale Anspielung auf Sexualität und sexuelle Kontakte außerhalb der Familie und möchten am liebsten, daß dieses Tabu in der gesamten Gesellschaft gilt.[26]

Der Psychiater und Psychoanalytiker Mortimer Ostow stimmt mit Hofstadter darin überein, daß Fundamentalisten ein unterwürfiges Verhalten gegenüber charismatischen männlichen Führern zeigen und der Auffassung sind, Frauen sollten von Männern getrennt ihren «naturgegebenen Platz» in Gesellschaft und Familie einnehmen. Doch nach Ostows Auffassung übertreibt Hofstadter mit seiner Behauptung, Fundamentalisten seien von einer «tiefsitzenden Angst vor normalem Sex wie vor abweichendem

Sexualverhalten besessen», denn auch Fundamentalisten würden heiraten und sexuelle Beziehungen innerhalb der Ehe unterhalten.[27] Wie wir allerdings noch sehen werden, ist die Familie der zentrale Ort weiblicher Unterwerfung, und ihr bestes Vehikel ist die Sexualität: Den Frauen wird der Glaube an ihren «naturgegebenen Platz» durch die Herrschaft der Männer über die weibliche Sexualität innerhalb der Familie eingeimpft. Das Verbot einer Thematisierung von Sex außerhalb der Familie dient einzig dem Zweck, eben jene Privatheit aufrechtzuerhalten, in der diese Unterwerfung seit Jahrtausenden gedeiht. Zum besseren Verständnis des zentralen fundamentalistischen Anliegens müssen wir auf eine feministische Wissenschaftlerin zurückgreifen.

Betty DeBerg, die sich mit den Erscheinungsformen des Fundamentalismus seit dem späten 19. Jahrhundert befaßte, stellte fest, daß in den meisten Analysen der Fundamentalismus als intellektuelle oder theologische Reaktion auf eine modernistische Bibelkritik, auf die Evolutionstheorie oder die Sozialwissenschaften interpretiert wird. Nur wenige sehen darin eine nur am Rande religiöse Reaktion auf bedeutsame Veränderungen in der amerikanischen Gesellschaft, die sich unmittelbar vor und während des Aufkommens und der Verbreitung des Fundamentalismus vollzogen.[28] H. Richard Niebuhr erklärte ihn als regionalen, bäuerlichen Protest (des Südens) gegen Verstädterung und Industrialisierung. Heute allerdings sind sich die meisten Wissenschaftler darin einig, daß der Fundamentalismus in der weißen Mittelschicht der Städte seinen Aufschwung nahm – im Nordosten, an der mittleren Atlantikküste, in den nordöstlichen und den ganz westlichen Bundesstaaten. Betty DeBerg räumt zwar ein, daß zwischen 1880 und 1930 große soziale Umbrüche stattfanden – Industrialisierung, Verstädterung, Einwanderungswellen, der Beginn der Konsumgüterwirtschaft und der Erste Weltkrieg –, vertritt aber die Ansicht, daß keiner dieser Faktoren so viele Amerikaner so tief und so stark berührte wie die Veränderungen im Rollenverhalten der Geschlechter zur gleichen Zeit.

Die Männer, die den Fundamentalismus dominierten, und die, welche sie damit ansprachen, erlebten am eigenen Leib eine

Revolution, die sie in ihrer Selbstdefinition als qua Geschlecht überlegener Teil der Menschheit bedrohte: Sie verloren die Kontrolle über die Frauen. Nach 1850 erhielten immer mehr Frauen eine Ausbildung und übten Berufe aus, durch die sie die Grenzen der häuslichen Welt überschritten. Durch ihre neuen wirtschaftlichen und sozialen Möglichkeiten waren sie in gewisser Weise der Kontrolle ihrer Väter entzogen. Männer mit weniger Kontrolle über weniger Kinder waren weit mehr auf unterwürfige Ehefrauen angewiesen, um sich in ihrer häuslichen Überlegenheit zu sonnen. Aber unterwürfige Frauen wurden immer rarer; denn die Frauen gewannen im Verlauf des 19. Jahrhunderts immer mehr Macht innerhalb der Ehe: In vielen Staaten wurden Gesetze zum Schutz des Eigentums verheirateter Frauen erlassen, und nach 1870 deutete sich bereits der Kampf um die Legalisierung der Abtreibung an, und zwar als eine Kampagne für gewollte Mutterschaft. Linda Gordon befaßte sich mit dieser Bewegung, die das Programm der Suffragetten, der Moralreformer, der Kirchenvereine und der Bewegungen für freie Liebe oder Ehereformen beeinflußte.[29]

In einer Zeit, in der Empfängnisverhütung illegal war, unterstützte die Bewegung für gewollte Mutterschaft Frauen bei ihren Versuchen, die Häufigkeit sexuellen Verkehrs zu kontrollieren sowie Vergewaltigung und sexuellen Mißbrauch in der Ehe zu unterbinden. Sie ermutigte sie, ungewollte Schwangerschaften und Geburten zu vermeiden und eine gewisse Kontrolle über ihren eigenen Körper und ihre Fruchtbarkeit zu fordern. Daniel Scott Smith führt die konstante Abnahme der Geburtenrate im 19. Jahrhundert, obwohl künstliche Verhütungsmittel kaum erhältlich und weitgehend untauglich waren und die meisten amerikanischen Frauen verheiratet waren – 89 bis 96 Prozent der über Fünfundvierzigjährigen –, auf diese Bewegung zurück.[30] Die Bewegung war eingebettet in eine breitere Strömung unter den amerikanischen Frauen, die zunehmend das Recht auf die Verfügung über ihre eigene Sexualität forderten, sei es, um ungewollte Schwangerschaften zu vermeiden oder um eigene Bedürfnisse äußern zu können: Aus Statistiken geht hervor, daß die Hälfte der zwischen 1900 und 1910 geborenen und zwei Drittel der zwischen

1910 und 1920 geborenen verheirateten Frauen bereits vor der Ehe mit mindestens einem Mann eine sexuelle Beziehung hatten.

Die Forderung der Frauen nach dem Verfügungsrecht über den eigenen Körper ging soweit, daß viele von ihnen (vor allem «neue» Frauen, das heißt gebildete, erfolgreiche Frauen) sich weigerten, überhaupt noch zu heiraten. Das war eine unerhörte Herausforderung – im Patriarchat ist die Institution der Ehe für Frauen immer obligatorisch. Carl Degler schätzt, daß 1900 ein Viertel der Frauen mit Collegeabschluß und die Hälfte der Universitätsabsolventinnen ledig blieben, und spricht von einer «Revolte» gegen die Ehe.[31] Hinzu kam, daß die Scheidungsrate bei den verheirateten Frauen nach oben schnellte – zwischen 1870 und 1930 erhöhte sie sich um das Fünffache, und in den zwanziger Jahren wurden zwei Drittel der Scheidungen von Frauen eingereicht. Vielen Beobachtern schien es, daß die Institution der Ehe selbst in Gefahr war – und zwar durch den Feminismus.

DeBerg zeigt auf, daß sich im volkstümlichen Fundamentalismus um die Jahrhundertwende, als Frauen größere Unabhängigkeit und mehr Rechte über ihren Körper erlangt hatten, plötzlich alles um Themen wie das häusliche Leben, die sexuelle Identität, das Verhalten des Menschen und den «richtigen» Platz der Geschlechter drehte. In einer zwischen 1910 und 1913 veröffentlichten Buchreihe, den *Fundamentals*, wurden die Grundlagen der Bewegung dargelegt, wobei die Prediger dem Verhalten von Frauen ebensoviel Beachtung schenkten wie religiösen Fragen. James H. Brookes, der Gründer der Niagara Conferences, nannte Elizabeth Cady Stantons *Frauenbibel* (1898) eine «erbärmliche Mißgeburt ... einen schamlosen Ausdruck von Ungläubigkeit». Ein beliebter protestantischer Pastor erklärte in einer Predigt («The Choice of a Wife»), daß jede Frau, die sich einer Lektüre wie Stantons Buch hingebe, eine «schreckliche Kreatur» sei, und: «Ein Mann soll sich keinesfalls solch einer stinkenden Aussätzigen nähern. Man sollte sie schrubben, drei Wochen in Karbolsäure tauchen und ein Jahr lang ausräuchern, bevor sie sich wieder in einer anständigen Gesellschaft sehen lassen kann.»

Schlachtrufe nach einer Rückkehr zur viktorianischen Ideologie der Geschlechtertrennung überschwemmten die populäre fundamentalistische Literatur. 1921 annoncierte eine bedeutende fundamentalistische Zeitschrift: «Gesucht – mehr Mütter: Uns fehlt es an Heimen, echten Heimen. Uns fehlt es an Müttern, echten Müttern... Gott hat die Frau dazu bestimmt, *ein Heim zu schaffen*, aber irgendwie scheint sie auf Abwege geraten zu sein.»[32] Wie immer wurde die Emanzipation der Frau gleichgesetzt mit der Zerstörung der Familie. Die Fundamentalisten wußten, wie die Familie zu retten war: Die Kirche war zu sehr «verweiblicht» und mußte wieder unter männliche Herrschaft gebracht werden. Männer mußten in allen Bereichen die Befehlsgewalt haben, und zu Hause hatten die Frauen sich unterzuordnen. Natürlich waren diese Männer davon überzeugt, daß all das gottgewollt war.

> «Es ist eine regelrechte Rebellion im Gange, nicht nur gegen die Führung der Männer in Staat und Kirche, sondern auch im eigenen Heim. Aus Statistiken aus Harvard und Yale geht hervor, daß Frauen aus besseren Kreisen keine Kinder haben, im Durchschnitt kommt auf eine Familie weniger als ein Kind... Die Verherrlichung der Vorstellung von der ‹eigenen Individualität› bei modernen Frauen führt unweigerlich zur Zerstörung des häuslichen Lebens.»[33]

Die Pastoren befahlen den Frauen, ihren Ehrgeiz und ihr Streben nach Selbstverwirklichung ihren Familien, genauer gesagt ihren Männern und Brüdern zuliebe, aufzugeben, und erklärten, die wahre Aufgabe und Erfüllung der Frau liege «im aufopferungsvollen Dienst am Nächsten». Das Schicksal der Frauen war es zu leiden, «eines der großen Privilegien eines christlichen Lebens», der weibliche Weg, Christus nachzueifern.[34] Das Frauenstimmrecht würde die wahre Weiblichkeit vernichten und den geheiligten häuslichen Herd bedrohen: Billy Sunday nannte ihn «den heiligsten Fleck auf der Erde». Sie beklagten, daß nur wenige Männer in die Kirche gingen, und starteten einen Werbefeldzug, indem sie zunächst den Einfluß der Frauen reduzierten (das heißt die Rechtmäßigkeit von Frauenpredigten und Frauenämtern innerhalb der Kirche in Frage stellten) und anschließend die verweiblichte Ideologie vom Christentum als einer Kirche des Mitleids und der mütterlichen Fürsorge durch einen maskulinen Jargon der Männlichkeit, des Militarismus und des christlichen Heroismus ersetzten.

Das (bereits mehrfach zitierte) *King's Business* wurde vom Bible Institute of Los Angeles herausgegeben; zusammen mit dem Moody Bible Institute bildete es Frauen zu Laienpredigern aus und vertrat öffentlich das Recht der Frauen, zu lehren und zu predigen. Alle Schriftsteller und Herausgeber fundamentalistischer Zeitschriften widersetzten sich jedoch der Berufung von Frauen zu Gemeindepredigern mit der Begründung, daß die göttliche und natürliche Ordnung der Welt zerstört würde, wenn Frauen über Männer bestimmen könnten. Aber die Frauen waren buchstäblich fast ein Jahrhundert lang in die Kirchen gerannt, als kein Mann sich dort hatte sehen lassen. Die Fundamentalisten des 20. Jahrhunderts brachten weiblichen Führungspositionen innerhalb der Kirche weitaus weniger Toleranz entgegen als ihre Vorgänger im 19. Jahrhundert – und doch hatte sich die Religion selbst nicht verändert.[35] 1895 rief eine Zeitschrift ihre Leser zum Protest auf, «wann immer eine ‹fortschrittliche› Frau eine schädliche Erneuerung in einer unserer Kirchen versucht»; 1917 warnte sie davor, daß der Feminismus, «nachdem er über das soziale und häusliche Leben so viel Unglück gebracht hat», nun in «den heiligen Bereich der Kirche eindringt».[36] Als 1930 die Independent Fundamental Churches of America (früher die American Conference of Undenominational Churches) ins Leben gerufen wurden, wurden Frauen offiziell von der Mitgliedschaft ausgeschlossen. Im gleichen Jahr stimmte man am A. J. Gordon's Gordon College dafür, die Zahl weiblicher Studenten auf ein Drittel zu beschränken. Das Moody Bible Institute akzeptierte keine Frauen mehr in seinen Predigerkursen: Die letzte Frau machte dort 1929 ihren Abschluß.

Die Fundamentalisten starteten einen Feldzug zur Säuberung der Kirche von all jenen Symbolen und Lehrsätzen, die sie als «passiv» und «weich» brandmarkten und die angeblich lauter

«Hasenherzen hervorbrachten», indem sie mit abfälligen Bemerkungen über Glaubensrichtungen herfielen, in denen Frauen eine zentrale Rolle spielten – Theosophie, Spiritualismus, Szientismus und Pfingstbewegungen –, und ihren Zuhörern einhämmerten, weibliche Autorität in der Kirche sei gotteswidrig. Selbst männliche Historiker sprechen von «einer überwältigenden Angst vor Verweichlichung und einer übertriebenen Betonung der Männlichkeit» im Fundamentalismus dieser Zeit.[37] Im Bestreben, die Männer wieder ins kirchliche Leben Amerikas einzugliedern und innerhalb der Kirche wieder die männliche Vorherrschaft zu festigen, pries ein fundamentalistischer Prediger den anderen als «echten Mann», als «einen mannhaften Methodisten», weil er an einem Krieg teilgenommen hatte. Die Begriffe *Mann, Mannhaftigkeit* und *Männlichkeit* kehren wie ein zwanghafter Refrain in ihren Predigten und Schriften wieder.

Männer führten die ungeheure Popularität Billy Sundays auf sein übertrieben «männliches» (ich würde sagen: aggressives) Auftreten zurück. Er schwelgte mit Begeisterung in Gewalt-, ja Morddrohungen und in Gebeten wie: «Der Herr bewahre uns vor einer laxen, schwammigen, klapprigen, auf weichen Knien daherkommenden, kopflastigen, fügsamen, knetbaren, rückgratlosen, verweichlichten, weibischen, dreikarätigen Christenheit.» Ein männlicher Historiker glaubt, «daß er damit intuitiv an die tiefste Unsicherheit seiner Zeit und an die Realitäten rührte, die seine Zuhörer am meisten bewegten».[38] Fundamentalisten rühmten ihre eigene Männlichkeit, ihren Militarismus und ihre Härte, die in ihren Augen Mittel der Herrschaft waren, und diffamierten moderne Theologen als «Frauen», Collegeprofessoren als «verweichlicht», «weibisch», «Waschlappen», «weibische Niemandse» und die moderne Theologie als «entmanntes Christentum». Und konservative Prediger zogen außergewöhnlich viele Männer an; Sunday bekehrte mehr Männer als Frauen. (Jede militaristische Moral bringt Eiferer hervor: Ende des 19. und Anfang des 20. Jahrhunderts beherrschten ähnliche Werte und Reden das europäische Gedankengut, besonders in Deutschland, wo sie den Nährboden für die spätere nationalsozialistische Bewegung bildeten.)

Die Fundamentalisten brandmarkten auch den kulturellen Umgang mit der Sexualität, geißelten Theater, Bücher und Kino, weil sie dem «gesellschaftlichen Laster» Vorschub leisteten und «zu einer Lockerung der Norm führten, daß sexuelle Beziehungen ausschließlich im Rahmen der Ehe legitim sind». Das Kino stellte für die Fundamentalisten eine der größten Gefahren für die öffentliche und private Moral dar, denn die Kinobesitzer gingen nicht zur Kirche, die Schauspieler waren moralisch degeneriert, die Werbung kündigte «Leidenschaft» und «Spannung» an, gierige Produzenten produzierten lieber Schrott als «gesunde» Filme, und Kinos waren auch am Sonntag geöffnet. Vornehmliche Zielscheibe ihrer Angriffe waren Frauen: Die bei jungen Frauen sehr beliebten Kinofilme bargen «Einflüsse», die ihr Leben zerstören würden; ihre «unreinen» Geschichten machten junge Mädchen mit «sinnlichen Themen» vertraut, zerstörten ihre «wahre Empfindsamkeit» und setzten sie den Gefahren «modischer Freiheit» aus. Wie im alten Athen sollte über Frauen am besten gar nicht gesprochen werden:

> «Sobald Männer beginnen, in einer Frau ein interessantes und kompliziertes soziales Rätsel zu sehen ... hören sie auf, ihr jene althergebrachte Verehrung zu erweisen, auf die sie unserer Ansicht nach ein unbestrittenes Recht hat. Je weniger man in einer Frau ein ‹Rätsel› sieht, um so sicherer wird sie ihre natürliche Bestimmung erfüllen.»[39]

Die fundamentalistische Propaganda verdammte besonders die «kultivierten christlichen Frauen», die sich «frivolen und oftmals sündigen Genüssen» wie dem Theater, Kartenspiel und vor allem dem Tanzen hingaben, das «mit seinen zunehmenden modernen Freiheiten des Körperkontakts individuelle Sicherheitsschranken einreißt». Tanzen gefährdete die «Reinheit» und den «christlichen Charakter», denn «es entfacht Leidenschaft und weckt schlüpfrige Gedanken». Die Frauenbekleidung war Thema ungezählter fundamentalistischer Predigten zu Beginn dieses Jahrhunderts: Die Kleidung der Flapper, der modischen Mädchen in den zwanziger Jahren, wurde für unanständig befunden, denn ihre engen Röcke entsprachen nicht «dem Empfinden für Bescheidenheit, das der beste Schutz weiblicher Tugend ist», und erregten Männer, «fachten die niederen Begierden der Natur an und weckten unreine Gedanken». Frauen waren verantwortlich für die männliche Sexualität: Männer sind von Natur aus so, wie sie sind, man kann ihnen daraus keinen Vorwurf machen. In der Sexualität und nur dort haben die Frauen Macht, denn sie sind von Natur aus fleischgewordene Sexualität. Wie ein Pastor in «The Word of God on Women's Dress» ausführte:

> «Jeder Mann hat eine Portion Dynamit ... in sich. Sie ist ihm nicht anerzogen, und es hilft ihm nichts, dagegen anzukämpfen. Die häufigen Explosionen dieser Dynamitladung und ihre Folgen sind ein tragischer Teil der Weltgeschichte ... Viele Männer werden durch den Anblick unbekleideter Körper von Frauen zur Sünde in ihrem Herzen verleitet, auch wenn diese vielleicht gläubige Christinnen sind und sich des Bösen, das sie tun, indem sie einen Bruder vom geraden Weg abbringen und schwach werden lassen, nicht bewußt sind.»[40]

So wie die Fundamentalisten heute gegen den gesetzlich erlaubten Schwangerschaftsabbruch sind, so kämpften ihre Vorgänger gegen die Legalisierung der Geburtenkontrolle, mit der Begründung, sie sei eine Sünde und würde die «Rasse» (die weiße Mittelschicht) und die amerikanische Gesellschaft zerstören. Es sei wohlbekannt, so argumentierten sie, daß die Geburtenrate bei «eingeborenen»(!) Angehörigen der weißen Mittelschicht schneller sinke als bei Fremden, Schwarzen oder Angehörigen der Unterschicht. Die Abtreibung wurde zwar ebenfalls streng verurteilt, bildete jedoch in der fundamentalistischen Literatur dieser Zeit nicht das Hauptthema, trotz der zwischen 1840 und 1888 in die Höhe schnellenden Zahl von Abbrüchen, die in erster Linie an verheirateten, protestantischen weißen Frauen der Mittel- und Oberschicht vorgenommen wurden.

Die Fundamentalisten warfen modernen Theologien mit schöner Regelmäßigkeit ihre neumodische Moral vor, denn für sie war der Begriff «Moral» nur ein Synonym für traditionelle Geschlechterrollen. DeBergs Analyse der fundamentalistischen Positionen, die scheinbar nichts mit Frauen zu tun haben – die Unfehlbarkeit der Bibel und der Glaube an die Schöpfungslehre –, zeigt, daß der Fundamentalismus primär als Reaktion auf den Feminismus und zur Wiederherstellung der männlichen Vorherrschaft entstand (DeBerg behauptet, daß das nur zum Teil beabsichtigt war).

Kein theologischer Lehrsatz wird so sehr mit dem Fundamentalismus gleichgesetzt wie der von der Unfehlbarkeit der Bibel, demzufolge jedes Wort in der Bibel absolut geschichtlich wahr und von Gott inspiriert sein soll. Die Bibel wurde zu einer Zeit verfaßt, als das Patriarchat sich ausbreitete, und ihre Herausgeber veränderten mündlich überlieferte Texte, um Hinweise auf eine frühere weibliche Vorherrschaft auszulöschen und die Überlegenheit des Mannes als göttliches Prinzip zu installieren.[41] Wie die *Ilias* und die *Aeneis* ist das *Alte Testament* ein Stück großer Literatur, das Krieg, männliche Herrschaft und Mord (an Feinden – aber «Feinde» gibt es immer) weit mehr betont als Mitleid und Toleranz. Wenn das *Alte Testament* gottgegeben und ohne Fehler ist, dann haben seine gottgegebenen Worte ewige Gültigkeit. Die konservativen evangelischen Protestanten setzten die Unfehlbarkeit der Heiligen Schrift als Hauptwaffe in ihrem Kampf um die Aufrechterhaltung der Geschlechtertrennung ein.

Die Fundamentalisten hielten die Veränderungen in der familiären Machtstruktur um die Jahrhundertwende für ein Werk des Teufels und führten sie auf den verlorengegangenen Glauben an die absolute Wahrhaftigkeit und Richtigkeit der Bibel zurück. Sie waren davon überzeugt, daß sinkende Geburtenraten (sprich «die Rebellion der Frauen gegen die Mutterschaft») und rapide ansteigende Scheidungsziffern (sprich «die Rebellion der Frauen gegen die Ehe») die unvermeidliche Folge einer «Rebellion» gegen die Lehren des heiligen Paulus in der Bibel darstellten. Das Heilmittel gegen die Scheidung war folglich «die Wiedereinsetzung der Bibel in ihre angestammten Rechte ... auf daß Mann und Frau ihren von Gott bestimmten Platz und ihre Pflichten wieder erkennen».[42] «Zurück zur Bibel» bedeutete nichts anderes als «zurück ins Heim und in den Schoß der gottbefohlenen Familie».[43]

Der gleiche Tenor liegt dem Glauben an die biblische Schöpfungslehre des Menschen zugrunde. Die Fundamentalisten verabscheuten die Evolutionstheorie (manche tun es noch immer), weil sie eine wissenschaftliche Erklärung für den Ursprung des Lebens und insbesondere des menschlichen Lebens lieferte. Der fundamentalistische Geistliche J. F. Norris teilte der gesetzgebenden Kammer Texas mit, die Evolutionstheorie würde «den Glauben an die Bibel zerstören», weil sie im Widerspruch zur Schöpfungsgeschichte in der Genesis stünde, «die die Grundlage für alles andere» bilde. Tatsächlich gründet kein einziger religiöser Lehrsatz, ausgenommen der von der Vorherrschaft des Mannes, auf der Schöpfungsgeschichte. Norris stellte zwar keine explizite Beziehung zwischen der Evolutionstheorie und der Rebellion der Frauen gegen die männliche Vorherrschaft her, betonte aber, das Hauptziel der Gesetzentwürfe gegen die Verbreitung der Evolutionstheorie in den öffentlichen Schulen sei die Verteidigung des christlichen Heims: «Das Heim ist Gottes wichtigste Institution ... Laßt uns alles in unseren Kräften Stehende tun, um diese Institution zu schützen, laßt uns Gesetze zu ihrem Schutze erlassen und niemanden in ihren geheiligten Raum eindringen.»[44]

Als weiterer Grund für die Ablehnung der Evolutionstheorie durch die Fundamentalisten diente das Argument, sie zerstöre das Wesen der Gottheit (Gott *ist* ein weißer Mann) und zersetze die Moral, indem sie die Menschen auf die Stufe von Tieren oder Maschinen herabwürdige und sie so ihrer Verantwortung als moralisch Handelnde beraube. Die Evolutionstheorie leugnete ihrer Ansicht nach den freien Willen und damit die moralische Verantwortung. Wieder müssen wir die Art von moralischer Verantwortung, die sie ihm Sinne haben, erst dingfest machen, um ihre wahre Botschaft zu verstehen, und wieder geht es um Sexualität und Geschlecht. Norris sprach Klartext: «Die Evolutionstheorie führt zur Glorifizierung der freien Liebe. Die Bienen ... hatten nie eine Heiratsurkunde ... sie wechseln häufig die Geschlechtspartner.»[45] Die Evolutionstheorie zieht eine «Liberalisierung des Sabbat nach sich, eine Liberalisierung der Gesetze, eine Liberalisierung der Liebe, eine Liberalisierung der Scheidung, eine

Liberalisierung der Moral, eine Liberalisierung des Glaubens».[46] Die fundamentalistische Morallehre kreist fast ausschließlich um weibliches Verhalten: In Diskussionen über «Moral» geht es um Scheidung, von Frauen begangene Verbrechen und um trinkende und rauchende Mädchen.

DeBerg kommt zu dem Schluß, daß die Evolutionstheorie die Fundamentalisten nicht wegen ihrer wissenschaftlichen, philosophischen oder theologischen Implikationen in Harnisch brachte, sondern wegen ihrer zu erwartenden Auswirkungen auf die Normen und Konventionen, die das Familienleben und die Geschlechterrollen regelten. Sie glaubt, daß der biblische Schöpfungsmythos so viele Menschen ansprach, weil er durchsetzt war mit Argumenten zugunsten viktorianischer Geschlechterrollen und häuslicher Konventionen. Denn auch diejenigen, die die komplizierten intellektuellen Diskussionen über Darwins Theorie nicht nachvollziehen konnten, waren sehr wohl imstande, die Bedeutung eines Wandels im sozialen Sittenkodex zu begreifen – eines Wandels «in ihrem eigenen Selbstverständnis als Männer und Frauen und in den Anforderungen an ihre Rolle». Die Angst vor einer Veränderung der Geschlechterrollen lag dem Widerstand der Fundamentalisten gegen jede Modernisierung zugrunde. Die Christenheit versank wieder im Heidentum, weil das Familienleben «entweiht» wurde. Die «Jugendrevolte» entsetzte sie nicht etwa, weil Jugendliche Verbrechen begingen oder gewalttätig wurden, sondern weil sie sich vom überlieferten viktorianischen Sittenkodex und seinen Verhaltensmustern abwandten.

Die meisten Analysen des Fundamentalismus zwischen der Mitte des 19. und dem Beginn des 20. Jahrhunderts kommen zu dem Schluß, daß es sich nicht um eine politische Bewegung handelte, weil es darin nur um «persönliche Wertvorstellungen» ging. So wie politische Kommentatoren sich heute weigern, den Feminismus als politische Bewegung zu betrachten, so ignorieren Untersuchungen von Männern die Hauptziele des Fundamentalismus – weibliche Unterordnung und die geschlechtsgebundene Zuweisung von Lebensbereichen – «durch und durch politische» Ziele, wie DeBerg bemerkt. In den Analysen zur Wiederbelebung des Fundamentalismus als wichtiger politischer und sozialer Kraft der siebziger Jahre werden diese zentralen Punkte weiterhin unter den Teppich gekehrt. Die wenigen, die den Widerstand der Fundamentalisten gegen die Frauenbewegung, gegen Abtreibung und Scheidung zur Kenntnis nehmen, halten ihn für ein neues Thema. Marsden schrieb, daß ihr Bündnis mit der römisch-katholischen Kirche in geschlechtsspezifischen Fragen ein neues Phänomen sei, und Douglas Frank, der die neuen Fundamentalisten lobte, weil sie sich gegen Homosexualität und gegen das Equal Rights Amendment* wandten, hielt diese Stoßrichtungen für eine Entdeckung. Aber sie sind so alt wie der Fundamentalismus selbst.

Dieselben Männer, welche die Forderungen des Feminismus ignorieren, sind höchst sensibilisiert für alles, was ihre Herrschaft und ihre Privilegien bedroht; sie reagieren darauf, indem sie fundamentalistischen Sekten beitreten oder sich mit ihnen verbünden, wie Reagan, Bush und andere konservative Politiker es getan haben. Die neuen Fundamentalisten melden sich äußerst lautstark zu Wort und sind in den letzten zwanzig Jahren zunehmend in die politische Sphäre vorgedrungen, wobei sie ihre eigene Abgrenzungsnorm verletzten. Nancy Ammerman kam in ihrer Analyse rigider Fundamentalisten zu dem Schluß, ihr Hauptcharakterzug sei strikter Separatismus: Jede Sekte schirmt sich gegen alle anderen und gegen politische Parteien ab, aus dem tiefen Bedürfnis, Kompromisse und Anpassungen zu vermeiden.[47] Die einzige Gruppierung, die nicht strikte Abgrenzung verlangte, erlangte in den siebziger und achtziger Jahren die Mehrheit in der Southern Baptist Convention und beherrscht heute die fundamentalistische Bewegung. Als militante konservative Bibelanhänger unterstützen sie zwar den Separatismus, begründen aber ihr politisches Engagement mit ihrem Wunsch, die *Gesellschaft zu reformieren*. Jerry Falwell, ihr führender Vertreter in den achtziger Jahren, gründete die Moral Majority, die «Moralische Mehrheit», eine Interessenlobby, die Millionen von Amerikanern mit glei-

---

* Zusatzartikel zur Verfassung, durch den die Gleichberechtigung der Geschlechter festgeschrieben werden sollte (Anm. d. Ü.)

chen Moralvorstellungen verbindet. Sie wollen die Regierung beeinflussen, nicht kontrollieren. Falwell erläutert, was ihn zu dieser Gründung bewog:

> «In den sechziger Jahren noch kritisierte ich Pastoren, die die Zeit ihrer Gemeinde stahlen, weil sie sich in der Bürgerrechtsbewegung oder in irgendeinem anderen politischen Abenteuer engagierten. Ich sagte, ihr vergeudet eure Zeit mit Dingen, die euch nichts angehen. Nun mache ich das gleiche und aus den gleichen Gründen. Viele Dinge sind seitdem geschehen. In den sechziger Jahren bewegte die Invasion des Humanismus in den öffentlichen Schulen die Gemüter. Dann rüttelte mich 1973 die Entscheidung des Obersten Gerichts zur Abtreibungsfrage wach. Bei vielen Dingen trat immer unverkennbarer zutage, daß die Regierung eine falsche Richtung einschlug und auch die privaten Schulen – eine von 16000 besitze ich – schikanieren würde, wenn man sie gewähren ließ. So gewannen wir Schritt für Schritt die Überzeugung, wir müßten eingreifen, wenn wir weitermachen wollten wie bisher.»[48]

Aus dieser engagierten fundamentalistischen Sekte ging die Moral Majority hervor, und aus dieser wiederum der Flügel der extremen Rechten in der amerikanischen Politik. Ob als Neue Rechte, Radikale Religiöse Rechte oder als Neue Konservative, die Moral Majority hat ungeheuer an Macht gewonnen und die von Falwell formulierte Position, die Regierung nur zu *beeinflussen*, fallengelassen. Ihr Ziel ist nun die Kontrolle der Regierung. Sie trug maßgeblich zur Ablehnung des Equal Rights Amendment bei und sorgte für die Entfernung vieler Liberaler aus ihren Ämtern. Sie wirkt auf eine Kriminalisierung der Abtreibung hin, strebt die Zensur liberaler Ideen in den Medien und den Ausschluß liberaler Bücher aus der Schule an und kämpft für die Einführung «familienfreundlicher» Gesetze. In letzter Zeit waren ihre Bemühungen zwar meist vergeblich, aber ihr Programm und ihre Propaganda verhalfen Ronald Reagan und George Bush zum Wahlsieg und bewirkten einen allgemeinen Rechtsruck in der amerikanischen Wählerschaft.

Wie bereits erwähnt, wurde gleichzeitig mit dem Rechtsruck der Wähler eine ausgesprochene «Kluft der Geschlechter» erkennbar. Das Moralgerede der Neuen Rechten verschleiert nur ihre wahren Ziele: die Unterordnung der Arbeiterklasse, der Farbigen und der Frauen wieder zu legitimieren und zu zementieren. Eine Mehrheit der Schwarzen und der Frauen opponiert dagegen, während viele Männer der Unterschicht dieses Programm unterstützen, Männer, die ihre eigenen Interessen bedroht sehen und die nichts zu gewinnen haben außer einer falschen «Überlegenheit» über Schwarze und Frauen. Sheila Ruth führt aus, daß die Fundamentalisten hinter ihren Phrasen über die Liebe zu Amerika und den «American Way of Life» versuchen, *grundlegende* Prinzipien der amerikanischen Regierungsform auszuhöhlen – die Trennung von Kirche und Staat, die First Amendment Rights*, das politische Parteiensystem.[49] Sie zitiert einige ihrer Hauptredner:

«Wir haben bereits die konservative Regierung unter unsere Kontrolle gebracht. Und die Konservativen haben die Republikanische Partei unter ihre Kontrolle gebracht. Jetzt müssen wir nur noch sehen, wie wir das Land unter unsere Kontrolle bringen.» (Richard Viguerie, Hauptstratege und Geldeintreiber der Religiösen Neuen Rechten)

«Gruppierungen wie die unsere stellen tendenziell eine große Gefahr für den politischen Prozeß dar ... Eine Gruppierung wie die unsere könnte lügen wie gedruckt, und der von ihr gestützte Kandidat bliebe makellos sauber.» (Terry Dolan, Vorsitzender des Nationalen Politischen Aktionskomitees)

«Wir sind Radikale, die am Umsturz der aktuellen Strukturen dieses Landes arbeiten ... Wir sprechen von der Christianisierung Amerikas.» (Paul Weyrich, Direktor des Komitees für das Überleben eines freien Kongresses)[50]

---

* Zusatzartikel zur eigentlichen Verfassung (Anm. d. Ü.)

Die fundamentalistische Bewegung warf ihr religiöses Image zugunsten eines politischen über Bord; sie gibt sich als *pro-life*, als «Befürworter des Lebens» aus, unterstützt aber in der Außenpolitik die «Falken» und widersetzt sich jedem Gesetz zur Kontrolle des Waffenbesitzes. Sie ist für Israel (wegen des Glaubens an das tausendjährige Reich), aber antisemitisch. Sie behauptet, die Familie heilig zu halten, ist aber gegen Sozialhilfeprogramme für Familien mit minderjährigen Kindern, gegen Häuser für geschlagene Frauen und gegen gesetzliche Maßnahmen bei Kindsmißbrauch. Ruth zufolge weist «die ultranationalistische, militaristische, autoritäre, rassistische, sexistische Bewegung mit ihrem mystischen Sendungsbewußtsein und ihrer Forderung nach absoluter Hingabe alle Merkmale eines Faschismus amerikanischer Prägung auf».

In den achtziger Jahren wurde der Einfluß der Neuen Rechten noch größer, als einige an das Oberste Gericht berufene konservative Richter Förderungsprogramme für Minderheiten aufhoben und die Abtreibungsgesetze modifizierten. Inzwischen üben Aktivisten an der Basis Druck auf Schulen aus, indem sie gegen Unterrichtsmaterialien vorgehen oder sie gelegentlich auch verbrennen oder boykottieren. Die Bewegung verfügt über ausgesprochen hohe Geldmittel und kann es sich leisten, rechtslastige Zeitschriften zu finanzieren, die tatsächlich oder dem Namen nach zu einer bedeutenden Universität gehören und abscheulich eifernde Ergüsse publizieren, oder auch Organisationen wie Accuracy in Academia*, die den Kampf gegen den «weltlichen Humanismus» an den Universitäten auf ihre Fahnen geschrieben hat. Die Bewegung hat es geschafft, Gelder, die für Frauen bestimmt waren, in «profamiliäre» Institutionen umzuleiten, die Ausgaben für Sozialhilfeprogramme zu kürzen und die Militärausgaben zu erhöhen. Abgesehen von den in den Zusatzartikeln zur Verfassung garantierten Rechten bedroht sie das Recht auf Privatheit, das Recht auf sexuelle Freiheit und womöglich alle Bürgerrechte in den Vereinigten Staaten.

---

* Wörtlich: Genauigkeit in der Wissenschaft (Anm. d. Ü.)

Die Führung der Southern Baptist Convention ist mittlerweile selbst einigen konservativen Mitgliedern zu weit gegangen, nachdem sie zwei Herausgeber ihres Nachrichtendienstes entlassen und zu einem Boykott aller Kirchen mit weiblichen Pastoren aufgerufen hatte sowie einen von ihr selbst in Auftrag gegebenen Bericht über die Geschichte des Vorstands der eigenen Sunday School vernichten ließ. Im Mai 1991 gründete dieser weniger konservative Flügel, dem etwa 6000 Southern Baptists angehörten, eine neue Organisation, die Cooperative Baptist Convention. Im Gegensatz zur Southern Baptist Convention lehnen sie eine wörtliche Interpretation der Bibel ab und akzeptieren die Frauenweihe.[51]

Die Southern Baptist Convention hetzte die Bewegung unter Führung von Jesse Helms dazu auf, Künstlern, die staatliche Zuschüsse erhielten, das Versprechen abzunötigen, sie würden keine «obszönen» Werke schaffen – obschon niemand *obszön* definieren kann (nicht einmal das Oberste Gericht verstieg sich dazu). Ein derartiges Versprechen stellt eine Verletzung des ersten Zusatzartikels der Verfassung dar. Die Southern Baptist Convention steht hinter unzähligen Organisationen, darunter auch der Coalition on Revival*, deren erklärtes Ziel es ist, die Vereinigten Staaten in einen fundamentalistischen christlichen Staat umzukrempeln und die öffentlichen Schulen, die Steuerbehörden und die Federal Reserve, die Zentralnotenbank, bis zum Jahr 2000 abzuschaffen.

Tatsächlich ist eine starke Fraktion der Coalition on Revival bestrebt, der amerikanischen Gesellschaft das «biblische Gesetz» aufzuzwingen und ein sogenanntes «Königreich Gottes» zu errichten. Ihr Führer R. J. Rushdoony fordert die Hinrichtung (vorzugsweise per Steinigung) von Homosexuellen, Ehebrechern, Astrologen, Gotteslästerern und schwererziehbaren Kindern. Der Führer der Coalition on Revival, Dr. Jay Grimstead, der sich selbst als «weniger extremistisch» als Rushdoony einstuft, will, daß Jungen nach Art der Green Berets als «Krieger» in christlichen Camps ausgebildet werden. Die Strategie der Coalition on Revival, so

---

* Koalition der Erweckung (Anm. d. Ü.)

Grimstead, zielt darauf ab, die Kontrolle über Stadtverwaltungen und Schulbeiräte zu übernehmen und eigene Sheriffs und Bezirksbeamte zu wählen. Einmal an der Macht, wollen sie Bezirks-«Milizen» gründen, die spirituelle Kriege führen sollen, den ersten gegen das «kommunistische Mexiko». Die Mitglieder der Coalition on Revival sollen sich nicht als solche zu erkennen geben und ihre wahren Ziele verbergen. Auf diese Weise gewann einer ihrer Kandidaten kürzlich die Wahlen in den Stadtrat von Gilroy in Kalifornien: eine *Frau*, Sara C. Nelson.[52] Auch Frauen sind nicht gegen die fundamentalistische Botschaft immun, und die extreme Rechte plaziert sie oft in besonders augenfälligen Positionen, gewöhnlich innerhalb von Bewegungen, die die Rechte der Frauen beschneiden wollen.

4.2 Der Islam

Bewegungen mit ähnlichen Zielsetzungen sind im Katholizismus, im Judentum und im Islam aufgetaucht. Eine muslimische schwarze Bewegung, die von Elijah Muhammad gegründet wurde und sich heute Nation of Islam nennt, wird von Louis Farrakhan geführt. Auch diese Bewegung verfolgt in erster Linie defensive Ziele: Wie die Fundamentalisten fühlen sich auch die Schwarzen von der amerikanischen Gesellschaft angegriffen. Aber schwarze Amerikaner werden *wirklich* verfolgt, Fundamentalisten dagegen nicht. Protestantische weiße Männer glauben, ihre Privilegien würden durch die Wirtschaftspolitik, den Feminismus und die Bürgerrechtsgesetze ausgehöhlt. Schwarze aber werden für Handlungen strafrechtlich verfolgt, die ein Weißer ungestraft begehen kann. Überall in den USA werden regelmäßig Schwarze angehalten und sogar verhaftet, nur weil sie in einer von Weißen bewohnten Gegend zu Fuß unterwegs sind oder mit dem Auto herumfahren. Manchmal werden sie geschlagen, manchmal auch getötet. Der Prozentsatz inhaftierter Schwarzer in Amerika ist alarmierend höher als der im Apartheidstaat Südafrika. Die Wahrscheinlichkeit, daß ein Schwarzer vor dem Erreichen des einundzwanzigsten Lebensjahres verhaftet wird, beträgt eins zu drei.

Der unstillbare Drang der Weißen, schwarze Amerikaner zu verfolgen, spiegelt sich in der Anzahl von Gerichtsverfahren gegen schwarze Politiker wider, die angesichts ihrer geringen Zahl und der Korruption der weißen politischen Führer um so erstaunlicher ist. Auch bei Vertretern des kulturellen Bereichs wird mit zweierlei Maß gemessen: Adolph Reed Jr. bemerkt, daß die schwarze Musikgruppe Public Enemy öffentlich wegen Rassismus und Frauenfeindlichkeit zensiert wird, während die weiße Heavy-Metal-Band Guns n' Roses ungestraft gnadenlose Frauenfeindlichkeit, Homophobie, Rassismus und Fremdenhaß zur Schau stellt. Die schwarze Rap-Gruppe 2 Live Crew wird wegen Obszönität angeklagt, während der bigotte Frauenhasser Andrew Dice Clay mit Filmverträgen überhäuft wird.[53] Ich würde noch hinzufügen, daß der schwarze Bürgermeister Marion Barry wegen Drogenkonsums angeklagt wurde (von weißen Männern, die eine Schwarze zwangen, ihn in eine Falle zu locken), während hochstehende weiße Regierungsmitglieder gegen die Verfassung verstießen, indem sie durch Waffenhandel oder durch Drogenimport einen Privatkrieg gegen das winzige, verarmte Nicaragua zu finanzieren suchten, aber entweder einer Anzeige deswegen überhaupt entgingen oder nur geringfügig bestraft wurden. Dasselbe gilt für reiche Weiße, die die Öffentlichkeit durch Manipulation der Privatbanken Savings and Loans um Milliarden Dollar betrogen.

Die scharfe Überprüfung von Schwarzen, die eine politische oder gesellschaftliche Führungsposition erreichen, dieser Drang, sie niederzumachen in Verbindung mit der alles durchdringenden, systematischen Diskriminierung der African-Americans, wie die schwarzen Amerikaner neuerdings genannt werden, grenzt beinahe an eine Politik des Völkermords. Daß darauf eine militante Antwort kommt, ist verständlich. Es ist auch verständlich, daß Farrakhan Rassist ist, und es ist bemerkenswert, daß er an die Stelle von Rassenschande Rassenstolz setzt. Nicht verständlich ist der Rest seiner Ideologie. Er greift nicht etwa die systemimmanente Diskriminierung an – Armut, Ghettobildung und Ausbeutung –, sondern die «soziale Pathologie» der Schwarzen, ihre Sklavenmentalität, die Verbrechen und Drogenkonsum hervorbringt. Farrakhan behauptet, die Schwarzen seien «als Volk krank». In diesem Punkt ist er das Ebenbild der Fundamentalisten, denen es all ihrem Gerede über den Staat zum Trotz vor allem um das Privatleben und die Familienstrukturen geht. Obwohl Juden ungeheuer viel zur Bürgerrechtsbewegung der sechziger Jahre beitrugen und nie Gruppierungen wie dem Ku-Klux-Klan angehörten, ist Farrakhan Antisemit: Warum? Und er vertritt ganz unverhohlen in Übereinstimmung mit den Gesetzen des Islam die Überlegenheit des Mannes und die Unterordnung der Frau.

Reed (der wie die männlichen Analytiker des protestantischen Fundamentalismus Farrakhans Beharren auf der Herrschaft des Mannes über die Frau kaum Beachtung schenkt) schreibt, daß Farrakhan durch seinen militanten, radikalen Stil einen Hauruck-Kapitalismus und private, individuelle Antworten auf gesellschaftliche Probleme propagiere, die auf individueller Ebene *nicht* lösbar seien. Farrakhans Programm bietet nichts Neues: private Tugend, harte Arbeit und Disziplin, männlicher Führungsanspruch, rassische Typologie. Wäre er Weißer, könnte er dieser Liste noch die Ausbildung schwarzer Jugendlicher zu «Kriegern» in Green Beret Camps für Schwarze hinzufügen. Als Schwarzer würde er wahrscheinlich wegen einer solchen Botschaft umgebracht werden, so wie alle anderen Führer sowohl militanter als auch gewaltloser schwarzer Bewegungen in den Vereinigten Staaten umgebracht worden sind. Aber es sind dieselben Charakteristika, egal, wer sie vertritt: militantes Verhalten, Konkurrenzdenken, Verachtung für die Opfer (auch wenn die eigene Gruppe dazugehört), denn Opfer sind «weibisch» – wie die Juden in der Ideologie des 19. Jahrhunderts. Tugend ist eine Privatangelegenheit, aber private Tugend bedeutet immer die von Männern innerhalb der sakrosankten Familie definierte und durchgesetzte weibliche «Tugend».

Angehörige militanter islamischer Bewegungen (die sogenannten Moslembrüder) – die westliche Presse bezeichnet sie als muslimische Fundamentalisten – sind unverhohlenere Frauenhasser als die Muslime unter den schwarzen Amerikanern. Diese Bewegungen stellen eine Reaktion der Männer auf reale ökonomische und soziale Mißstände in Gesellschaften dar, die durch jahrhundertelange Kolonialherrschaft verarmten. Der Versuch, durch Industrialisierung dieser Mißstände Herr zu werden, führte zu kaum verkraftbaren sozialen Umwälzungen – zu übervölkerten Städten mit ihren unvermeidlichen sozialen Problemen und zu einer Änderung der Arbeitsteilung innerhalb der Familie. Durch die Probleme im Gefolge der Industrialisierung erhielt der Groll über die Kolonialisierung, über die Verwestlichung der Politik und der Sitten – die Hauptzielscheibe der Muslimbrüderschaften – neue Nahrung. Wie Mussolini und Hitler und eine Reihe weniger erfolgreicher Führer glauben sie, daß die Vergangenheit «reiner» und glücklicher war und einfach wieder zum Leben erweckt werden kann. Doch die Verantwortung für diese Wiederbelebung der Vergangenheit bürden sie den Frauen auf. In muslimischen Ländern sehen viele Männer in einem militanten Islam die einzig mögliche nationalistische Bewegung, die einzige Alternative zur Verwestlichung. Und viele Menschen im Mittleren Osten setzen Verwestlichung mit den Folgen der industriellen Entwicklung gleich – Wohlstand und Privilegien für eine Minderheit und hohe Arbeitslosigkeit, Streiks und wachsende Unabhängigkeit der Frauen (eine Veränderung, die als Motiv nie eingestanden wird, die aber de facto als die bedrohlichste erlebt wird) für die anderen.

Der Zorn der muslimischen Fundamentalisten richtet sich vor allem gegen die Frauen, als ob Frauen die Ursache der gegenwärtigen Probleme wären und letztere durch Veränderungen in ihrem Verhalten gelöst werden könnten. Keine Partei vertritt lauthals ein Anti-Frauen-Wahlprogramm, nirgends. Aber jedermann weiß, daß die stillschweigende Absicht der Fundamentalisten dahingeht, Frauen in westlicher Kleidung unter den Schleier zurückzuzwingen und sie aus dem Arbeitsleben hinauszudrängen. Es existiert noch keine umfassende Darstellung dieser Bewegungen, aber wo auch immer sie auftreten, geben sie sich verbissen nationalistisch, religiös und antimodern und schreien nach «Religionskriegen»; und alle sind von Frauen besessen. Wir werden uns im folgenden mit den militanten Bewegungen in verschiedenen Ländern genauer befassen.

Iran

Viele iranische Frauen leisteten Widerstand gegen die autokratische Herrschaft des Schahs und seine grausame Geheimpolizei, die SAVAK, die viele Frauen folterte, weil sie sich Guerillagruppen angeschlossen hatten. 1978 riefen die militanten muslimischen Anhänger des Ayatollah Khomeini zu massenhaften Demonstrationen gegen den Schah auf. Um die religiösen Führer der Revolutionsbewegung zu besänftigen, schränkte der Schah die Rechte der Frauen ein: Im August 1978 verbot er die Abtreibung. Doch 1979 wurde er von den Militanten abgesetzt. Khomeini, der seinen Propagandafeldzug von seinem Pariser Exil aus geführt hatte, kehrte im Triumph in den Iran zurück. Im März 1979 versammelten sich 100 000 Frauen an der Teheraner Universität, um den Sturz des Schahs und den Sieg des Ayatollahs zu feiern. Doch fast unmittelbar danach machte Khomeini Reformen in der Familiengesetzgebung rückgängig, schloß Frauen vom Richteramt aus, verordnete zum erstenmal den Gebrauch des Schadors, erließ eine Reihe von Gesetzen, um die Geschlechtertrennung in Schulen, Bussen, am Strand und in anderen Bereichen der Öffentlichkeit durchzusetzen, und etablierte eine theokratische Regierung nach den Vorstellungen der Fundamentalisten.

Da der Ayatollah nicht auf die Unterstützung der Frauen angewiesen war, schaffte er alle Gesetze, die ihnen gewisse Rechte einräumten, wieder ab und tötete bedenkenlos Frauen, die sich ihm in den Weg stellten. Er rief eine «Sittenpolizei» ins Leben, die ausnahmsweise aus Frauen, den Zeinab-Schwestern, bestand und Kleidung und Verhalten der Frauen überwachen und sie gegebenenfalls schikanieren oder verhaften sollte. Eine seiner ersten Amtshandlungen bestand darin, Farrokhrou Parsa, das erste weibliche Kabinettsmitglied, unter Anklage zu stellen. In dem

Prozeß vor maskierten Richtern, in dem sie weder das Recht auf einen Verteidiger noch auf Berufung hatte, war sie de facto schon schuldig gesprochen, bevor die Verhandlung begonnen hatte. Parsa wurde, wie Mahnaz Afkhami schreibt, der «Förderung der Prostitution, der Bestechung und des Kriegs gegen Gott» angeklagt. Ihr tatsächliches Vergehen bestand darin, daß sie Schulmädchen angehalten hatte, keinen Schleier zu tragen, und eine Kommission gegründet hatte, die die Schulbücher auf sexistische Inhalte hin überprüfen sollte.[54] Im Dezember 1979 ließ Khomeini Parsa hinrichten; sie wurde in einen Sack gesteckt und mit Maschinengewehren erschossen.

Auf Massenkundgebungen in Teheran und anderen Städten protestierten Frauen gegen die neuen Vorschriften; die Männer griffen die demonstrierenden Frauen an, schlugen sie, bewarfen sie mit Steinen, ja erstachen sie auf den Kundgebungen.[55] Die Männer eliminierten Frauen aus dem öffentlichen Leben, erließen Gesetze, um sie in ihrer Berufsausübung drastisch einzuschränken, und sorgten dafür, daß es für Frauen praktisch unmöglich wurde, am Arbeitsplatz mit einem Mann zu sprechen oder zu verkehren. 1981 ließ Khomeini fünfzig Schulmädchen erschießen und Tausende von Frauen wegen «konterrevolutionärer Umtriebe» und «antiislamischer Aktivitäten» verhaften. Keine erhielt ein Gerichtsverfahren, und aus Berichten geht hervor, daß 20000 Frauen, darunter Schwangere, Alte und junge Mädchen, hingerichtet wurden. 1982 setzte Khomeini das gesetzliche Hinrichtungsalter auf zehn Jahre (oder Eintritt der Pubertät) für Mädchen und auf sechzehn Jahre für Jungen herab. Er verbannte die Frauen aus den meisten Sportarten und leitete eine neue Verhaftungswelle ein, in deren Verlauf 15000 Menschen getötet wurden. Gleichzeitig ging er verstärkt zur Verfolgung von religiösen Minderheiten über, insbesondere von Juden und Bahais. 1983 erklärte er den Schleier für Frauen zur Pflicht, und im gleichen Jahr ließ er zehn Frauen hängen, die nicht vom Bahai-Glauben zum Islam konvertieren wollten: Drei davon waren noch Teenager. Unter den anderen Opfern befanden sich die erste weibliche Ärztin des Iran, eine Konzertpianistin, die frühere Personalchefin des iranischen Fernsehens, eine Krankenschwester und Studentinnen. Khomeini zog Kinder ein, die im Krieg gegen den Irak die Minenfelder durchkämmen mußten; Hunderttausende kamen um.

1989 sagte eine Frau in einem Fernsehinterview, sie würde sich mehr am Bild einer modernen Frau orientieren als an Mohammeds aufopferungsvoller Tochter Fatima, die seit dreizehnhundert Jahren den muslimischen Frauen als Vorbild vorgehalten werde. Ayatollah Khomeini ordnete daraufhin die Verhaftung und Hinrichtung der für das Programm Verantwortlichen an. Als seine Berater ihm versicherten, es habe sich um ein Versehen gehandelt, sicherte er ihnen Nachsicht zu – Nachsicht wofür? –, aber zu diesem Zeitpunkt war die Botschaft wohl bei den iranischen Frauen bereits angekommen.

Algerien

Der Erfolg der militanten Fundamentalisten im Iran verlieh auch Gruppen in anderen Ländern Auftrieb. Weder Algerien noch Jordanien waren bislang militante Bastionen des Islam, doch in dem Maße, wie der wirtschaftliche Druck Entbehrungen und harte Sparmaßnahmen durch die Regierung erforderlich macht, gewinnen die Fundamentalisten neue Anhänger. Sie schieben die Verantwortung dafür auf die Verwestlichung und auf die Tatsache, daß Frauen den Männern die Stellen «wegnehmen» und sich in Kleidung und Verhalten an Europa orientieren (wie übrigens auch die Männer!). Die Probleme Algeriens wurden durch die Unabhängigkeit von Frankreich keinesfalls gelöst, und die von Houari Boumedienne eingeleitete Industrialisierung zog Landflucht, Arbeitslosigkeit und Wirtschaftskrisen nach sich. Einige Algerier hatten bereits nach einer Rückbesinnung auf den alten, «reinen» Islam zu rufen begonnen, als die islamische Revolution 1978 einen jungen Physikabsolventen aus London zur Gründung einer Moslembruderschaft bewog. Diese verlangte die Trennung von Frauen und Männern und verbot Frauen, ohne männliche Beschützer zu arbeiten oder zu reisen. Während im algerischen

Parlament über eine Reform der Familiengesetzgebung debattiert wurde, streiften die Fundamentalisten auf der Suche nach jungen Frauen in westlicher Kleidung durch die Straßen und überschütteten sie mit Säure; eine von ihnen erblindete. Junge Männer, die ihnen zu Hilfe eilen wollten, wurden erstochen. Mit ihren Untergrundaktionen verbreiteten die Fundamentalisten Furcht und Schrecken unter den Frauen.

Peter R. Knauss berichtete, daß in den Polizeiakten geschiedene Frauen – nicht jedoch Männer – rot markiert wurden.[56] Eine «Sittenpolizei» spionierte den Frauen nach und verklagte sie wegen *attentat à la pudeur* – Sittlichkeitsvergehen –, wenn sie allein in einem Café angetroffen wurden, ein Hotelzimmer mieteten, sich am Strand aufhielten oder mit mehr als zwei Männern ausgingen. Frauen, die nach Einbruch der Dunkelheit mit einem Fremden zusammen angetroffen wurden, konnte es passieren, daß sie verhört, ja sogar geschlagen wurden. Küsse in der Öffentlichkeit wurden verboten, und die Frauen wurden dafür zur Verantwortung gezogen. Immer mehr Frauen trugen einen Schleier – um die Männer zu beschwichtigen, sich vor ihnen zu schützen und um ihre Armut zu verbergen. Die Regierung versuchte, durch eine Allianz mit den orthodoxen islamischen Geistlichen der Moslembruderschaft den Boden zu entziehen und die Geistlichen selbst durch die Berufung in einen Ausschuß zur Reform der islamischen Familiengesetzgebung, die damals noch eine Mischung aus Scharia und französischen Kolonialgesetzen war, auf ihre Seite zu ziehen.

In diesen Revisionsausschuß wurden keine Frauen berufen, ihr Protest verhallte ungehört. Im Verlauf der Debatte schlug ein Ausschußmitglied vor, die Länge des Stocks, mit dem ein Mann seine Frau schlagen darf, festzulegen. Im Januar 1981 verbot die Regierung den Frauen, das Land zu verlassen. Als die Frauen sich dagegen auflehnten und die «empörende Diskriminierung» anprangerten, beteuerte der Innenminister, ein solcher Erlaß existiere gar nicht. Es gelang den Frauen jedoch, sich einen Entwurf der revidierten Fassung des Gesetzes zu beschaffen, durch das ihr rechtlicher Status auf den von Minderjährigen reduziert werden sollte. Im September 1981 wurde die Neufassung vom Ministerrat angenommen; im Oktober hielten die Frauen in Algier zusammen mit einem Anwaltsverband, Vertretern der Gewerkschaft und ehemaligen Freiheitskämpfern Massenkundgebungen ab. Sie riefen eine nationale Kampagne ins Leben und sammelten zehntausend Unterschriften für eine Petition gegen die Gesetzesänderung. An der Spitze ihrer Kundgebungen standen demonstrativ Heldinnen aus dem Unabhängigkeitskrieg, deren Anwesenheit die Polizei zu einer sanften Gangart zwang und zugleich die algerische Regierung implizit in die Nähe der Franzosen rückte. Über ihren Protest und ihre Gegenforderungen (Monogamie, uneingeschränktes Recht auf Arbeit, gleiche Erbansprüche, gleiches Heiratsalter, gleiche Scheidungsbedingungen sowie bestmöglicher Schutz für verlassene Kinder) drehten sie einen Film: Er wurde nie gesendet.

Die Regierung zog den Gesetzentwurf zurück und legte ihn erst im Juni 1984 erneut vor. Doch die neue Version war *schlimmer* als die erste. Sie erlaubte dem Ehemann, sich aus beinahe jedem Grund scheiden zu lassen und die Frau aus der gemeinsamen Wohnung zu werfen. Die Scheidung im gegenseitigen Einvernehmen wurde ebenso gestrichen wie das Recht einer geschiedenen Frau auf Unterbringung durch ihren Mann (außer wenn sie das Sorgerecht für die Kinder hatte). Während in beiden Entwürfen die Polygamie erlaubt wurde, waren in dem aus dem Jahr 1981 immerhin die Bedingungen der Scharia aufgenommen worden, wonach ein Mann jeder Frau eine eigene Wohnung zur Verfügung stellen mußte und eine Frau im Heiratsvertrag die Polygamie ausschließen konnte. Diese Bedingungen waren in der Version von 1984 getilgt worden. Die Familiengesetzgebung aus dem Jahr 1984 verbannt Frauen in die Familie wie in eine «Zelle», die sie schützen und vor den «gesellschaftlichen Übeln» bewahren soll. Eine Frau braucht einen Ehemann, der für sie aufkommt; dafür darf er dann auch mehrere Frauen heiraten, «wenn er sein Handeln rechtfertigen kann». Frauen, die sich dem widersetzen, dürfen sich scheiden lassen. Ein Mann kann ferngetraut werden und sich per Willenserklärung scheiden lassen; eine Frau kann sich nur unter bestimmten Bedingungen scheiden lassen, oder sie muß ihrem Mann Geld zahlen, damit er in eine Scheidung einwilligt. Frauen sollen ihrem Mann «gehorchen», ihre angeheirateten Verwandten «achten» und «ihre Kinder stillen, wenn sie können».

Einige Bestimmungen blieben unverändert: Männer, nicht jedoch Frauen dürfen außerhalb des islamischen Glaubens heiraten, und Kinder müssen im Glauben des Vaters erzogen werden. Die Heirat wird arrangiert, doch der Bräutigam schenkt der Braut eine Mitgift, die sie bei seinem Tod oder wenn er sie verstößt, behält. Ein Vater kann seiner Tochter jede Heirat, die er für «nicht in ihrem Interesse» hält, verbieten. Jungen werden mit achtzehn, Mädchen mit der Heirat volljährig (wenn sie in die Gewalt eines Ehemanns übergehen). Die einzige Verbesserung bestand in der Anhebung des Mindestheiratsalters von sechzehn auf achtzehn Jahre für Frauen und von achtzehn auf einundzwanzig Jahre für Männer.

Die neuen Gesetze stellten zwar die orthodoxe Geistlichkeit zufrieden, nicht aber die radikalen Muslime, die darin den Beweis sahen, daß Hartnäckigkeit mit mehr Macht belohnt wurde. Sie stachelten ihre Kommilitonen zu Unruhen und zum Angriff mit Äxten und Fahrradketten gegen fortschrittliche Studenten auf, wobei einer getötet und mehrere verwundet wurden. Einige Fundamentalisten wurden verhaftet, doch sie hatten sich in ihrer Einschätzung des politischen Klimas nicht geirrt. Nach einem ersten Versuch, die Bruderschaft zu unterdrücken, leitete die Regierung eine Politik der «demokratischen Öffnung» ein und verlieh ihr den Status einer politischen Partei, der Islamischen Heilsfront. Seit der Gründung der Islamischen Heilsfront fordern ihre Mitglieder noch lautstarker die Einführung eines islamischen Moralkodexes, der den westlichen Sitten ein Ende machen soll. In diesem Moralkodex dreht sich beinahe alles um Frauen: Die Frauen sollen einen *hidjab* tragen, ein regenmantelähnliches, knöchellanges Kleidungsstück mit einem Schal, der ihr Haar vollständig bedeckt. Einige verlangen, daß Frauen zu arbeiten aufhören. Sie fordern, daß die Regierung weiterhin Informationen über Geburtenkontrolle und Empfängnisverhütung sowie Tagesstätten für Kinder verbietet. Die Duldung militanten Verhaltens durch die Regierung ermutigt Männer zu eigenmächtigem Vorgehen gegen Frauen: 1990 empörte sich ein Mann, daß seine Schwester, eine Krankenpflegerin, männliche Patienten behandelte, übergoß sie mit Alkohol und zündete sie an.[57]

Wenn die Frauenvereinigung auch nur ein Sprachrohr der Regierung ist, so versuchen algerische Frauen doch, sich zu organisieren und für ihre Rechte zu kämpfen. Doch die Islamische Heilsfront findet immer mehr Zulauf unter den Männern und erhielt bei Wahlen im Juni 1990 fast 65 Prozent der Stimmen (40 Prozent der Bevölkerung wählte gar nicht, und über 60 Prozent – zumeist Frauen – sind Analphabeten). Zur Zeit ist das Hauptanliegen der Heilsfront ein Verbot der Berufstätigkeit von Frauen außerhalb des Hauses. Eine Frau sagt: «Algeriens 500000 berufstätige Frauen werden nicht schweigend ins Schlachthaus marschieren, auch wenn das einen Bürgerkrieg bedeutet.»[58] Einen Bürgerkrieg von Frauen gegen Männer?

Ägypten

1956 sprach Ägyptens Präsident Nasser den Frauen das Wahlrecht zu und erkannte sie damit als vollwertige Bürgerinnen an. Nach dem Ansteigen des Ölpreises zu Beginn der siebziger Jahre ließ Präsident Anwar as-Sadat arbeitssuchende Männer in die ölproduzierenden Staaten des Persischen Golfs ausreisen. Die zurückgebliebenen Frauen verwalteten in eigener Regie die von ihren Männern nach Hause geschickten Gelder, stellten Arbeitskräfte ein und trafen Entscheidungen auf lokaler Ebene. Immer mehr Frauen aus der Mittelschicht verrichteten Lohnarbeit. Arme Familien wanderten auf der Suche nach Arbeit in die Städte, dadurch wurden die Landfrauen gezwungen, beim Geldverdienen neue Wege einzuschlagen. Viele von ihnen verkauften nun Kleinigkeiten oder Essen auf der Straße – in der Öffentlichkeit also.

Die neue Rolle der Frauen und ihre Präsenz in der Öffentlichkeit erregte den Unmut militanter Muslime. Eine Politikerin einer führenden Partei erklärte, daß Frauen nach Überzeugung militanter Muslime kein Recht haben, sich in der Öffentlichkeit zu zeigen, und zu Hause bei ihren Kindern bleiben sollten – denn der Platz der Frau «ist nicht im öffentlichen Leben, ihre Bestimmung ist es nicht, gesehen zu werden, sondern Zuschauerin zu sein». Und der Generalsekretär des Nationalrats für Kindheit und Mutterschaft fügte hinzu: «Es gibt Arbeitslosigkeit, weil Frauen berufstätig sind. Es gibt Kriminalität, weil Frauen des Berufes wegen das Haus verlassen. Es gibt keinen Platz in den Bussen, weil Frauen damit zur Arbeit fahren.»[59]

Weil die Männer den Frauen ihr Auftreten in der Öffentlichkeit übelnehmen, belästigen sie sie im öffentlichen Nahverkehr. In Kairo nahm dieses Problem solche Ausmaße an, daß von den Behörden getrennte Züge im Nahverkehr eingerichtet wurden. Die Gegner dieser Maßnahme sprachen von der «Einrichtung eines Harems auf Rädern» und behaupteten, die Frauen würden keinen Gebrauch davon machen, tatsächlich jedoch erfreuen sich diese Züge großer Beliebtheit: Die Frauen benutzen getrennte Abteile, um den unablässigen sexuellen Belästigungen durch die Männer zu entgehen. Und die Polizei sieht sich gezwungen, der Vorschrift Geltung zu verschaffen, denn häufig bestehen Männer darauf, die Frauen-Abteile zu benutzen, weil diese manchmal nicht so überfüllt sind. Aber die Belästigung in den Zügen ist nicht so gravierend wie die in den Bussen, die billiger und nicht nach Geschlechtern getrennt sind.

Die Fundamentalisten bemühten sich außerdem, die Befehlsgewalt von Männern, die durch Einsperren im Haus die Frauen aus dem öffentlichen Leben ausgrenzen wollen, auszudehnen. 1985 brachte der Oberste Gerichtshof ein Gesetz aus dem Jahr 1979 zu Fall, das Frauen das Recht zusprach, sich von ihrem Mann scheiden zu lassen, wenn dieser sich eine zweite Frau nahm.[60] Vor kurzem änderte die Regierung die Wahlordnung und reduzierte den für Frauen bestimmten Anteil an Sitzen in dem 448 Sitze zählenden Parlament von 33 auf 18. Politische Organisationen wurden staatlicher Kontrolle unterstellt, und die Entfaltung einer unabhängigen Frauenbewegung wurde unterdrückt.[61]

Afghanistan

Nachdem die Sowjetunion Afghanistan ihrem Einflußbereich einverleibt hatte, verlangte sie, daß die Afghanen den Frauen eine Ausbildung und die Teilnahme an örtlichen «Stadtrats»-Versammlungen ermöglichten. Die Afghanen widersetzten sich in sämtlichen Bereichen dem sowjetischen Druck, insbesondere jedoch da, wo es um die Rechte von Frauen ging. 1979 marschierten sowjetische Soldaten im Land ein und brachten eine Marionettenregierung an die Macht. Die Afghanen rebellierten, es kam zum Krieg: Die Sowjetunion unterstützte die Regierung in Kabul, und die USA und andere westliche Staaten unterstützten die Untergrundkämpfer der Mudjaheddin. Die afghanischen Frauen steckten in einem unlösbaren Konflikt zwischen ihren Männern und der nationalistischen Begeisterung einerseits und den Chancen auf persönliche Befreiung unter der Schutzherrschaft der Sowjets andererseits. Wie Frauen (und Arbeiter) es meistens tun, entschieden sie sich trotz der für sie nachteiligen Gesetze für ihr eigenes Land. Als Schulkinder unter der Führung eines Mädchens namens Naheed gegen die neue Regierung demonstrierten, Kampflieder sangen und Ziegelsteine warfen, töteten Regierungstruppen siebzig der Kinder. Naheed wurde auf der Stelle zur Volksheldin, und die afghanischen Frauen stellten sich fast geschlossen hinter ihr Land. Beinahe täglich gingen sie auf die Straße und gründeten die Revolutionäre Frauenliga Afghanistans (Djamiat-e-Enquilabi-Zaman-e Afghanistan), um den Widerstand von Mädchen und Frauen zu organisieren. Farida Ahmadi, eine Führerin der Liga, wurde 1981 verhaftet und gefoltert, konnte jedoch später entkommen.

1983 ließ die Marionettenregierung alle Frauen und einige Männer unter den beinahe einhunderttausend Gefangenen frei. 1989 zog sich die Sowjetunion ausgelaugt und fast bankrott aus Afghanistan zurück, doch die von den Russen unterstützte Regierung hält sich noch immer – sie hat eindeutig einen gewissen Rückhalt in der Bevölkerung. Die Rebellen der Mudjaheddin, die untereinander vollkommen zerstritten sind, sind sich nur in einem einzigen Punkt einig: Sie sind radikale Muslime, was hauptsächlich bedeutet, daß sie die Frauen «zurück an ihre Kochtöpfe» (und in die *burka*, einen vom Kopf bis zu den Zehen reichenden Schleier) zwingen wollen. Die Regierung versucht, bei den radikalen Muslimen Punkte zu machen, indem sie Moscheen renovieren läßt und ihre Verlautbarungen mit einer Anrufung Allahs einleitet; außerdem setzt sie unheilschwangere Andeutungen über die Politik einer Mudjaheddin-Regierung insbesondere Frauen gegenüber in Umlauf.[62] Obwohl die afghanischen Frauen den Widerstand der Mudjaheddin gegen die Invasion der Sowjetunion fast geschlossen mittrugen, wollen diese sie nun nicht nur in die *burka* zurückzwingen, sondern Frauen auch jede Ausbildung verweigern und die Viertelmillion berufstätiger Frauen in den Städten von bezahlter Lohnarbeit ausschließen, ebenso wie die 80 Prozent der Bauersfrauen, die die Feldarbeit verrichten.[63]

UNO-Schätzungen zufolge flohen zwischen 1979 und 1984 etwa drei Millionen Menschen aus Afghanistan; diejenigen, die in Pakistan Zuflucht suchten, die meisten davon in der Grenzstadt Peshawar, stehen unter der Kontrolle der Mudjaheddin. Die Mudjaheddin schränken den Bewegungsspielraum von Frauen strikt auf ihre Häuser oder Zelte ein und verbieten ihnen, die medizinische Versorgung und die Bildungsmöglichkeiten, die internationale Hilfsorganisationen zur Verfügung stellen, in Anspruch zu nehmen. Im Juni 1990 erließen achtzig Mullahs aller sieben Mudjaheddin-Parteien eine *fatwa* (eine religiöse Vorschrift), die überall in Peshawar angeschlagen wurde. Darin wird den Frauen befohlen, kein Parfüm zu verwenden und keine klimpernden Armreifen oder enganliegende, schmückende oder männliche Kleidungsstücke zu tragen. Sie müssen ihren Körper stets hinter Schleiern verbergen, *und diese Schleier dürfen nicht aus weichem, raschelndem Stoff sein!* Frauen dürfen nicht in der Straßenmitte gehen, nicht die Hüften schwingen oder laut sprechen, lachen oder mit Fremden oder Unbekannten scherzen. Sie dürfen keine Schule betreten, nicht einmal eine Koranschule: «Sofern ein derartiges Wissen erforderlich ist, ist es besser, wenn Frauen von Kassetten lernen», schreibt die *fatwa* vor. Und es ist unnötig, daß Frauen zur Arbeit gehen, denn die Männer werden für sie sorgen (obwohl im Krieg Tausende von Männern getötet wurden).[64]

Banden von Mudjaheddin schikanieren afghanische Frauen, die für ausländische Hilfsorganisationen arbeiten (sonst gibt es kaum Arbeitgeber in diesem Gebiet), und schüchtern Ärztinnen, Lehrerinnen und Lebensmitteltechnikerinnen ein.[65] Sie verteilen Pamphlete, welche die Unterschrift «Beschützer der islamischen Reinheit der afghanischen Jugend» tragen. In einem dieser Pamphlete wurde behauptet, fünfzig von Aids befallene westliche Christinnen seien zu Hilfsprojekten in Afghanistan entsandt worden, um die Untergrundkämpfer zu infizieren. Sie verschicken Drohbriefe, sogenannte «Nachtbriefe», an berufstätige Frauen, in denen sie vor westlichen Einflüssen warnen. Sie stoßen Drohungen per Telefon aus. Einmal schickten sie einer Frau einen Umschlag mit fünf Kugeln und einem Briefchen ins Büro, in dem sie ihr mitteilten, eine dieser Kugeln sei für sie, der Rest für ihre Kolleginnen.[66]

Diese Männer demolierten eine von der pakistanischen Regierung betriebene Schule, und im April 1990 hetzte ein Geistlicher 5000 Afghanen zum Angriff auf ein Frauenzentrum auf. Das von einer kirchlichen australischen Wohltätigkeitsorganisation geführte Zentrum Shelter Now bot Kurse im Nähen und Gärtnern an und gab den Witwen der im Krieg gefallenen Afghanen die Möglichkeit, ihre Kinder vorübergehend beaufsichtigen zu lassen. Die Männer behaupteten, dort würden die Pille zur Geburtenkontrolle und die Bibel verteilt und den Frauen erlaubt, sich auszuruhen: in den Kinderschaukeln vor dem Zentrum zu sitzen und die Waschmöglichkeiten zu benutzen! Die Frauen, die das Zentrum organisierten, stritten ebenso wie die, die es benutzten, entschieden ab, daß die Pille oder Bibeln verteilt worden seien.[67] Eine Gruppe bewaffneter Männer schoß auf den in seinem Auto sitzenden Leiter von Shelter Now. Viele Frauen haben aus Angst ihren Beruf aufgegeben, und andere sind nur noch mit bewaffnetem Leibwächter unterwegs; eine Lehrerin wechselt am Tag mehrmals die Kleidung, um mögliche Verfolger abzuhängen.[68] Ein Dutzend afghanischer Frauen, die in Frauenzentren oder für ausländische Hilfsorganisationen arbeiteten, sind spurlos verschwunden.[69] Doch zum Zeitpunkt der Fertigstellung dieses Buches im Mai 1991 unterstützen die Vereinigten Staaten nach wie vor diese Mudjaheddin mit Hilfssendungen, darunter auch Waffenlieferungen.

Jordanien

In Jordanien errangen die radikalen Muslime bei den Wahlen von 1989 fast die Hälfte der Parlamentssitze und bereiteten allen weiblichen Kandidaten eine herbe Niederlage.[70] Die Wahlen von 1989 waren die ersten allgemeinen Wahlen seit der Einführung des Frauenwahlrechts im Jahr 1974 und die ersten, in denen Frauen selbst kandidierten. Dreizehn von ihnen hatten den Mut zu diesem Versuch; die Fundamentalisten machten sie alle zur Zielscheibe ihrer Angriffe, besonders jedoch Toujan Faisal, die in einem Artikel in einer Ammaner Tageszeitung geschrieben hatte, der Koran räume Männern und Frauen gleiche Rechte ein. Wegen dieser Sünde versuchten die radikalen Muslime, sie für geisteskrank erklären zu lassen und ihre Heirat zu annullieren, von vornherein sprachen sie jeden frei, der sie töten würde. Einige politische Kommentatoren machten die Frauen selbst für ihre Niederlage verantwortlich, weil sie nicht die Interessen der Allgemeinheit, sondern nur die der Frauen vertreten hätten, aber Faisal erklärte dazu: «Ich kämpfe für die Menschenrechte, und wenn man für die Menschenrechte kämpft, dann läuft das oft darauf hinaus, daß man für die Rechte von Frauen und Kindern kämpft.» Die jordanischen Frauen stehen in hohem Maße unter dem Einfluß ihrer Männer und wählen, was man ihnen sagt. Die Wahl war zwar geheim, aber manche Männer hätten ihre Frauen vielleicht bestraft, wenn eine Kandidatin gewonnen hätte.

4.3 Das Judentum

Wenn der Begriff «Fundamentalismus» auf das Judentum ange-
wandt wird, dann bezieht er sich auf die neue politische Bedeutung der Religion in Israel, insbesondere auf zwei orthodoxe
Gruppen, wovon eine nationalistisch (Gush Emunim), die andere
antinationalistisch (Agudat Israel) ausgerichtet ist.[71] Leon Wieseltier ist der Ansicht, daß der Begriff in Wirklichkeit eine Veränderung in der Beziehung von Religion und Politik kennzeichnet.[72] Er selbst befürwortet einen stärkeren Einfluß der Religion
auf die Politik und beschimpft die «hohle, sozialistische und
antiklerikale Vorstellung vom Stellenwert der Religion in der
Arbeiterpartei».

Viele Menschen würden vielleicht den wachsenden Einfluß der
Religion auf die Politik gutheißen, wenn die Religionen eine
andere Botschaft als die politischen Institutionen transportieren
würden und das Interesse ihrer Anhänger auf andere Ziele als auf
Macht gerichtet wäre – auf Ehrfurcht vor der Natur und den
Lebewesen, auf die menschliche Sehnsucht nach Zuneigung, Zusammenarbeit und Toleranz, auf Achtung vor dem nichtquantifi-
zierbaren Element im menschlichen Erfahrungsschatz. Aber die
neuen militanten Glaubensstreiter streben nur nach Machtgewinn
und sind besessen von ihrem Ziel, die Frauen zu unterwerfen.
Zuneigung, Zusammenarbeit, Toleranz und Achtung vor den
immateriellen Aspekten des Lebens bedeuten ihnen nichts; ihre
Forderungen nach weiblicher Unterwerfung sind von Haß dik-
tiert. Einige militante Sekten verfolgen auch nationalistische Ziele, aber offensichtlich erfordert in ihren Augen auch nationale
Autonomie die totale Unterwerfung der Frau. Sie fühlen sich so
sicher, so unbeirrbar im Recht, daß niemand sich die Frage stellt,
warum die Unterwerfung der Frauen Voraussetzung für die freie
Identitätsfindung eines Staates sein soll.

Israel war bei seiner Gründung beseelt vom Traum von einem
nichtsexistischen sozialistischen Staat, und die jungen Menschen,
die in Scharen die ersten Kibbuzim stürmten, waren von der Hoff-

nung auf ein Leben erfüllt, in dem die Arbeit auf dem Land eine glückliche Verbindung mit geistiger Arbeit und Phantasie eingehen sollte; in kleinen, familienähnlichen Gemeinschaften sollte für den Unterhalt und die Ausbildung eines jeden gemeinschaftlich gesorgt werden. Dieser Traum wurde auch in vielen Kibbuzim Wirklichkeit, aber nur bis zu einem gewissen Punkt. Denn nach und nach verdrängten die Männer die Frauen in die Küche, an die Waschzuber und in die Kinderstuben; und allmählich verstärkte sich der Druck auf die Frauen, stillschweigend den Männern die Führungspositionen zu überlassen. Viele Frauen verließen die Kibbuzim, und viele von den zurückgebliebenen, die ich während meines kurzen Aufenthalts kennenlernte, fühlen sich ohnmächtig und unterdrückt.

Die Stärke, die Energie und das Selbstbewußtsein vieler israelischer Frauen verdecken die Tatsache, daß sie in einem Land leben, dessen Frauengesetzgebung fast ebenso repressiv ist wie die in islamischen Staaten. Die allgemeine Beliebtheit Golda Meïrs als Premierministerin verschleiert das Faktum, daß sie eine von nur zehn Frauen in der 120 Sitze zählenden Knesset war, daß sie als einzige je ein Regierungsamt innehatte und daß sie beileibe keine Frauenfreundin war. Die Gründer Israels führten das jüdische Religionsgesetz ein – das so repressiv wie jedes andere alte Gesetz ist –, aber jahrzehntelang wählten die Israelis in Übereinstimmung mit ihren sozialistischen Ideen mehrheitlich die Arbeiterpartei. Doch die Arbeiterpartei gewann nie eine ausreichende Mehrheit, um ohne die Unterstützung der Nationalreligiösen Partei eine Regierung bilden zu können. Diese beiden Parteien dominierten die israelische Politik, noch bevor der Staat gegründet war. Diese Bedeutung der religiösen Rechten (die immer extrem konservativ war) in einem weltlich orientierten, sozialistischen Staat erscheint rätselhaft, insbesondere wenn man bedenkt, daß viele Juden nicht gläubig sind. Der Grund für ihre tragende Rolle in einem jüdischen Staat mag mit der Frage nach der Definition von Judentum zusammenhängen.

Judentum ist kein erkennbares Merkmal. Keine ethnische oder rassische Kategorie ist erkennbar. Italienische Bürger, die Italienisch sprechen, bezeichnen sich als Italiener, auch wenn einige ihrer Vorfahren nicht aus Italien stammten. Die Bürger der Vereinigten Staaten nennt man Amerikaner, obwohl die meisten ethnisch gemischte Vorfahren haben. Einige menschliche Eigenschaften *sind* genetisch erkennbar: Die vier Hauptrassen der Welt weisen unterschiedliche Hautfarben, Haartypen und manchmal Augenformen oder andere Variablen auf. Die Rassenzugehörigkeit kann durch eine Blutuntersuchung festgestellt werden, aber Mischehen über Generationen hinweg verändern die Merkmale des rassischen Erbes bis zu ihrer Auslöschung. Das Judentum ist keine Rasse.

Noch haben die Juden eine Erinnerung an eine gemeinsame Heimat. Selbst als sie eine Heimat hatten, war dieses vergangene Königreich beständigen Angriffen durch andere einheimische Bevölkerungsgruppen und durch Invasoren wie den Philistern (Palästinensern) ausgesetzt. Juden, die sich den fremden Herrschern nicht unterwarfen, wurden als Sklaven verschleppt, umgebracht und in alle Winde zerstreut. Und dennoch bewahrten sie ihre Gruppenidentität und verschmolzen nicht mit anderen Völkern wie viele vergangene Kulturen. Was sie ihr Selbstbewußtsein als Juden bei ihren Wanderungen über die Weltkugel bewahren ließ, war die Religion. Wenn auch viele vom Glauben abfielen oder ihn modifizierten, so blieben doch genügend Juden einer Religion mit einem strengen schriftlichen Gesetzeskodex treu, um ihre Identität als Gruppe zu bewahren.

Der Prüfstein für die Zugehörigkeit zum Judentum – eine jüdische Mutter – stammt noch aus der Zeit, als Kinder nur Mütter hatten. Was aber macht eine Mutter zur Jüdin? Nur das Bewußtsein der Zugehörigkeit zur jüdischen Gemeinde. Ohne die Erinnerung an eine gemeinsame Heimat oder eine gemeinsame Sprache bleibt den Juden kein anderes Abgrenzungsmerkmal als die Religion. Aber die Religion oder die Ausführung religiöser Rituale machen einen noch nicht zum Juden: Viele Juden sind nicht gläubig. Doch nach Jahrtausenden der Verfolgung und dem abscheulichsten Gipfel eines abscheulichen Jahrhunderts, dem Holocaust, mußten die Juden unbedingt eine jüdische Heimat schaffen. Ein jüdisches Heimatland sollte allen Juden offenstehen, aber nach den Lektionen der Geschichte sind die Juden bestrebt, nur Juden als Bürger aufzunehmen. Damit stellt sich das Problem, einen Juden zu definieren. Da die Religion durch alle Epochen den Zusammenhalt des Volkes gewährleistet hat, bildet sie die Grundlage einer kohärenten jüdischen Identität. Deswegen mißt der jüdische Staat seiner winzigen orthodoxen Partei, die den Judenstaat noch nicht einmal unterstützt, den Militärdienst in seiner Armee verweigert und weiterhin das in der Thora niedergeschriebene Gesetz hütet, ein so ungeheures moralisches Gewicht bei.

Aber das Gesetz der Thora war für eine Gesellschaft geschaffen, die nicht mehr existiert, die schon vor dem Entstehen jener Gesellschaften verschwunden war, die die späteren Gesetze des Christentums und des Islam befolgten. Das Gesetz, das die «Familienbeziehungen» in Israel regelt – die Halacha, das jüdische Religionsgesetz –, wurde zum letztenmal im 11. Jahrhundert ergänzt. Wie das noch ältere hinduistische Gesetz wurde es zur Festigung der männlichen Vorherrschaft und zur Durchsetzung patriarchalischer Normen geschaffen. Die treibende Kraft in «fundamentalistischen» Glaubensbewegungen ist nicht die Wiederentdeckung einer göttlichen Institution, sondern die Sicherung des Patriarchats, jener Ideologie, der die Welt ihren derzeitigen Katastrophenkurs verdankt. In diesen Bewegungen wird zu Religion eher Gesetz als Geist assoziiert; ihre Ziele sind nicht religiöser, sondern politischer Natur. Ihr Motiv ist nicht die Suche nach Heiligkeit, sondern die Rache für den Verlust einer illusorischen Überlegenheit.

Seit der Gründung Israels als religiösem Staat haben seine Gesetze Frauen benachteiligt. 1948 erklärte Präsident David Ben Gurion den Frauen, sie könnten dem Staat am besten dienen, wenn sie in der *aliya p'nimit*, der inneren Immigration, mindestens vier Kinder gebären würden. 25 Jahre später beherrschte die *aliya p'nimit* immer noch die öffentliche Politik, und die Abtreibung (außer bei Gefahr für das Leben der Mutter) sowie die Publizierung von Maßnahmen zur Geburtenkontrolle waren verboten.[73]

Die Regierung schuf wirtschaftliche Anreize für kinderreiche Familien und erließ verheirateten Frauen den Militärdienst. An den Moralvorstellungen hat sich seit undenklichen Zeiten nichts geändert: Das alte hebräische Wort für Prostituierte bedeutete nichts anderes als «die, die aus dem Haus geht»; noch heute beharren die Rabbis darauf, daß anständige Frauen nicht außer Haus gehen: *c'vod bat melech p'nima*.

Die Stellung der Frauen in Israel vor dem Aufkommen militanter Glaubensbewegungen wird in der Reaktion der Männer auf jüdische Feministinnen deutlich. Als die Feministin Marcia Freedman darum kämpfte, ein Zentrum für geschlagene Frauen und Mädchen zu schaffen sowie für Vergewaltigungsopfer und für Ausreißerinnen, die hier wie sonstwo ihr Heil nur in der Prostitution suchen konnten, machte sie eine üble Entdeckung. Von den zwei Milliarden Pfund, die der Jugendabteilung des Sozialministeriums pro Jahr zur Verfügung standen, floß nur eine Million – 0,05 oder ein Zwanzigstel Prozent – an Mädchen in Not. Der Rest ging an *no'ar b'm'tzukah*, an Jungen in Not.[74] Nur ein Mitglied des Ministeriums und sieben Sozialarbeiter waren für Mädchen in Not zuständig, obwohl man im Ministerium schätzte – oder besser gesagt: unterschätzte, wie so oft –, daß 20000 Mädchen Hilfe brauchten. Im Verteidigungsministerium wußte man, daß jährlich 25 Prozent der israelischen Mädchen von den Rekrutierungsstellen der Armee zurückgewiesen wurden, weil sie keine acht Schuljahre absolviert hatten. Jungen ohne abgeschlossene Schulausbildung dagegen wurden in die Armee aufgenommen und beendeten in Förderkursen ihre Ausbildung, die Mädchen nicht. Ein Viertel der israelischen Prostituierten war zwischen 14 und 18 Jahren alt. Nach hartnäckigen Anstrengungen wurde schließlich eine Erhöhung des Budgets für «Mädchen in Not» auf sieben Millionen Pfund bewilligt – 0,35 Prozent oder sieben Zwanzigstel eines Prozents!

In Israel unterliegen Heirat und Scheidung der Rechtsprechung der Rabbinergerichte, wo die Ultraorthodoxen das Sagen haben. Deshalb können nur Männer die Scheidung einleiten, nur Männer können Zeugnis ablegen, und alle Richter sind per se «Fundamentalisten». Eine Frau kann ihre Einwilligung in eine Scheidung verweigern, aber es ist nicht schwierig, ihre Zustimmung zu erzwingen. In der Halacha ist festgelegt, daß eine «ungehorsame» Frau für *moredet*, für rebellisch, erklärt werden kann; sie kann gegen ihren Willen geschieden und aller Rechte einschließlich ihres Eigentums und der Erziehungsgewalt über ihre Kinder beraubt werden. Eine Frau ist *moredet*, wenn sie das Haus ihres Mannes verlassen hat, sexuelle Beziehungen zu einem anderen Mann unterhält, die ehelichen «Pflichten» nicht erfüllt oder häusliche Dienste verweigert. Besonders bei den Aschkenasim führt eine Scheidung zur Verarmung, denn die Frauen dürfen nur die Goldzähne im Mund, ihren Ehering und ihren persönlichen Schmuck behalten, sofern sie welchen besitzen. Man schätzt, daß in Israel 10000 *Agunot* («Verankerte») in einem rechtlichen Zwischenstatus leben, unfähig, die Scheidung zu erlangen, weil der Mann die Einwilligung verweigert. Viele von ihnen leben unter extremen wirtschaftlichen Bedingungen.

In den sechziger Jahren begannen Frauen in einigen Städten Israels, Frauengruppen zu gründen. 1974 wurde Marcia Freedman als einzige Feministin nach heimlicher Absprache in die Knesset gewählt (einige der wenigen weiblichen Abgeordneten sympathisierten mit dem Feminismus, waren jedoch zu ängstlich, um ihn in allen Punkten zu unterstützen). Die Frauengruppen gingen zur Agitation über und unterstützten einen wilden Streik von Fabrikarbeiterinnen in den größeren Städten, in dem gleicher Lohn für gleiche Arbeit gefordert wurde. Freedman wurde ausgepfiffen und mit Buhrufen überhäuft, als sie ein Gesetz vorschlug, wonach Männer ihre Frauen nicht schlagen durften. Juden schlagen ihre Frauen nicht, wurde sie belehrt.

Seit 1971 verlangten Feministinnen die Legalisierung der Abtreibung. Die Halacha verbietet eine Abtreibung, außer wenn das Leben der Mutter in Gefahr ist. Ansonsten waren Abtreibungen verboten, wurden jedoch inoffiziell bei denen, die es sich leisten konnten, geduldet. Die meisten israelischen Gynäkologen hatten in ihrer Praxis nebenbei eine private Abtreibungsklinik laufen und führten dort jährlich etwa 45000 illegale Abtreibungen durch;

weitere 15 000 legale Abtreibungen wurden in Krankenhäusern vorgenommen, angeblich, weil Gefahr für das Leben der Mutter bestand. Freedman rief eine Kampagne zur Legalisierung der Abtreibung ins Leben, sammelte Unterschriften für eine Petition und legte beim Rabbinergericht Protest ein. In ihrem Bericht über ihre Jahre in der Knesset, *Exile in the Promised Land*, schreibt sie: «Wir stellten Forderungen auf, führten Versammlungen durch, reichten Petitionen ein oder marschierten; wir waren nur wenige, und um uns versammelte sich eine wütende Menge.» Israelische Mediziner griffen sie auf einem Ärztekongreß tätlich an.

Erst als Tausende junger Frauen sich in Frauengruppen organisierten und an vielen Fronten zugleich gekämpft wurde, breitete sich die feministische Bewegung aus. Selbst arabische Frauen begannen sich zu artikulieren, blieben aber meist unter sich. 1975, am Ende des internationalen Jahrs der Frau, legte Freedman einen Gesetzesentwurf zur Legalisierung der Abtreibung vor und Shulamit Aloni ein Gesetz zur Gleichberechtigung. Beide Gesetzesvorlagen lösten in der Knesset einen Sturm der Entrüstung aus. Die Arbeiterpartei, die im internationalen Jahr der Frau nicht als frauenfeindlich dastehen wollte, stimmte nicht dagegen, wohl wissend, daß sie die beiden Vorlagen später zu Fall bringen konnte. Aber ihr Koalitionspartner, die Nationalreligiöse Partei, tobte, denn wenn in einem Gesetz die Gleichberechtigung der Geschlechter festgeschrieben wurde, dann war der standesamtlichen Heirat und der Einberufung ihrer Töchter zum Militärdienst Tür und Tor geöffnet. *Die Gleichberechtigung stellte eine Bedrohung der jüdischen Familie und damit des jüdischen Staates dar.* Die Nationalreligiösen drohten, die Koalition unter Führung der Arbeiterpartei zu verlassen, was einen Regierungssturz zur Folge gehabt hätte. Am nächsten Tag verkündete Premierminister Rabin, das Gesetz über die Gleichberechtigung von Mann und Frau sei vom Tisch.

Trotz ungeheurer Anstrengungen gelang es der Frauenbewegung nicht, das Recht auf freien Schwangerschaftsabbruch durchzusetzen, aber es wurde ein neuer Gesetzesentwurf erlassen. Dieser kam den Wünschen der herrschenden Religionspartei wie auch dem Ärzte-Establishment (das Unsummen durch illegale Abtreibungen verdiente) entgegen, erlaubte aber Abtreibungen bei Vergewaltigung und Inzest, bei Alleinstehenden und Frauen in den Wechseljahren, bei Teenagern, Kranken oder Geistesgestörten; hinzu kam eine Armutsklausel, ein *sa'if sotziali*, mit der auch armen Müttern kinderreicher Familien das Recht auf einen Abbruch zugestanden wurde. Und zum Jahresende rief die Regierung unter der Schirmherrschaft des Premierministers einen Ausschuß zur Lage der Frauen ins Leben, laut Freedman das bedeutendste und dauerhafteste Ergebnis aller feministischen Kampagnen.

Doch in dem Maße, wie der Feminismus an Boden gewann, sammelte auch eine orthodoxe Gruppierung, die Gush Emunim (der Block der Gläubigen), Anhänger. Die Gush-Bewegung war von einem Rabbi der Aschkenasim gegründet worden, der glaubte, daß der Zionismus der Ankunft des Messias vorausgehe und daß die Eroberung und Besiedlung von Judäa und Samaria (der Westbank) für die Erreichung dieses Ziels unabdingbar sei. Mitte der siebziger Jahre begann diese kleine, aber wortgewaltige Gruppe unter Lebensgefahr mit der Besiedlung der Westbank und des Gazastreifens. Grüppchenweise legten Männer und Frauen, manche mit Kindern, «leidenschaftlich und hartnäckig» Siedlungen auf der Westbank an, winzige, weit verstreute jüdische Enklaven.[75] Das Land, auf dem sie siedelten, war vom Staat zum militärischen Sperrgebiet erklärt oder von der israelischen Landbehörde erworben worden; es war nicht ihr rechtmäßiger Besitz. Aber sie drohten, sich einer Entfernung mit Gewalt zu widersetzen, und der Staat zögerte: Das Militär, ohne klare Befehle, weigerte sich zu handeln.

Die Anhänger der Gush Emunim sind von der gleichen religiösen Glut beseelt wie die Zeloten zur Zeit Jesu Christi. Es sind nationalistische, religiöse Fanatiker, unempfänglich für die «Menschlichkeit anderer ... sie tun so, als würden Mitmenschen gar nicht existieren», erklärte Leah Shakdiel, eine gläubige Feministin, die Gush Emunim verließ und nun die religiöse Friedensbewegung unterstützt. Aber die Gush-Emunim-Bewegung hat Israels politischen Kurs in den letzten Jahrzehnten geprägt und wird das auf absehbare Zeit auch weiter tun. Ihre Ideen und die Tatsache, daß die israelischen Frauen für ihre Rechte zu kämpfen begannen, bewirkten bei den israelischen Männern einen heftigen Rechtsruck. Zwei Jahre nach der Verabschiedung des veränderten Abtreibungsgesetzes wurde zum erstenmal seit der Gründung Israels der konservative Likud-Block in die Regierung gewählt. Eine seiner ersten Amtshandlungen bestand darin, den Zusatz *sa'if sotziali*, der arme Frauen kinderreicher Familien zu einer Abtreibung berechtigte, zu streichen.

Die allgemeine Stimmung gegen Feministinnen in Israel wurde immer feindseliger. Örtliche Religionsräte – weltliche Organe, die die Genehmigung für alle wesentlichen persönlichen Angelegenheiten von der Eheschließung bis zum Begräbnis erteilen – wurden von religiösen Parteien, die Frauen von der Mitgliedschaft ausschließen, monopolisiert. Der in den Rat von Jeruham gewählten Shakdiel wurde ihr Sitz verweigert, sie mußte vor den Obersten Gerichtshof ziehen und ihr Recht einklagen. Als Rina Shashua-Hason 1986 von mehreren Parteien in den Rat von Ramat Hasharon gewählt wurde, weigerten sich die Rabbis mit der Begründung, sie sei nicht strenggläubig, ihr einen Sitz freizumachen – und das, obwohl viele Männer in den Räten weltliche Juden sind. Sie rief ebenfalls das Oberste Gericht an, das die Angelegenheit aber an die Regierung verwies, welche die Sache zwei Jahre lang schleifen ließ. Vor kurzem ersetzten die Parteien Shashua-Hason durch einen männlichen Kandidaten.[76]

Die Frauen Israels stehen an vorderster Front der israelischen Friedensbewegung: Sie demonstrieren und bringen sich selbst durch ihre Kontakte mit palästinensischen Frauen in Gefahr. Wie die Iraner, so gehen auch die Israelis auf demonstrierende Frauen los, werfen ihnen Schimpfnamen – und Gegenstände – an den Kopf. Im Dezember 1989 schlossen sich israelische, palästinensische und europäische Frauen zu einem langen Friedenszug von West- nach Ostjerusalem zusammen. Als sie auf ihrem Zug einen Hof betraten, schwenkte jemand eine palästinensische Fahne, wobei nicht klar ist, ob die Person zu den Demonstrantinnen gehörte. Da die Fahne in Israel verboten ist, hatte die Polizei nun einen Vorwand für ein gewaltsames Eingreifen. Die Polizisten schlugen mit Stöcken auf die Frauen ein, traten nach ihnen, zogen sie an den Haaren und setzten Tränengas ein. Später behaupteten sie, die Frauen hätten Widerstand geleistet. [77]

Die sogenannte Klagemauer in Jerusalem wird an einem Ende durch eine zweite Mauer unterteilt. Der größere Abschnitt – etwa zwei Drittel der Mauer – ist für Männer reserviert, der Rest für Frauen. Orthodoxe Männer beten nicht neben einer Frau, sie stellen einen Wachtposten auf, der jede Frau, die auch nur einen Blick in ihren Abschnitt wirft (so wie ich), bedroht. Die Frauen stellen diese Trennung nicht in Frage, aber 1989 organisierten Frauen mehrmals Gruppen von betenden Frauen mit Thora und Gebetsschal in ihrem Abschnitt der Mauer, um das Recht auf freie Religionsausübung von Frauen durchzusetzen. Orthodoxe Juden verbieten Frauen, einen Gebetsschal zu tragen und die Thora auch nur zu berühren. Jedesmal, wenn die Frauen wieder erschienen, griffen Chassidim sie tätlich an; sie stürzten sich auf die Frauen und schlugen sie zu Boden, einer warf einen schweren Eisenstuhl nach ihnen und verletzte eine Frau am Hals. [78]

Das von Feinden umringte Israel hat sich zu einem extrem militaristischen Staat entwickelt: Überall wimmelt es von Soldaten, besonders in Jerusalem, und männliche Attribute werden noch mehr glorifiziert als früher. Im Golfkrieg gegen den Irak, der von den Amerikanern geführt wurde, waren die israelischen Männer zu einer Zuschauerrolle verdammt. Das kitzelte ihren Machismo, wie Alice Shalvi ausführt: Sie verbannten weibliche Reporter von den Fernsehschirmen und ließen nur Kriegsberichte und Kommentare von Männern zu – auch wenn sämtliche Politologiefakultäten Israels von Frauen geleitet werden. [79] Andere Arbeitgeber allerdings verlangten sehr wohl, daß die Frauen zur Arbeit gingen. Obwohl sie genau wußten, daß Schulen und Tagesstätten fast vier Wochen lang geschlossen waren, drohten die Arbeitgeber jenen Frauen, die nicht an ihrem Arbeitsplatz erschienen, weil sie sich zu Hause um ihre Kinder kümmern mußten, mit der Entlassung. Als der Irak Raketen auf Israel abfeuerte, wurden alle Israelis angewiesen, drei Tage lang zu Hause zu bleiben. Dann nahmen die Menschen die Arbeit wieder auf, eilten jedoch am Spätnachmittag nach Hause in die «sicheren Räume», die die Frauen versiegelt hatten. Doch Shalvi führt aus, daß die Räume für Frauen nicht sicher waren: Zwar ging die Zahl der Vergewaltigungen in dieser Zeit zurück, doch die Anzeigen wegen sexueller Gewalt, Inzest und sexuellen Tätlichkeiten gegen Minderjährige nahmen dramatisch zu, und die Zahl der Frauen, die ihren Mann wegen Schlägen anklagten, verdreifachte sich.

4.4 Der Katholizismus

Lehre, Struktur und Rituale der katholischen Kirche basieren auf demselben Grundgedanken wie die der seßhaften Ackerbaukulturen, in denen heranwachsende Jungen von den erwachsenen Männern der Gesellschaft zu «Männern gemacht» werden. Bei beiden Geschlechtern geht die Pubertät mit Angst einher, doch die Riten unterscheiden sich: Wenn bei einem Mädchen die Menstruation einsetzt, wird es isoliert und oft gedemütigt. Bei den Jungen geschieht die Initiation in Gruppen. Die Männer mißhandeln die Heranwachsenden und jagen ihnen Angst ein, indem sie sie zwingen, eine «zweite» Geburt im Männerkreis durchzustehen. Sie können sie schlagen oder verletzen, sie können ihren Penis beschneiden und in Anlehnung an die weibliche Menstruation das Blut der Jungen vergießen, oder sie können sie durch einen angsterregenden menschlichen Tunnel, eine Karikatur des weiblichen Vaginalkanals, jagen. Wie auch immer das Ritual beschaffen ist, es lehrt die Heranwachsenden, daß sie die Mutter leugnen, unter Männern wiedergeboren werden und die männliche Solidarität gegen die Frauen mittragen müssen, um zum Mann zu werden. Sie lernen, wie man Frauen in Angst und Schrecken versetzt (zum Beispiel durch das furchteinflößende Geräusch einer geschwungenen Peitsche), sie lernen, daß der Kern der Männlichkeit in der Beherrschung der weiblichen Macht liegt. Das Ritual selbst imitiert die weibliche Macht der Fortpflanzung; es lehrt die Heranwachsenden, die Frauen zu bekriegen, *sie* durch männliche Solidarität und Einschüchterung zu unterwerfen, so, wie sie selbst unterworfen wurden.

Das zentrale, grundlegende Mysterium der katholischen Kirche ist ein Gott, dessen Wort Fleisch wird (Geburt durch einen Mann); die gegenseitige Liebe von Vater und Sohn mündet in die Fortpflanzung – in eine dritte Figur, den Heiligen Geist. In beiden Akten kommt es zu einer symbolischen Aneignung der ausschließlich weiblichen Macht des Gebärens. (Es gehört zwar zum Mysterium, daß alle drei alle Zeit existierten und keiner dem anderen vorherging, aber da es sich in seinem Symbolgehalt an realistische Denkmuster anlehnt, impliziert es einen zeitlichen Ablauf.) Darüber hinaus imitiert die Kirche die Übergabe dieser Macht von der Mutter an die Tochter und eignet sie sich symbolisch an. Männer begnügen sich aber nicht damit, symbolisch weibliche Macht an sich zu reißen, sondern bezeichnen ihre Version dann als die «höhere», als spiritueller und daher erhabener als die rein «animalische» Macht der Frauen. Gloria Steinem führt aus, daß die katholischen Kirchen in ihrer Architektur den weiblichen Körper imitieren: Die Außenportale fungieren als äußere Schamlippen, die Innentüren als innere Schamlippen, die Seitenaltäre als Eierstöcke und der Hochaltar als Uterus im Herzen der darüber gewölbten Kuppel, die den Körper des Gläubigen, des Kindes, umfängt.[80] Das geweihte Wasser, in das das Kind bei der Taufe eingetaucht oder mit dem es benetzt wird – ein Wiedergeburt genanntes Ritual –, ist eine Analogie zum Fruchtwasser des Fötus. Die Einverleibung Gottes bei der Kommunion symbolisiert die Nahrung, die eine Mutter ihrem Fötus und ihrem neugeborenen Kind spendet.

Alle christlichen Sekten glauben an die Gleichheit der Geschlechter vor Gott. Doch die tatsächliche Gleichheit wird auf ein Leben im Jenseits verschoben, und der Gleichheitsgrundsatz wurde von allen Kirchenführern nur so lange betont, bis ihre Kirche etabliert war. Frauen, denen bei der Entstehung und Ausbreitung des Christentums eine entscheidende Rolle zukam, hatten von der Frühzeit bis ins hohe Mittelalter großen Einfluß in der römisch-katholischen Kirche. Doch sowie die Kirche politischen Einfluß in Europa gewann, schloß sie Frauen von jeder Form der Machtausübung aus und sperrte vormals aktive Nonnen in Klöstern ein.

Im Gegensatz zum Judentum, zum Islam und zum Protestantismus ist der römische Katholizismus keine Religion, die auf (männlichem) Konsens gründet und im Lauf der Zeit durch die Auslegungen grundlegender Texte von bedeutenden (männlichen) Religionsführern Veränderungen erfahren hat. Er hat sich in seinen Formen und seinem Dogma – den Glaubensgrundsätzen, die für die Mitglieder der Kirche bindend sind – im Lauf der Jahrhunderte kaum gewandelt. Zu den formalen Veränderungen zählten in erster Linie das Verbot der Priesterehe und später das Verbot des Konkubinats, die Aufhebung bestimmter Fastenvorschriften und die Lesung der Messe in der Landessprache. Die zentralen Veränderungen im Dogma betrafen die Heiligsprechung der Jungfrau Maria, das Dogma von der Unbefleckten Empfängnis (1854), die Unfehlbarkeit des Papstes (1870), Mariä Himmelfahrt (1950), die spätere Widerrufung des Heiligenstatus einiger legendärer Heiliger (darunter viele Frauen) sowie eine Verhärtung in der Ablehnung jeglicher Geburtenkontrolle – ausgenommen die Enthaltsamkeit. Die meisten dieser Veränderungen waren für die Frauen in irgendeiner Weise von Nachteil, doch am schlimmsten trifft sie die kirchliche Haltung zur Frage der Geburtenkontrolle und der Abtreibung. Sie trifft Männer wie Frauen – von Männern wird zwar erwartet, daß sie ihre Familie ernähren, wenn sie das aber nicht tun, so begehen sie keine Sünde. Frauen müssen Kinder gebären und aufziehen; Frauen sind am meisten betroffen, wenn ein Kind leidet, hungert, stirbt.

Die katholische Kirche hat keine fundamentalistische Bewegung hervorgebracht, weil ihre Einstellung schon seit Urzeiten frauenfeindlich ist, weil sie Frauen innerhalb der Hierarchie wie auch in der Gemeinde von jeder Machtposition ausschließt und weil sie schon immer Männern Wege eröffnete, wie sie weltliche Macht erlangen konnten. Sie hat sich von der grundlegenden

Vorherrschaft der Männer nie distanziert. Doch in den sechziger Jahren wurde ihre patriarchalische Struktur von der sexuellen und der feministischen «Revolution» aufs Korn genommen. (Viele machen den Feminismus für die sexuelle Revolution der sechziger Jahre «verantwortlich», tatsächlich wurde diese sicher mehr durch Männer wie Freud und Havelock Ellis ausgelöst als durch den Feminismus.) Die sexuelle Revolution legitimierte die Sexualität: Sobald Sex als menschliches Grundbedürfnis anerkannt war und nicht mehr als Makel galt, glaubten die Männer, ihn einklagen zu können. Anstatt «über den Zaun zu springen», wie sie es früher getan hatten, begannen einige Priester nun das Recht auf Eheschließung zu fordern. Die katholische Kirche nimmt zwar heute abtrünnige Anglikaner auf (bei denen die Priesterehe erlaubt ist), hält jedoch das Zölibat für ihre Priester aufrecht. Weit weniger Männer treten heute in den Priesterstand, aber die Kirche bleibt unbeugsam. Mit derselben Unbeugsamkeit widersetzt sie sich der Weihe von Frauen zu Priesterinnen, trotz einiger bedeutender Vorstöße von mutigen gläubigen Nonnen.

Beim Thema Abtreibung allerdings ist die Kirche nicht nur standhaft, sondern führt ihren Feldzug entschlossener als je zuvor und verbündet sich in den Vereinigten Staaten sogar mit protestantischen Fundamentalisten. Jane O'Reilly zeigt, daß die katholische Kirche und nicht etwa die Fundamentalisten oder der rechte Flügel hinter dem Bestreben steckt, die Abtreibung in den Vereinigten Staaten unter Strafe zu stellen.[81] Und dennoch stand die Kirche der Abtreibung nicht immer so feindlich gegenüber.

In ihrer Gründungsphase und in den ersten sechs Jahrhunderten vertrat die Kirche die Auffassung, daß Abtreibung kein Mord sei, weil ein Fötus keine Seele habe.[82] Augustinus meinte, man könne nicht sagen, jemand werde seiner Seele beraubt, wenn er noch keine Seele empfangen habe. Die Kirche machte sich das Urteil des Frauenhassers Aristoteles über den Beginn des Lebens zu eigen – ein männlicher Fötus wird vierzig Tage nach der Empfängnis zum Menschen, ein weiblicher nach neunzig Tagen. (Die «Menschwerdung» ist nicht an die Bewegungen des Fötus geknüpft; sie ist kein biologischer, sondern ein symbolischer Vorgang, etwas, das qua Definition geschieht.)

Die Kirche verurteilte Abtreibungen eigentlich nur deswegen, weil sich dahinter «echte» Sünden verbargen – Ehebruch und Unzucht. Auf Abtreibung stand nicht nur eine mildere Strafe als auf Mord, sie wurde auch milder geahndet als unerlaubte sexuelle Handlungen, Bestechung, Diebstahl oder Weissagungen. Im irischen Bußkanon aus dem 7. Jahrhundert wurde der Geschlechtsverkehr mit «einer Nachbarin» mit vierzehn Jahren Buße geahndet und die «Vernichtung eines Embryos im Bauch seiner Mutter» mit dreieinhalb Jahren. Nach dem irischen Bußkanon aus dem 8. Jahrhundert wurde die absichtliche Einleitung einer Fehlgeburt, nachdem der Fötus sich in der Gebärmutter festgesetzt hatte, mit dreieinhalb Jahren Buße bestraft, mit sieben Jahren, wenn bereits «Fleisch» entstanden war, und mit vierzehn Jahren, wenn die Seele in ihn gefahren war. Ein möglicherweise von Bede stammender Kanon ordnete für eine Mutter, die ihren Fötus vor dem vierzigsten Tag tötete, ein Jahr Buße an. Als Mörderin galt sie nur, wenn sie ihr Kind nach der Geburt umbrachte, und selbst das wurde nach Maßgabe ihrer Lage beurteilt – eine arme Frau, die ihr Kind nicht ernähren konnte, wurde nachsichtiger bestraft als eine «Metze», die ihre «Verderbtheit» zu verbergen suchte.

Die erste bindende Textsammlung kanonischen Rechts, die von Gratian um 1140 geschaffen worden war, blieb bis 1917 gültig. Abtreibung wurde darin erst nach der Bildung des Fötus mit Mord gleichgesetzt (wieder lag die Grenze für männliche Feten bei vierzig, für weibliche bei neunzig Tagen). 1588 erließ Papst Sixtus V., ein fanatischer, sexualfeindlicher Puritaner, der Rom von jeglichem außerehelichen Sex befreien wollte, die päpstliche Bulle *Effraenatum*, in der Abtreibung und Empfängnisverhütung mit Mord gleichgesetzt wurden. Gregor XIV. aber annullierte sie bereits drei Jahre später und machte sich wieder die alte Position zu eigen, daß eine Abtreibung zu Beginn der Schwangerschaft kein Mord sei, weil der Fötus noch kein Mensch sei. Bis 1869, ein Jahr vor der Verkündung der Unfehlbarkeit des Papstes, wurden dazu keine Verlautbarungen mehr erlassen. Die von Papst Pius IX.

erlassene Bulle *Apostolicae Sedis* legte fest, daß Abtreibung in jeder Phase mit Exkommunizierung bestraft werde, aber bis zum heutigen Tag tauft die Kirche nur selten Fehlgeburten oder auch ausgetragene Totgeburten, mit anderen Worten, sie behandelt sie nicht wie mit einer Seele begabte Lebewesen.

Erst im 19. Jahrhundert also, nachdem die Frauen begonnen hatten, für ihre Rechte zu kämpfen, erklärte der Papst seine eigene Unfehlbarkeit, und die Kirche wurde zum erklärten Abtreibungsgegner. Und erst 1968, als mit dem Aufschwung des Feminismus die Frauen das Verfügungsrecht über ihren eigenen Körper verlangten, begann sie ihren großen Feldzug gegen die Abtreibung. In diesem Jahr erließ Papst Paul VI. die Enzyklika *Humanae Vitae*, in der Empfängnisverhütung und Abtreibung, selbst bei medizinischer Indikation, verboten wurden. 1974 (ein Jahr nach der Legalisierung des Schwangerschaftsabbruchs in den Vereinigten Staaten) legte der Vatikan eine «Erklärung zur Abtreibung» vor, die jeden Zweifel über den Beginn des Lebens vom Tisch wischte. Die Abtreibung wurde darin als «schwere Sünde» bezeichnet.

Die katholische Kirche begründet ihre ablehnende Haltung in dieser Frage damit, daß Abtreibung gleich Mord ist, *wenn* der Fötus ein lebendes Wesen ist. Weder die katholische Kirche noch die protestantischen Fundamentalisten oder ihre Verbündeten auf ihrem Feldzug zur Kriminalisierung der Abtreibung haben je sonderliche Zimperlichkeit im Umgang mit Mord erkennen lassen. Die Geistlichen begleiten Soldaten in den Krieg und segnen sie vor der Schlacht; die «Befürworter des Lebens» sind glühende Anhänger von Hinrichtungen und Kriegen. Wenn das Leben schon heilig ist, bevor es existiert, dann ist es das um so mehr, wenn es in einem Menschen atmet. Weil die Kirchen seit Jahrtausenden bewiesen haben, daß sie Mord gutheißen – tatsächlich lieferten das Christentum und der Islam vielfach selbst *religiöse* Gründe dafür (unter allen Sekten halten einzig die Quäker jede Art des Tötens für falsch) –, sind Zweifel berechtigt, ob tatsächlich die Ehrfurcht vor dem Leben diese Kampagne motiviert. Außerdem zeigte sich in einer Untersuchung der Catholics for

Free Choice (die der Frau die Entscheidung über einen Schwangerschaftsabbruch überlassen wollen), daß die Gegner legaler Abtreibungen fast durch die Bank auch wirtschaftliche und soziale Hilfsmaßnahmen für bedürftige Frauen und Kinder ablehnen.[83] Die Frauen sollen die Kinder, die sie empfangen, austragen; danach sollen sie selbst sehen, wie sie zurechtkommen. Das hat nichts mit positiver Einstellung zum Leben zu tun, sondern nur mit Unterdrückung der Frauen.

Die wahre Motivation der katholischen Kirche aber manifestiert sich an verschiedenen von ihr vertretenen Positionen: Sie verweigert den Frauen das Verfügungsrecht über ihren eigenen Körper, indem sie Empfängnisverhütung und Abtreibung verbietet und den Frauen eine untergeordnete Stellung in der Ehe zuweist. Eine untergeordnete Frau aber hat kein Recht, den ehelichen Verkehr zu verweigern. Häufig sind es auch rassistische Elemente, mit denen die Kirche die Einschränkung des Bewegungsspielraums von Frauen rechtfertigt. Steinem zitiert Paul Marx, den Direktor des Human Life Center, einer abtreibungsfeindlichen Denkfabrik in Minnesota, der behauptete, daß «die weiße westliche Welt durch Abtreibung und Empfängnisverhütung Selbstmord begeht». Mit Hinweis auf die große Zahl farbiger Großfamilien in seiner Umgebung deutete er an, daß diese nicht gewillt wären, falls nötig gegen die Russen zu kämpfen.[84]

Die konservative Rhetorik kaschiert nur, worum es tatsächlich geht. Durch das Schlagwort *pro-life* («für das Leben») wird die Auseinandersetzung als Kampf zwischen Leben und Tod dargestellt, und gutgläubige Frauen werden zu Mitstreitern der Abtreibungsgegner. Aber die Kirche hat tausendfach bewiesen, daß sie Mord gutheißt, und keine Konfession ist gegen die Todesstrafe.

Abtreibung hat es immer gegeben, ob legal oder illegal, und zwar weil sie notwendig ist. Wie der Kindsmord war auch die Abtreibung legal, solange die *Männer* die Kontrolle darüber hatten. Ihre Gegner können sie kriminalisieren, auslöschen aber können sie sie nicht. Sie können nur dafür sorgen, daß es für Frauen schwierig ist, eine Abtreibung vornehmen zu lassen, und daß mehr Frauen daran sterben. Robin Morgan führt dazu aus:

«In Lateinamerika gehen 30 bis 50 Prozent aller Todesfälle in Zusammenhang mit Schwangerschaften auf unsachgemäß durchgeführte, illegale Abtreibungen oder auf Komplikationen nach Abtreibungsversuchen zurück ... 1980 starb in Indien alle zehn Minuten eine Frau an einer Infektion infolge einer Abtreibung ... Illegale Abtreibung ist die Haupttodesursache bei Frauen in Caracas ... In Peru wurden 10 bis 15 Prozent aller inhaftierten Frauen wegen illegaler Abtreibungen verurteilt; 60 Prozent der im Gefängnis von Lima inhaftierten Frauen saßen ein, weil sie eine Abtreibung selbst vorgenommen oder hatten vornehmen lassen.»[85]

Wenn die *pro-life*-Kampagne Erfolg hat, wird eine größere Zahl von Frauen an illegalen Abtreibungen sterben, und mehr Frauen werden Kinder haben, die sie nicht wollen oder nicht ernähren können und die die Last der «Fürsorge»-Institutionen noch vergrößern. Wir müssen die Motivation einer Kampagne, die das bezweckt, hinterfragen. In Wahrheit dient die Kriminalisierung der Abtreibung der Durchsetzung zweier Prinzipien: Der Körper der Frauen gehört dem Staat, und Frauen tragen die Verantwortung für die Sexualität.

Im Oktober 1984, direkt vor den Präsidentschaftswahlen, protestierten 69 katholische Laien, 24 Nonnen und vier Priester mit einer Anzeige in der *New York Times* gegen Kardinal O'Connors Angriffe auf die Kandidatin für das Amt des Vizepräsidenten, Geraldine Ferraro, die eine gesetzliche Freigabe der Abtreibung befürwortete. Vom Vatikan kam umgehend die Anweisung zu widerrufen, andernfalls drohte man ihnen mit Entlassung. Die Priester waren binnen eines Monats zum Stillschweigen gebracht; bei den Nonnen dauerte es zwei Jahre. Im Mai 1988 hatten zwei noch immer nicht widerrufen: Barbara Ferraro und Patricia Hussey, die 47 Jahre Dienst als Schwestern von Notre Dame de Namur hinter sich hatten, wo sie sich hauptsächlich um bedürftige Frauen und Kinder gekümmert hatten. Im Juli traten sie aus dem Orden aus. Doch sie blieben in der Kirche und leiten heute ein Tageszentrum für Obdachlose in Charleston, West Virginia.

Die fundamentalistischen Protestanten sind in den meisten Protestkundgebungen gegen die Freigabe der Abtreibung nur die Fassade. Der Motor im Hintergrund ist die katholische Kirche; sie stellt Geld und Propaganda zur Verfügung. Doch weniger moralische Entrüstung über Mord als moralische Entrüstung über weibliche Autonomie treibt sie dazu an. Das zeigt sich auch in der Tatsache, daß katholische Geistliche mit Vorliebe nicht Politiker anprangern, sondern Politikerinnen: Sie trugen nicht wenig zur Niederlage Geraldine Ferraros bei, einer Catholic for Free Choice, weil sie es gewagt hatte, sich um ein nationales Amt zu bewerben. Aber sie machten keine Anstalten, Mario Cuomo aufs Korn zu nehmen, ebenfalls ein Catholic for Free Choice. Cuomo, eine im ganzen Land bekannte politische Persönlichkeit, war weit prominenter als Geraldine Ferraro, bevor diese sich um das Amt des Vizepräsidenten bewarb, was eigentlich ihn zum Kandidaten für die Statuierung eines Exempels hatte prädestinieren müssen.

Doch die Prälaten halten sich lieber an Frauen, die nicht so mächtig sind und (vermutlich) nicht zurückschlagen können: Einer exkommunizierte Lucy Killea, eine Befürworterin des Rechts auf Abtreibung, als sie sich um ein Amt in Kalifornien bewarb. (Dieser Schuß ging nach hinten los: Empörte Frauen schlossen sich zu ihrer Unterstützung zusammen, und sie gewann.) Der Bischof Rene H. Gracida exkommunizierte Rachel Vargas und Elva Bustamente, beide Leiterinnen einer Abtreibungsklinik in Texas. Die einzigen Männer, die meines Wissens wegen ihrer positiven Haltung zu einer Freigabe der Abtreibung verfolgt wurden, sind beide Mitglieder einer Minderheit: Gracida exkommunizierte auch Dr. Eduardo Aquino, Geburtshelfer in einer der Kliniken in Texas, und eine katholische Nonne im Boston Hospital klagte Dr. Kenneth Edelin, einen schwarzen Geburtshelfer, wegen Abtreibung des Mordes an. Er wurde zwar freigesprochen, doch erst nach einem demütigenden Verfahren.

Mit nicht nachlassendem Eifer verfolgt die Kirche ihr Ziel, die Abtreibung unter Strafe zu stellen. Bedenkt man, mit welcher Gleichgültigkeit die meisten Männer Kindern begegnen, wie häufig sie ihre eigenen im Stich lassen und wie unfähig sie sind, für sie zu sorgen, so ist die Energie und Entschlossenheit, mit der katholische oder protestantische Fundamentalisten Kampagnen zur Kriminalisierung der Abtreibung lancieren, höchst erstaunlich. Die Kirche überschwemmte 1990 in einem Bundesstaat nach dem anderen die Parlamente mit nahezu 400 Änderungsanträgen, um ein gesetzliches Abtreibungsverbot zu erzwingen. Die meisten wurden abgeschmettert, aber vier Staaten stellten Abtreibung daraufhin unter Strafe. Diese Kriminalisierungskampagnen zwingen die Frauen dazu, immer wieder die gleichen Schlachten zu schlagen, obwohl sie ihre Energie lieber in anderen Bereichen für die Rechte von Frauen einsetzen würden.

Während die Abtreibungsgegner zwar durch ihre Gesetzesinitiativen immer wieder in die Schlagzeilen kommen, gewinnen sie in Wahrheit ihren Krieg aber auf ganz andere Weise: Sie schikanieren Ärzte, die bereit sind, Abtreibungen vorzunehmen, und greifen deren Familien verbal an; viele Ärzte sind bereits eingeschüchtert. Obwohl die Abtreibung gesetzlich erlaubt ist, kann nur eine Minderheit von Frauen von diesem Recht Gebrauch machen. Le Anne Schreiber enthüllte, daß zwischen 1977 und 1988 um 51 Prozent weniger Frauen die Möglichkeit hatten, eine Abtreibung vornehmen zu lassen, als zuvor, und zwar deshalb, weil mehr und mehr Ärzte sich weigern, eine Abtreibung durchzuführen. Nur 17 Prozent der Bezirke im Land verfügen über eine Abtreibungseinrichtung. Die Hälfte der städtischen Bezirke und «die schier unglaubliche Zahl von 93 Prozent der ländlichen Bezirke hatten 1988 keine Abtreibungseinrichtungen».[86] In den Krankenhäusern, in denen früher über ein Drittel der Schwangerschaftsabbrüche durchgeführt wurde, werden heute nur noch zehn Prozent vorgenommen; der Rest wird in besonderen Kliniken praktiziert, von denen viele Festungen gleichen. In einigen Staaten (wie Nord-Dakota) gibt es *keinen* Arzt, der zu einer Abtreibung bereit ist; in Süd-Dakota gibt es einen *einzigen*. Einige wenige mutige und aufopferungsvolle Ärzte fliegen von Stadt zu Stadt und bieten ihre Dienste an. Eine legale Abtreibung durchzusetzen gelingt wie immer jenen Frauen, die das Geld haben und über die nötige Bildung verfügen, um das Problem zu lösen;

armen Frauen und Mädchen jedoch ist der Zugang zu legalen Abtreibungen ebenso effektiv verschlossen wie durch ein Gesetz, nämlich durch eine Gesetzesumgehung via Einschüchterung – durch Terror.

Kanada

Hauptträger der Kampagne zur Kriminalisierung der Abtreibung ist in Amerika eine Allianz aus von Männern dominierten, fundamentalistischen protestantischen Kirchen und der ausschließlich männlichen katholischen Geistlichkeit. Doch die katholische Kirche führt ihre Kampagne weltweit. Unmittelbar nachdem in Kanada die Feministinnen einen Sieg im Parlament errungen hatten, startete die Kirche einen Feldzug, der möglicherweise zur Aufhebung der Straffreiheit bei Abtreibung führen wird. 1981 wurde die kanadische Verfassung, die Canadian Charter of Rights and Freedoms, einer Revision unterzogen. Die Parlamentsdebatten mobilisierten die Frauen im ganzen Land, Bürgerinitiativen schlossen sich mit organisierten Feministinnen zusammen und verlangten die Aufnahme einer Erklärung zur Gleichberechtigung der Geschlechter. Mit Erfolg: Im gleichen Jahr wurde in der kanadischen Verfassung der Grundsatz der Gleichberechtigung gesetzlich verankert.

Zu diesem Zeitpunkt waren in Kanada Abtreibungen im Prinzip erlaubt. Eine Frau mußte die Erlaubnis dazu bei einem Gremium von drei Ärzten beantragen, und der Abbruch mußte in einem Krankenhaus durchgeführt werden – Spezialkliniken gab es noch nicht. Da viele Krankenhäuser unter kirchlicher Leitung standen, war es in der Praxis aber sehr schwierig, eine Abtreibung vornehmen zu lassen.

Die Legalisierung der Abtreibung in Kanada geht vor allem auf einen Mann zurück, Henry Morgentaler, der Auschwitz überlebt hatte, nach Kanada emigrierte und Arzt wurde. In den siebziger Jahren führte er in Montreal, wo arme Katholikinnen (denen Geburtenkontrolle verboten war) dringend auf seine Hilfe angewiesen waren, in aller Offenheit Abtreibungen durch. Er wurde mehrfach verhaftet und ins Gefängnis gesteckt; im Gefängnis überwältigten ihn die Erinnerungen an Auschwitz, und er erlitt einen Herzinfarkt. Zweimal wurde er wegen des gleichen Vergehens vor Gericht gestellt und freigesprochen, denn die (französische) Provinz Quebec probte zu dieser Zeit den Aufstand gegen die angelsächsische kanadische Regierung und die römisch-katholische Kirche. Die Provinzregierung, überzeugt, daß kein Gericht jemanden länger wegen einer Abtreibung verurteilen würde, stellte sich offen gegen das Bundesgesetz und erklärte, sie werde derartige Fälle nicht mehr verfolgen. Morgentaler eröffnete daraufhin Kliniken im ganzen Land, und zwar auch in Provinzen, in denen der Schwangerschaftsabbruch nach wie vor illegal war. Wieder wurde er vor Gericht gestellt. Frauen in ganz Kanada schlossen sich zusammen und brachten Geld zu seiner Unterstützung auf, als sein Fall 1988 vor den Obersten Gerichtshof gebracht wurde. Mit der Begründung, das Abtreibungsgesetz diskriminiere Frauen, brachte das Oberste Gericht es zu Fall. Damit wurde Abtreibung einfach von der Liste staatlich geregelter Vergehen gestrichen, was im wesentlichen eine Entkriminalisierung bedeutete.[87]

Die konservative kanadische Regierung legte auf der Stelle einen neuen Gesetzesentwurf vor, in dem Frauen und Ärzte, die eine Abtreibung vornahmen, mit einer Gefängnisstrafe von zwei Jahren bedroht wurden, sofern der Abbruch nicht aus medizinischen oder psychologischen Gründen erforderlich war – Ausnahmeregelungen, die wohlhabende Frauen sich immer zunutze machen können, arme aber nicht. Die katholische Kirche finanzierte die Kampagne zur Durchsetzung dieses Gesetzes mit und machte ihren Einfluß auf Kanadas großen katholischen Bevölkerungsanteil geltend. Während der Debatten erklärten über 300 Ärzte aus ganz Kanada, sie würden keine Abtreibungen mehr vornehmen. Ein junges Mädchen, das keine legale Abtreibung durchführen lassen konnte, versuchte mit einem Kleiderbügel einen Abgang herbeizuführen – und starb. Man fand sie auf dem Boden liegend, neben sich den blutigen Kleiderbügel. Sie wurde zu einem Symbol für CARAL, der Canadian Abortion Rights Action League, die gegen den Gesetzentwurf kämpfte. Als schließlich im kanadischen Senat über den Entwurf debattiert wurde, kam es zu einer seltsamen Allianz: Der Entwurf wurde einerseits von männlichen «Befürwortern des Lebens», die ihn zu lasch fanden, und andererseits von Frauen, die gegen eine Kriminalisierung der Abtreibung waren, abgelehnt.

So hat Kanada bis heute keine Abtreibungsgesetzgebung, möglicherweise als einzige Nation der Welt. Zudem kam zum erstenmal in der Geschichte Ontarios eine sozialdemokratische Partei an die Regierung, die New Democratic Party (NDP), die elf Frauen in das 26köpfige Kabinett berief, viele davon auf wirtschaftlich einflußreiche Posten. Es wurden Abtreibungskliniken gegründet *und* Geld für die Anreise von Frauen aus entlegenen Bezirken zur Verfügung gestellt.

Dennoch ist es nicht einfach, in Kanada, einem riesigen Land mit einer weit verstreut lebenden Bevölkerung, eine Abtreibung vornehmen zu lassen. In den nördlichen Gebieten und in den Küstenprovinzen ist das einzige Krankenhaus katholisch; Schwangerschaftsabbrüche werden dort nicht durchgeführt. So kann es sein, daß Frauen, die nicht genug Geld haben, um in eine Stadt zu fahren, wieder wie das junge Mädchen ihre Zuflucht zu einem Kleiderbügel nehmen. Die Kirche wird weiter auf Bundes- und Landesregierungen Druck ausüben, damit sie für Abtreibungskliniken kein oder nur wenig Geld zur Verfügung stellen. Die Kirche finanziert REALWomen, eine Frauenorganisation unter Führung von Phyllis Schlafley, die mobil macht gegen öffentliche Mittel für Abtreibungskliniken oder Frauenzentren für geschlagene Frauen, Inzestopfer, Vergewaltigungsopfer und bedürftige Frauen, die ärztliche oder rechtliche Hilfe benötigen. REALWomen ist auch gegen öffentliche Mittel für Tagesstätten und gegen die Forderung: gleicher Lohn für gleiche Arbeit. Als 1990 in Toronto ein neuer Bischof ernannt wurde, bestand seine erste Amtshandlung darin, Laienhelferinnen, die priesterliche Aufgaben erfüllt hatten, und alle Ministrantinnen aus dem Gottesdienst zu entfernen. Die kanadische Journalistin und Schriftstellerin Michele Landsberg schrieb dazu: «Grundlage aller Orthodoxie ist die Herrschaft und Kontrolle über die Frauen.»[88]

Polen

Auch in Europa, Afrika und Asien übt die Kirche Druck aus, um Schwangerschaftsabbrüche unter Strafe zu stellen. In vielen Staaten Osteuropas unterstützt sie nationalistische Bewegungen, und wo sie stark genug ist, wie in Polen und Kroatien, führt sie einen Feldzug zur Kriminalisierung der Abtreibung. Um ihren Einfluß in Polen verstehen zu können, müssen wir einen Blick auf Polens Geschichte werfen.

Das im 18. und 19. Jahrhundert dreimal geteilte Polen hat keine starke Frauenbewegung hervorgebracht. Wer die Kraft und den Mut zur Rebellion aufbrachte, setzte sie im Kampf für die Unabhängigkeit ein: Jede Generation Polens organisierte einen neuerlichen Aufstand gegen die Fremdherrschaft. Durch die Teilungen blieb Polen arm, und die meisten Frauen traf die Armut besonders. Dennoch nahmen viele von ihnen an den Aufständen teil, direkt oder indirekt, indem sie die Männer unterstützten, die Kinder erzogen und für den Erhalt des Heims sorgten, wenn die Männer im Gefängnis oder im Exil waren. Zwischen 1840 und 1850 wurden die «Enthusiasten» gegründet, die erste Organisation mit dem Ziel, die soziale Lage und die Bildung der Frauen zu verbessern. Manche Mitglieder waren auch in der verbotenen Unabhängigkeitsbewegung aktiv; die meisten wurden von den Russen verhaftet und des Landes verwiesen. Um 1890 wurde die erste Berufsschule für Frauen gegründet, 1897 wurden Frauen an den Universitäten des von Österreich beherrschten Teils Polens (Galizien) zugelassen. 1907 wurde die polnische Gesellschaft zur Gleichberechtigung der Frau gegründet, und als Polen 1918 die Unabhängigkeit wiedererlangte, erhielten die Frauen das Wahlrecht und kandidierten für politische Ämter. Plötzlich formierte sich eine Frauenbewegung; zwischen den beiden Weltkriegen gab es in Polen über achtzig Frauenorganisationen.

Im Zweiten Weltkrieg wurde Polen verwüstet: Ein Drittel der Bevölkerung kam um. Die Polen wurden beim Einmarsch der Deutschen bombardiert und erschossen, bei ihrem Rückzug ein Opfer der Flammen, von der einrückenden Sowjetarmee erneut bombardiert und erschossen. Nach dem Krieg zwangen die Sowjets der Bevölkerung ein von ihr abgelehntes System auf und verboten unabhängige Organisationen; sie ersetzten die basisnahen Frauengruppen durch eine Massenorganisation, die Frauenliga. Vor dem Gesetz waren die Geschlechter gleich, doch bis 1960 war nur ein Drittel der Arbeitskräfte weiblich. In den siebziger Jahren stellten Frauen 40 Prozent der Arbeitskräfte und Mitte der achtziger Jahre 45 Prozent. Allmählich stieg auch der Prozentsatz der Frauen mit Schulbildung; heute sind sie besser ausgebildet als die Männer. 1987 hatten 30 Prozent der Polen eine Schule der Sekundarstufe (entspricht etwa einer Realschule) absolviert – 27 Prozent der Männer und 33 Prozent der Frauen. 1989/90 waren 51,3 Prozent der Studenten Frauen – aber auch 62 Prozent der *gemeldeten* Arbeitslosen (in Wirklichkeit zweifellos noch weit mehr): Bei ökonomischen Umwälzungen reduzieren die Betriebe ihre Arbeitskräfte, und die ersten, die entlassen werden, sind immer Frauen.

Die Polen hörten nie auf, sich gegen den russischen Klammergriff zu wehren. 1956 und dann wieder in den achtziger Jahren, als die Gewerkschaft Solidarność sich formierte, kam es zu Aufständen. Im Juni 1989 fanden in Polen seit 1939 die ersten freien Wahlen in Mittel- und Osteuropa statt. Diese Wahlen waren allerdings noch nicht ganz frei: Die kommunistische Partei kontrollierte weiterhin 65 Prozent der Sitze im Sejm, dem Unterhaus; die Polen konnten nur 35 Prozent der Sitze des Sejm und den Senat wählen, ein neugeschaffenes Oberhaus. Sie entsandten sechs Frauen (6 Prozent) in den hundert Sitze umfassenden Senat und *weniger* Frauen in den Sejm, als die Kommunisten dort hatten. Tatsächlich nimmt der Anteil der Frauen im Sejm jedesmal ab, wenn freie Wahlen abgehalten werden – 1956 fiel er von 17 auf 4 Prozent; 1989 von 23 auf 20 Prozent.

Die katholische Kirche trug entscheidend dazu bei, daß die

Vorstellung eines unabhängigen Polens weiterlebte. Da sie die einzige Alternative zur Partei war, erlebte sie trotz aller Verfolgung durch die Kommunisten eine Blütezeit. Sie schuf einen persönlichen Freiraum innerhalb einer totalitären Gesellschaft und trotzte vierzig Jahre lang der Verfolgung, um traditionelle polnische Werte lebendig zu erhalten. Um welche Werte aber handelte es sich dabei? Um die Herrschaft des Mannes in der Familie, um die unauflösbare, monogame Ehe und um die Reglementierung der Sexualität. An vorderster Stelle aber stand für die Kirche wohl die strafrechtliche Verfolgung der Abtreibung, gegen deren Freigabe sie seit der Legalisierung im Jahr 1956 verbissen kämpfte. 1958 rief die katholische Vereinigung PAX den Sejm auf, dieses Gesetz zu annullieren, und stiftete die Gläubigen unter den Arbeitern, insbesondere die medizinischen Angestellten, zu seiner Sabotage an.

Die meisten sozialistischen Staaten erlaubten Schwangerschaftsabbrüche, betrieben jedoch gleichzeitig eine Politik der Geburtensteigerung. Zur Förderung kinderreicher Familien produzierten sie zu wenig und nur unzuverlässige Verhütungsmittel; damit wurde die Abtreibung zur Hauptform von Geburtenkontrolle. Abtreibungen aber wurden nicht schonend durchgeführt. Die sozialistischen Staaten brachten Frauen in eine unhaltbare Situation: Sie mußten Lohnarbeit leisten, waren jedoch gleichzeitig für den gesamten Haushalt und die Kindererziehung verantwortlich. Da sie ohnehin überlastet waren, konnten sie sich keine kinderreichen Familien leisten, und in den Großstädten war auch kein Platz dafür vorhanden. Die Frauen, denen eine Geburtenkontrolle verwehrt war, die jedoch das Recht auf Abtreibung hatten, wurden letztlich dafür bestraft, wenn sie es in Anspruch nahmen. Dennoch endet Schätzungen zufolge die Hälfte aller Schwangerschaften in Polen mit einer Abtreibung.

Als die Polen sich gegen die Sowjetunion erhoben, suchte die Gewerkschaft Solidarność den Beistand der katholischen Kirche, der bedeutendsten Widerstandskraft in Polen. Die von Männern beherrschte Kirche bot der ebenfalls von Männern beherrschten Solidarność ihre Hilfe an unter der Bedingung, daß Abtreibung in einem unabhängigen Polen unter Strafe gestellt würde. Solidarność willigte ein, und sofort nach der Unabhängigkeit lancierte Josef Kardinal Glemp eine Kampagne zur bedingungslosen Kriminalisierung des Schwangerschaftsabbruchs. Die katholische Kirche machte außerdem ihren Einfluß geltend, um den Gebrauch von Empfängnisverhütungsmitteln einzuschränken.[89] Sie förderte die Gründung von katholischen Laiengruppen (Sorge für das Leben, Gaudium Vitae, Pro Familia), organisierte Demonstrationen und sammelte Spenden zur Finanzierung der Kampagne. 1989 schlug die Kirche ein Gesetz vor, nach dem jeder, der mit «dem Tod eines ungeborenen Kindes» zu tun hatte, bedingungslos und ausnahmslos mit einer Gefängnisstrafe bis zu drei Jahren bestraft werden sollte. 74 Abgeordnete des Sejm (darunter acht Frauen) legten dieses außergewöhnliche Dokument vor.

Der Gesetzesentwurf verbietet nicht nur Abtreibung und bedroht Mutter und Arzt mit Gefängnisstrafen, darüber hinaus wird dem Fötus vom Augenblick der Empfängnis an ein rechtlicher Status zugesprochen. Ein Kind kann demnach nach seiner Geburt Wiedergutmachung für Schäden fordern, die es *als Fötus* erlitten hat; um welche Schäden es sich dabei handelt, wird nicht näher ausgeführt. Malgorzata Fuszara, Professorin am Warschauer Institut für angewandte Sozialwissenschaften, schreibt, daß die Regelung so weit gefaßt ist, daß ein Kind seine Mutter für *jede* Handlung, die als schädlich interpretiert werden könnte, gerichtlich belangen könnte.[90] Die Eltern (ob verheiratet oder nicht) werden darin ermahnt, vom Augenblick der Empfängnis bis zur Volljährigkeit für das Kind zu sorgen, wobei dem Vater Pflichten auferlegt werden, die die derzeitigen gesetzlichen Bestimmungen noch übertreffen. *Aber es bietet der Frau keinerlei Mittel – weder rechtliche noch verwaltungsmäßige –, um einen Mann vor der Geburt des Kindes auf die Vaterschaft festzulegen.*

Der Entwurf löste einen Sturm der Entrüstung aus. Befürworter und Kritiker lieferten sich leidenschaftliche Wortgefechte. Das Thema riß tiefe Gräben zwischen politische Bündnispartner und machte Gegner zu Verbündeten. Solidarność unterstützte den Entwurf (versprochen ist versprochen); Lech Walesa und Tadeusz

Mazowiecki taten dies in ihrem Präsidentschaftswahlkampf ebenfalls.

Fuszara schloß aus dem Schweigen der Presse, daß sie dem Entwurf ablehnend gegenüberstand, jedoch keine Kritik wagte. 95 Prozent der Polen halten sich für gläubige Katholiken, aber die meisten (57 Prozent) sind der Meinung, man solle keine religiösen Vorschriften befolgen, von deren moralischer Richtigkeit man nicht überzeugt sei. Eine nicht unbeträchtliche Zahl macht bewußt Ausnahmen von religiösen Vorschriften. Der erste Aufschrei gegen die Inhaftierung von Frauen, die abgetrieben hatten, war so unüberhörbar, daß diese Passage des Entwurfs gestrichen wurde, noch bevor er im August 1990 dem Senat vorgelegt wurde. Im Januar 1991 fand die Lesung im Senat statt; daraufhin wurde er zur Beratung an einen Ausschuß verwiesen. Schließlich wurde die Bevölkerung aufgerufen, ihre Meinung in Briefen kundzutun. Bei der letzten Umfrage vor der Wahl stimmten 13 Prozent der Bevölkerung für ein totales Abtreibungsverbot (wie in dem Entwurf vorgesehen); 33 Prozent waren für die begrenzte Freigabe (bei Gefahr für das Leben der Mutter oder bei Vergewaltigung); 26 Prozent wollten auch eine soziale Indikation gelten lassen; 23 Prozent befürworteten eine völlige Freigabe der Abtreibung.

Eine Schlacht hat die katholische Kirche bereits gewonnen. Zu Zeiten des Sozialismus waren alle Medikamente einschließlich der Antibabypille subventioniert worden. Aber im Januar 1991 beschloß die Regierung, Kontrazeptiva von diesen Beihilfen auszunehmen, mit der spitzfindigen Begründung, «die Verhinderung einer Schwangerschaft sei keine Krankheit». Das bedeutete für eine ohnehin schon verarmte Bevölkerung eine Verdreifachung des Preises für die Antibabypille.[91] Diese Entscheidung wurde wenige Tage vor der Abstimmung im Parlament über den Gesetzentwurf zur Abtreibung verkündet. Im Mai 1991 verwarf das polnische Parlament das von der katholischen Kirche geforderte totale Abtreibungsverbot, nahm aber eine nicht bindende Resolution an, in der die Regierung ersucht wurde, Abbrüche von Privatärzten zu untersagen – denen die Frauen den Vorzug geben, weil eine Abtreibung dann nicht in der offiziellen Statistik in Erscheinung tritt.[92]

Man muß sich einmal die Logik – und die Folgen – dieser Politik vor Augen führen. Polen steht am Rande des Bankrotts; seinen Einwohnern mangelt es an Nahrung, Wohnungen, Ausbildung und medizinischer Versorgung. Die meisten Frauen arbeiten außer Haus und sind außerdem allein für Haushalt und Kindererziehung zuständig – und das in einem Land, wo man täglich einkaufen und dabei stundenlange Warteschlangen in Kauf nehmen muß. Anstatt alle Kräfte auf eine Verbesserung der wirtschaftlichen Situation zu konzentrieren, kapituliert die Regierung vor der katholischen Kirche und beschäftigt sich wie besessen mit dem Körper von Frauen. Dabei bringt sie die Frauen in eine ausweglose Lage – sie beraubt sie der zu teuren Verhütungsmittel, und sie beraubt sie (vielleicht) der Möglichkeit einer Abtreibung. Die Frauen werden entweder dazu gezwungen, sich und ihren Männern den Geschlechtsverkehr zu verweigern (und damit männliche Gewalttätigkeiten zu riskieren) oder mehr Kinder auszutragen, als sie sich leisten können.

Wo auch immer Religionen die Regierungspolitik bestimmen, herrscht eine ähnliche Situation. Sexualität hängt zwar mit Gebären zusammen, und die Fortpflanzung hat Einfluß auf wirtschaftliche und politische Bedingungen und wird ihrerseits davon beeinflußt, aber wirtschaftliche und politische Probleme können nicht dadurch gelöst werden, daß Männer sich die Kontrolle über den weiblichen Körper anmaßen. Wenn Männer sich darauf versteifen, diese Probleme durch Macht über den weiblichen Körper lösen zu wollen, dann grenzt das an Wahnsinn oder bestenfalls an Aberglauben. Doch der Aberglauben oder der Wahnsinn der Männer hat ebenso reale wie schreckliche Auswirkungen auf die Frauen, die die Opfer sind. Auch auf staatlicher Ebene wird der weibliche Körper zur Zielscheibe, vielleicht, um die Illusion zu nähren, daß Männer die Macht über unbeherrschbare Kräfte errungen haben. Tatsächlich versuchen beinahe alle Regierungen, den weiblichen Körper zu beherrschen und seine äußere Erscheinung in gewisser Weise zu reglementieren.

5. Der Krieg des Staates gegen den weiblichen Körper

5.1 Kleidung

Die Staaten des Altertums erließen häufig Verordnungen über Kleidung und Schmuck der Frauen. Der griechische Gesetzgeber Solon versuchte sogar, Regeln für die abendlichen Gastmahle von Frauen, ihre Spaziergänge und ihre Ausgaben aufzustellen, und gründete wie die heutigen Muslime eine Frauenpolizei zu ihrer Überwachung. In China wurden den Frauen die Füße verkrüppelt; es ist unvorstellbar, daß Männern Vergleichbares angetan werden könnte. Im übrigen machten die chinesischen Männer dieser Epoche kein Hehl aus den Gründen für diese Verstümmelung. In einem Gedicht heißt es: «Warum müssen die Füße gebunden werden? Damit es kein unziemliches Umherrennen gibt!»[93] Mit zunehmendem Knochenwachstum des Kindes bildeten die zurückgebundenen Füße eine Art Faust, die zu einem sexuellen Fetisch wurde: Auf pornographischen Abbildungen sind Männer zu sehen, die den Hohlraum des deformierten Fußes als Öffnung für ihren Penis benutzten. Als die Frauen im 19. Jahrhundert zunehmend in der Öffentlichkeit in Erscheinung traten, wurde von ihnen verlangt, daß sie Kleider trugen, die ihre Brüste und ihr Gesäß übermäßig betonten und ihre Taille so zusammenschnürten, daß sie keine Luft bekamen. Mädchen wuchsen mit einem deformierten Brustkasten auf; manche starben sogar daran.

Als Tschiang Kai-schek 1927 in Shanghai einmarschierte, um die Kommunisten in der Kuomintang (der Nationalen Volkspartei) anzugreifen, hatte er es in erster Linie auf die Frauen abgesehen. Seine Soldaten jagten Frauen mit Bubikopf, die sich «männlich» kleideten oder ihren Verlobten selbst ausgewählt hatten. Sie zogen Frauen in Männerkleidern bis zur Taille aus und führten sie öffentlich vor, damit «jeder Mann in der Stadt sehen konnte, daß es eine Frau war», bevor sie sie umbrachten. Frauen mit kurzen

Haaren wurden wegen Radikalismus erschossen oder in benzinge-tränkte Decken gewickelt und lebendig verbrannt. Überall ver-stümmelten Agenten oder Soldaten der Kuomintang verdächtige Frauen, wobei sie ihnen häufig die Nase oder die Brüste abschnit-ten und sie vergewaltigten, bevor sie sie töteten. Eine junge Frau wurde gefoltert, weil sie ihren Verlobten selbst ausgewählt hatte, dann wurde siebzehnmal auf sie gefeuert. Einer anderen jungen Frau riefen sie kurz vor der Enthauptung zu: «Da hast du deine freie Liebe!»

Wir wiegen uns vielleicht in dem Glauben, daß heute nur islami-sche Staaten die äußere Erscheinung von Frauen reglementieren, aber auch weltliche Staaten lassen darüber Männer befinden und urteilen. In den meisten Ländern der Welt ist es Frauen, nicht jedoch Männern gesetzlich verboten, sich ohne Hemd in der Öf-fentlichkeit zu zeigen. Continental Airlines entließ vor kurzem eine Frau, weil sie sich weigerte, Make-up aufzulegen, eine Maß-nahme, die zwar von einem Unternehmen ausging, letztendlich je-doch durch staatliche Gesetze sanktioniert wurde.[94] (Ein Mann würde vermutlich entlassen werden, wenn er eben das getan hät-te.) Das Aussehen einer Frau wirkt sich weit mehr auf ihre Anstel-lung beim Fernsehen und beim Film aus als das von Männern, und nur Schauspielerinnen werden gezwungen, wie ein Skelett herum-zulaufen.

In vielen Staaten, die erst vor kurzem ihre Unabhängigkeit erlangt haben, ist die äußere Erscheinung von Frauen eine Ange-legenheit von staatstragender Bedeutung, denn westliche Klei-dung gilt (bei Frauen, nicht bei Männern) als Indiz für westliche Einflüsse, die bei Frauen, nicht jedoch bei Männern unannehm-bar sind. Samora Machel, sozialistischer Revolutionär und späte-rer Präsident von Moçambique, setzte sich zwar für die Rechte der Frauen ein, warnte aber vor dem «westlichen Kulturimperialis-mus». Er befürchtete eine sogenannte «mechanische» Emanzipa-tion der Frau, wie sie für kapitalistische Länder typisch sei: «Eine emanzipierte Frau ist eine, die trinkt, raucht, Hosen und Minirök-ke trägt, sexuell promiskuitiv ist und sich weigert, Kinder zu bekommen.» Azar Tabari bemerkt dazu:

«Was hat die Tatsache, daß Frauen trinken, rauchen, Hosen und Miniröcke tragen, sexuell promiskuitiv sind und sich weigern, Kinder zu bekommen (was für ein Verbrechen gegen den Staat!), mit Kulturimperialismus zu tun? Wenn jemand behauptet hätte, daß Trinken, Rauchen und so weiter *im allgemeinen* (und nicht nur bei Frauen) ein Zeichen von ‹Kulturimperialismus› sei, dann würde man ihm oder ihr wahrscheinlich vorwerfen, er oder sie sei völlig blind für den kulturellen Reichtum an Traditionen in der Dritten Welt. Waren nicht die Indianer Amerikas die ersten Tabakraucher, und trugen unsere Frauen im bäuerlichen Hinterland nicht immer schon Hosen?»[95]

5.2 Sexualität und Fortpflanzung

Die meisten Länder versuchen, eine Reglementierung der Sexualität über die Reglementierung der Frauen zu erreichen – manche verlangen von ihnen Jungfräulichkeit vor der Ehe und Treue danach. Beinahe alle stellen die Prostitution unter Strafe – aber nur für die Prostituierten, und die sind in der Regel Frauen. (Der Anteil männlicher Prostituierter liegt in den meisten Gesellschaften bei zehn Prozent, käuflicher Sex wird jedoch immer mit Frauen assoziiert.) Es waren Männer – sumerische Tempelpriester –, die im 3. Jahrtausend v. Chr. die Prostitution erfanden und Priesterinnen benutzten, um dem Tempel Männer und Einkommen zuzuführen. Wahrscheinlich war es in *allen* postpatriarchalischen Gesellschaften der einzige Beruf, in dem Frauen genug zum Überleben verdienen konnten; heute ist es der einzige, in dem arme Frauen ohne Ausbildung sich einen Lebensunterhalt sichern können. Und diejenigen, die diese Dienste in Anspruch nehmen, sind fast ausschließlich Männer. Dennoch erklärten Männer diesen Beruf für ungesetzlich und schufen Besserungsanstalten (Zuchthäuser für reuige Sünderinnen), um die zu bestrafen, die ihn ausübten. Bemühungen, die männlichen Kunden durch Veröffentlichung ihrer Namen zu bestrafen, lösten höheren Ortes einen solchen Entrüstungssturm aus, daß sie wieder eingestellt wurden. Die Volkswirtschaft der Philippinen und anderer Teile Südostasiens bespielsweise *beruht* auf der Prostitution, aus der Männer weit mehr Gewinn schlagen als Frauen, die oft buchstäblich Sklavinnen sind.

Vor langer Zeit schon maßten sich Staaten die Entscheidungsgewalt darüber an, ob Frauen Geburtenkontrolle praktizieren oder abtreiben dürfen. Seit der Erfindung des Kondoms hat noch kein Staat Anstalten gemacht, den Männern den Erwerb oder die Verwendung von Kondomen zu verbieten (die Kirchen allerdings schon), aber die Feministinnen mußten jahrelang dafür kämpfen, bis die Frauen endlich das Recht erhielten, sich über Empfängnisverhütung zu informieren oder sie zu praktizieren. Nicht nur katholische Staaten wie Irland, auch weltliche Staaten greifen in die Nachwuchsplanung von Frauen ein. Sozialistische Staaten wie Rumänien oder China konnten die lückenlose Kontrolle über die Fortpflanzungsfähigkeit der Frau durchsetzen, weil sie die fast totale Macht über ihre Bürger hatten bzw. immer noch haben. Selbst nach dem Zusammenbruch des Sozialismus handeln einige Staaten gegen die spezifischen Bedürfnisse von Frauen, die auf freie Abtreibung, Mutterschaftsgeld und Arbeitsplatzgarantie in Zeiten der Kindererziehung angewiesen sind.

In einigen ehemals sozialistischen Ländern wie Polen und Kroatien dirigiert die katholische Kirche die Kampagne zur Unterwerfung des weiblichen Körpers. Nationalistische Bewegungen ohne spezielle religiöse Ausrichtung stoßen allerdings oft ins gleiche Horn. Viele nationalistische Bewegungen Osteuropas lassen die alten faschistischen Ideale des Militarismus wieder aufleben: Disziplin, Gehorsam, Uniformität, den «Männlichkeitskult» und einen Kult um «das Volk», der auf einer sehr schmalen Basis der Solidarität gründet (so wie Hitlers «Ariertum»). Das fördert Fremdenangst jeglicher Couleur, insbesondere den Antisemitismus, aber auch Bestrebungen, den weiblichen Körper unter die Kontrolle der Männer zu bringen (in allen militaristischen Gesellschaften werden Frauen unterdrückt). Es ist höchst wahrscheinlich, daß der Schwangerschaftsabbruch in Ungarn und Serbien, wo der Nationalismus laut Celestine Bohlen besonders virulent ist, unter Strafe gestellt wird.[96] Das Offizierskorps der nationalen Volksarmee Jugoslawiens besteht zu 70 Prozent aus Serben, und die Serben sind stark militaristisch. In der Regierung wurde bereits über eine Strafsteuer für kinderlose Ehepaare diskutiert, was auf eine Politik der gezielten Geburtenförderung hindeutet.

Rumänien

In Rumänien ist die Situation etwas komplizierter. Bis 1966 waren dort Abtreibungen erlaubt, und die Frauen waren absolut darauf angewiesen, denn auch hier waren Verhütungsmittel minderwertig und kaum aufzutreiben. (Alle sozialistischen Staaten produzieren zu wenige und völlig unzuverlässige Verhütungsmittel, vielleicht, weil sie wollen, daß die Frauen trotz ihrer schwierigen Situation Kinder bekommen. Aber anscheinend produzieren sie auch keine Hygienebinden oder Tampons – Ende des 20. Jahrhunderts ein schockierendes Manko. Vielleicht wird alles «Frauenspezifische» einfach ignoriert.) 1965 kamen in Rumänien auf 274 000 Lebendgeburten über eine Million registrierter Abtreibungen: 80,3 Prozent der (offiziell bekannten) Schwangerschaften endeten mit einem Abbruch.

Nicolae Ceauscescu, der bis 1989 als Diktator über Rumänien regierte, brauchte mehr Arbeitskräfte und beschloß deshalb, Abtreibungen zu verbieten. 1966 verdoppelte sich die Geburtenziffer auf 528 000, aber die industrielle Produktion *ging zurück*. Ceauscescu hatte nämlich vergessen, wie es Männern so gerne passiert, daß Frauen nicht gleichzeitig Kinder zur Welt bringen und arbeiten können. Die verarmten rumänischen Frauen suchten ihre Zuflucht bei illegalen Abtreibungen. Infolgedessen nahm die Geburtenziffer wieder ab, doch die Sterberate bei Schwangeren ging von 85,9 pro 100 000 Geburten (1966) über 92,2 (1968) bis auf 139,9 pro 100 000 Geburten (1981). (In England/Wales sterben neun von 100 000 Frauen bei der Geburt, in Frankreich 15,5). In England gehen 22 Prozent der Todesfälle bei Schwangeren auf

Abtreibungen zurück, in Rumänien 85,6 Prozent. Frauen, die nach verpfuschten Abtreibungen erkrankten, gingen häufig nicht zum Arzt. Aber trotz des Verbots blieb die Geburtenrate die gleiche wie 1966: 14,3 Prozent.

Daraufhin verlangte Ceausescu, alle Frauen sollten sich einmal im Monat einer ärztlichen Untersuchung unterziehen und feststellen lassen, ob sie schwanger waren oder nicht. Unverheiratete Personen über 25 Jahren oder kinderlose Paare ohne Unfruchtbarkeitsattest wurden mit einer hohen Steuer belegt, und der Import von Verhütungsmitteln aus dem Westen wurde verboten. Frauen im gebärfähigen Alter, die nicht nachweisen konnten, daß sie sich der allmonatlichen Untersuchung unterzogen hatten, wurden von der medizinischen Versorgung ausgeschlossen oder erhielten keinen Führerschein. Fruchtbare Frauen begannen vermutlich auf Sex zu verzichten, um eine Schwangerschaft zu vermeiden: Der Streß in der Bevölkerung nahm plötzlich drastisch zu, die Kindersterblichkeit stieg ebenso an wie die Zahl der zur Adoption freigegebenen Kinder. 1985 lag die offizielle Kindersterblichkeitsrate in Rumänien bei 25,6 Todesfällen auf 1000 Kinder unter einem Jahr (in Schweden lag die Rate 1983 bei sieben, in Frankreich bei neun, in den Vereinigten Staaten bei 10,9 und in der Tschechoslowakei bei 15,6 Todesfällen). Und auch diese Rate kam nur dank einiger Zahlenakrobatik zustande: B. Meredith Burke schreibt, die tatsächliche Ziffer sei 60 bis 80 Prozent höher gewesen.[97] Doch selbst so quollen nach der Revolution die rumänischen Waisenheime vor unerwünschten Kindern über. Und die neue Regierung legalisierte Abtreibungen zwar, versucht jedoch gleichzeitig, sie einzuschränken.[98]

Japan

Kapitalistische Staaten üben indirekt Druck auf Frauen aus, um sie dazu zu bewegen, Kinder in die Welt zu setzen oder nicht – je nachdem, was die Männer für notwendig halten. Hohe Steuern und hohe Kosten für Schulbildung, medizinische Versorgung,

Wohnung und Lebenshaltung lassen die Geburtenrate sinken. In den achtziger Jahren löste die Vorstellung der Männer, daß die weißen Frauen der Mittelklasse nicht genügend Kinder zur Welt brächten, eine Flut von Kino- und Fernsehfilmen aus, in denen von Männern die Freuden der Mutterschaft und die mütterlichen Fähigkeiten in den Himmel gehoben wurden. Israel versuchte, mit finanziellen Anreizen die Gebärfreude der Frauen anzustacheln, und in Japan wurde vor kurzem eine monatliche Prämie von 5000 Yen (etwa 60 DM) für jedes Kind im Vorschulalter und doppelt so viel für ein drittes Kind ausgesetzt.[99] Japan ist zwar überbevölkert, aber die Männer an der Macht machen sich Sorgen über den Rückgang der Geburtenrate.

Es fällt schwer zu entscheiden, worin die größere Unverschämtheit liegt – in der Gleichgültigkeit der Männer gegenüber den Bedingungen, unter denen Frauen Kinder erziehen, oder in der Schäbigkeit der Summe, die sie als Anreiz zur Geburtensteigerung für ausreichend halten. Japanische Frauen teilten einem Reporter, der sich die Mühe machte, sie zu befragen, mit, ihre ablehnende Haltung mehr Kindern gegenüber sei Ausdruck ihrer Rebellion gegen ein repressives System: Die Ausbildungs- und Lebenshaltungskosten sind sehr hoch, Tagesstätten gibt es kaum, und die Ehemänner sind nie zu Hause. Japanische Männer kommen gegen Mitternacht erschöpft von der Arbeit zurück. Zur Entspannung spielen sie Videospiele, treiben Sport oder machen einen Sextrip nach Südostasien. Das Leben einer Frau und Mutter ist nicht beneidenswert, und viele Frauen schieben eine Heirat so weit wie möglich hinaus oder gehen ihr ganz aus dem Weg. Yuriko Marumoto, eine Ärztin und Mutter, die sich in aller Deutlichkeit gegen den Bonus-Plan ausgesprochen hat, erklärt dazu: «Unsere Politiker und Geschäftsmänner kommen erst spät in der Nacht nach Hause. Sie haben keine Ahnung, wie Kinder erzogen werden oder was ein Familienleben ist. In unserem politischen System herrschen Männer, die eine Küche sowenig kennen wie ein Zuhause.»

*

Bevor in den Vereinigten Staaten die von der Kirche inszenierte Kampagne zur Bestrafung von Schwangerschaftsabbrüchen auch auf die Regierung übergriff, setzte diese sich bereits massiv für die *Sterilisierung* unerwünschter Bevölkerungsgruppen ein – in der Hauptsache von Schwarzen aus dem Süden (vor allem aus North Carolina), Indianern und Frauen hispanischer Abstammung. In den USA wurden allein 1972 in Kliniken mit staatlicher Unterstützung 100000 bis 200000 Menschen sterilisiert (Hitler hat es in der ganzen Zeit seines Regimes nur auf 250000 gebracht). In den siebziger Jahren wurden über 35 Prozent der gebärfähigen Puertoricanerinnen sterilisiert, und bis 1976 24 Prozent der indianischen Ureinwohnerinnen im gebärfähigen Alter.[100]

Inzwischen ist in angeblich liberalen Kreisen eine Bewegung aufgekommen, die die Kontrolle über *die Art* der weiblichen Fortpflanzung an sich zu reißen sucht. Die mächtige und weitverzweigte Bewegung wird von den unterschiedlichsten Gruppen getragen, die schwangere Frauen – vor allem arme – unter dem Vorwand ärztlicher, rechtlicher oder moralischer Unterstützung buchstäblich verfolgen. Darauf werde ich in Teil II, in dem es um die Diskriminierung von Frauen durch Institutionen geht, und im Abschnitt über die Behandlung von Frauen in Medizin und Rechtsprechung noch zurückkommen.

6. Der Krieg von Völkern gegen den weiblichen Körper: Genitale Verstümmelung

Als sich vor vier- oder fünftausend Jahren patriarchalische Ideen durchzusetzen begannen und die Männer Staaten gründeten, bestand eine ihrer ersten Handlungen darin, die Frauen über ihre Sexualität zu definieren und sie darauf zu beschränken. Nicht um weibliche, sondern um männliche Lust ging es ihnen; außerdem wollten sie sich der Kontrolle über die weibliche Fortpflanzungsfähigkeit bemächtigen. Sie würdigten Frauen auf den Status von Haustieren herab, die sie züchten, dressieren, kaufen und verkaufen konnten und an denen sie sich bereicherten. Mit Hilfe religiöser oder philosophischer Ideologien brachten sie die Frauen dazu, sich klaglos und widerspruchslos in ihr Gefangenendasein zu fügen wie Kühe, Schweine und Schafe. Es hätte ein leichtes sein müssen, die Frauen zu solcher Unterwürfigkeit zu bewegen, wenn die männliche Definition von der Frau als minderwertige Art gestimmt hätte, doch die Sache wurde unendlich kompliziert dadurch, daß die Frauen Verstand, Gefühle, Talente und Geist hatten. Sie verhielten sich wie Individuen, und manchmal liebten und bewunderten die Männer sie, was die Machtausübung zusätzlich erschwerte. Bei einem Individuum kann ein Konflikt zwischen respektvoller Liebe und dem Drang, eine Frau zu beherrschen, vielleicht durch eine breite Skala von Möglichkeiten aufgelöst werden; sobald jedoch größere Körperschaften – Gemeinschaften, Institutionen oder Staaten – in einem solchen Widerstreit gefangen sind, wird der Drang zu herrschen immer die Oberhand gewinnen.

In jeder Gesellschaft hatten es die Männer nach dem Aufkommen des Patriarchats als erstes auf den weiblichen Körper abgesehen. Um ihre eigene Vaterschaft geltend machen zu können, führten sie die Patrilinearität ein. Daß die Kinder nach ihnen benannt wurden, verschaffte ihnen einen Vorwand, die Sexualität der Frauen zu überwachen, indem sie sie schon in ganz jungen Jahren zu Ehe und Kindbett zwangen (Adrienne Rich nannte das «zwanghafte Heterosexualität»).[101]

Sie töteten oder versklavten Frauen, weil sie ihre Jungfräulichkeit verloren hatten (selbst wenn sie vergewaltigt worden waren), sperrten sie ein, verweigerten ihnen das Recht auf Scheidung oder das Sorgerecht für die Kinder und töteten sie bei Abtreibung oder Ehebruch. *Kein Mann wurde jemals mit derartigen Zwangsmaßnahmen bedroht.*

In einigen Gesellschaften wurden auch Männer wegen Ehebruch getötet, aber nur, weil sie sich am Eigentum eines anderen Mannes vergriffen hatten (einer Ehefrau), und nicht, weil sie mit einer anderen als der eigenen Frau eine sexuelle Beziehung unterhalten hatten. Verheiratete Frauen wurden bei jeder sexuellen Beziehung zu einem anderen als dem eigenen Mann getötet. In vielen Gesellschaften hatten die Männer das Recht, eine Abtreibung zu erzwingen und Kinder auszusetzen oder nach der Geburt umbringen zu lassen. In allen Gesellschaften hatten die Männer das Recht auf wechselnde Sexualpartner, manchmal auch auf mehrere Ehefrauen, sie konnten sich scheiden lassen, wenn sie es wünschten, und die Kinder gingen in ihren Gewahrsam über. Nur patrilineare Gesellschaften waren exogam (verlangten eine Heirat außerhalb der Sippe), und nur exogame Gruppen waren patrilokal (die Frau mußte an den Wohnsitz des Mannes ziehen). Die Patrilokalität ermöglichte es den Männern, Frauen in der Fremde zu isolieren, sie der Unterstützung durch ihre Verwandten und ihrer eigenen Rechte zu berauben. Unter solchen Bedingungen konnten Männer Frauen ungestraft mißbrauchen. Je mehr diese Bräuche sich ausbreiteten, desto mehr wurden die Frauen zu Konsumgütern der Männer: Die Männer beuteten sie aus, versklavten sie, zwangen sie zum Konkubinat, zur Witwenverbrennung oder zu anderen Formen des Witwendaseins, die es ihnen ermöglichten, ihren Besitz für sich zu behalten. Indem sie die Frauen ihres Rechts auf Eigentum beraubten, zwangen sie sie zur Heirat als Mittel der Existenzsicherung. Der Kreis der Herrschaft war geschlossen, die Kontrolle war total.

Erst in diesem Kontext wird eine Form von Herrschaft über den weiblichen Körper verständlich, die nur selten zur Sprache gebracht wird und der- oder demjenigen, der sie zur Sprache bringt, den Ruf der Hetzerei einträgt: die genitale Verstümmelung. Viele Menschen halten die genitale Verstümmelung von Frauen für einen Bestandteil des Islam. Die Muslime verärgert das, denn der Islam hat diese Praxis, die auch von Christen, Animisten und Kopten befolgt wird, nicht eingeführt. Tatsächlich wird in 80 Prozent der heutigen islamischen Welt, einschließlich Saudiarabiens, des Iran, des Libanon, Algeriens, Jordaniens, Tunesiens und vieler islamischer Länder Asiens, keine Genitalverstümmelung bei Mädchen praktiziert. Die meisten Ägypter, die sie praktizieren, leben im Niltal, was auf einen pharaonischen (altägyptischen) Ursprung hindeutet.[102] Wahr ist aber auch, daß ein großer Prozentsatz der genital verstümmelten Frauen islamischen Glaubens sind, und wenn der Islam als Religion auch nicht diese Praxis fördert, so tun es manche muslimischen Führer sehr wohl. Außerdem wird die Infibulation, die verheerendste und gefährlichste Form, soweit wir wissen, *nur* bei Muslimen durchgeführt. Wo auch immer diese Praktiken existieren, sind sie systemimmanent, und sie existieren vielerorts – Wissenschaftler schätzen die Zahl genital verstümmelter Frauen zur Zeit auf über *zwanzig Millionen*. Ich möchte im folgenden die genitale Verstümmelung und ihre physischen Folgen beschreiben sowie analysieren, was zu ihrer Rechtfertigung vorgebracht wird.

Beschreibung

Die Verstümmelung des weiblichen Genitals wird gelegentlich als weibliche Beschneidung bezeichnet, als ob sie mit der männlichen Beschneidung vergleichbar wäre. Das trifft aber nicht zu. Die Beschneidung beim Jungen hat gewöhnlich nichts Positives zur Folge, richtet aber auch keinen Schaden an. Ganz selten gleitet die Hand des Chirurgen aus und verletzt den Penis des Kindes, ganz selten stirbt ein Kind an der Operation. Manche Leute glauben, daß durch die Entfernung der Vorhaut der Penis leichter reinzuhalten ist oder daß dadurch der Mann und sein Sexualpartnerin vor Krebs geschützt seien. Es gibt jedoch keinen Anhaltspunkt dafür, daß die Beschneidung männlicher Nachkommen zu irgend etwas nutze ist. Aber die Beschneidung beim Mann deformiert in keinster Weise die männlichen Sexualorgane oder schränkt die sexuelle Lust oder eine andere Funktion des Penis ein. Schon die mildeste Form einer weiblichen Zirkumzision hingegen kann ein Mädchen umbringen; in jedem Fall werden dabei ihre Geschlechtsorgane deformiert. Normalerweise können Frauen danach weder einen Orgasmus noch sexuelle Erregung erfahren, und in ihrer schlimmsten Form führt sie häufig zu qualvollen

Schmerzen beim Geschlechtsverkehr und bei der Geburt, zu Krankheit oder Tod.

Es gibt verschiedene Formen genitaler Verstümmelung. Im folgenden Abriß werden die betroffenen Genitalpartien sowie die jeweiligen Operationen aufgeführt:

1. Zirkumzision (Sunna): Entfernung der Klitorisvorhaut (Präputium) und der Klitorisspitze. «Sunna» bedeutet auf arabisch Tradition; in islamischen Ländern wird diese mildeste Form der Verstümmelung als «Sunna» bezeichnet, vielleicht, weil schon Mohammed diese Abart kannte.

2. Exzision (Klitoridektomie): Bei einer Operation wird die gesamte Klitoris entfernt. Gewöhnlich wird auch noch ein Teil der kleinen Schamlippen (Labia minora) entfernt. Manchmal werden rund um die Vagina Schnitte zur Erleichterung der Geburt vorgenommen. Tatsächlich erschweren derartige Schnitte den Geburtsvorgang und machen ihn schmerzvoller.

3. Infibulation (pharaonische Zirkumzision): Die Bezeichnung «pharaonisch» rührt daher, daß die Methode ursprünglich in Oberägypten praktiziert wurde. Der Begriff «Infibulation» stammt von den Römern, die manchmal einen Ring oder eine Klammer durch die äußeren Schamlippen von Sklavinnen zogen, um sie vom Geschlechtsverkehr abzuhalten und Schwangerschaften zu verhindern. Möglicherweise ist die Praxis aus der Viehwirtschaft übernommen, denn genau so wird mit weiblichen Tieren wie Eselinnen und Kühen verfahren, wenn ihr Eigentümer eine Zeugung auf der Weide vermeiden will. Die Römer fixierten einen solchen Ring in der Vorhaut von Männern, um ihnen den Geschlechtsverkehr unmöglich zu machen, meistens bei Gladiatoren. Heute wird die Infibulation ausschließlich von Muslimen praktiziert.

Bei der Infibulation werden die Vorhaut, die Klitoris und die kleinen Schamlippen entfernt, das Fleisch von den großen Schamlippen geschabt und diese zusammengenäht. Manchmal wird auch im Innern der Vagina Fleisch ausgekratzt. Eine winzige Öffnung wird offengelassen, damit Urin und Menstruationsblut austreten können. Häufig wird ein Rohr in diese Öffnung gelegt, und die

Beine des Mädchens werden zusammengebunden, bis die Wunde verheilt. Wenn sie heiratet, muß das zusammengewachsene Fleisch aufgeschnitten werden, damit der Penis eindringen kann. Manchmal wird die Öffnung besonders eng gelassen, um die männliche Lust zu vergrößern, was den Schmerz der Frau beim Verkehr erhöht. Vor einer Geburt muß die Öffnung vergrößert werden. Ein Mann kann seine Frau nach jedem Kind oder vor einer Reise wieder zunähen lassen.

Bei der Geburt weiten sich die Schamlippen und die Innenwände der Vagina aus, um eine natürliche Dehnung zu ermöglichen; wenn sie entfernt sind, wird die Geburt zur Qual. Jede Leserin kann sich vorstellen, was eine solche Verstümmelung beim Geschlechtsverkehr bedeutet. Und eine Entfernung der Klitoris bedeutet in jedem Fall, ausgenommen bei der Zirkumzision (Sunna), daß eine Frau nie sexuelle Erregung, Lust oder einen Orgasmus erlebt. (Manche Frauen behaupten, sie verspürten nach einer Klitoridektomie sexuelle Lust, aber es ist schwierig, darüber zuverlässige Informationen zu erhalten: In den Teilen der Welt, wo genitale Verstümmelungen praktiziert werden, lernen die Frauen Bescheidenheit und haben Schwierigkeiten, über solche Themen zü sprechen.)

Physische Konsequenzen

Gewöhnlich werden diese Operationen mit unsterilisierten, wenn nicht gar rostigen Messern, mit Glasscherben oder Rasierklingen durchgeführt. Es sind in erster Linie Frauen (sogenannte weise Frauen), die sie vornehmen, manchmal aber auch Barbiere. Ärzte schildern die Konsequenzen derartiger Operationen folgendermaßen:

Unmittelbare Folgen: Schmerz. Es wird kein Betäubungsmittel verwendet. Blutungen; Schock (begleitet von qualvollen Schmerzen; Unfähigkeit zu urinieren; Harnwegsinfektionen; Blutvergiftung oder Wundstarrkrampf (durch unsterile Instrumente); Fieber; Tod aufgrund eines dieser Faktoren. Manchmal werden einem Mädchen die Knochen gebrochen beim Versuch, sie während der Operation festzuhalten.

Spätfolgen: Wenn die Wunde nur langsam verheilt, kann sich eine Infektion, eine Anämie oder eine Mangelernährung entwikkeln. Das Mädchen kann sich eine Beckeninfektion sowie Zysten oder Abszesse zuziehen; eventuell ist es nicht fähig zu menstruieren, weil eine Narbe die Vaginalöffnung verschließt. Das führt zur Ansammlung von Menstruationsflüssigkeit in der Vagina und im Uterus und kann eine Unterleibsinfektion oder einen Blutstau bewirken. Der Geschlechtsverkehr ist aufgrund der engen Öffnung, einer Beckeninfektion oder einer Verletzung der Vulva für die Frau mit Schmerzen verbunden. (In manchen Gesellschaften ist es Brauch, daß der Ehemann direkt nach der Öffnung der Scheide seinen Penis gewaltsam in die Vagina seiner Braut hineinstößt. Je mehr *sie* blutet, desto größer ist *seine* Potenz.) Manche Frauen entwickeln rezidivierende Harnwegsinfekte und leiden beim Urinieren immer unter Schmerzen. Wenn die Vaginalöffnung unangenehm eng ist (oder wenn ein Mann seine Frau nach dem Abstillen wieder hat zunähen lassen), dringt er möglicherweise in ihren Anus ein, was zu Inkontinenz und Rissen im Analbereich führen kann. Außerdem ist das die effizienteste Methode, um AIDS weiterzuverbreiten, das in Afrika, wo genitale Verstümmelungen an der Tagesordnung sind, epidemische Ausmaße erreicht hat.

Geburt: Narbengewebe ist weitaus härter als gesundes Fleisch; wenn die genitale Narbe einer Frau sehr verhärtet ist, kann das Baby nur in einer langen, schmerzhaften Entbindung den Geburtskanal verlassen. Manchmal kann der Kopf des Kindes den Damm durchstoßen. Für infibulierte Frauen ist die Entbindung eine Qual, denn die natürlichen Erleichterungen einer Geburt sind ihnen versagt. Die Kinder können wegen der verlängerten Wehendauer und des Sauerstoffmangels tot oder mit schweren Hirnschäden zur Welt kommen. Manchmal schlägt der Kopf des Kindes, der nicht seinen natürlichen Weg nach unten nehmen kann, gegen die Rückwand des Geburtskanals oder gegen die Blase und verletzt diese, so daß ständig Urin austritt. Wenn die

Wehen heftig genug sind, kann der Uterus selbst in die Vagina hinabwandern und durch die Scheidenöffnung treten; manchmal werden auch andere Organe durch die Vagina ausgestoßen.

Die genitale Verstümmelung von Frauen ist nicht mit der Beschneidung vergleichbar, sondern mit der Kastration. Aber so schrecklich eine Kastration für einen Mann auch ist, so leiden Eunuchen doch weniger als verstümmelte Frauen, denn sie müssen danach nicht mit diesen verstümmelten Organen gebären. Die Physiologie einer Frau aber ermöglicht es, daß sie selbst nach der Entfernung ihrer äußeren Geschlechtsorgane noch fortpflanzungsfähig ist.

Geschichte

Wir können hier die Geschichte der weiblichen Genitalverstümmelung nur streifen.[103] Ihr Ursprung liegt größtenteils im dunkeln: Einige Wissenschaftler glauben, daß sie zuerst in Afrika praktiziert wurde und dann vom Islam, nach der Eroberung Ägyptens im Jahr 742 n. Chr., übernommen wurde. Andere vermuten ihren Ursprung auf der Arabischen Halbinsel, wieder andere sind der Ansicht, sie hätte sich an vielen Orten unabhängig voneinander entwickelt. Ihr Verbreitungsgebiet entspricht jedenfalls dem des Islam, von der Westküste Südafrikas hinab ins südliche Afrika und über die Sudanzone in östlicher Richtung nach Malaysia, Indonesien, Pakistan und Indien. In vielen Gebieten wird genitale Verstümmelung ausschließlich von Muslimen praktiziert, aber mit dem Einfluß des Islam läßt sich ihre Verbreitung bei manchen australischen Ureinwohnern nicht erklären. Einige Ärzte haben behauptet, sie hätten bei ägyptischen Mumien aus dem 16. Jahrhundert v. Chr. Anzeichen einer Klitoridektomie gefunden. An prädynastischen oder späteren ägyptischen Mumien fanden sich keine Hinweise auf Infibulationen.[104]

Von Aetios, einem griechischen Arzt (502 bis 575 n. Chr.), stammt die Empfehlung, die Klitoris eines Mädchens zu entfernen, «bevor sie zu groß wird». Er schildert den Vorgang folgendermaßen: Ein Mädchen sitzt auf einem Stuhl, ihre Beine werden von einer hinter ihr sitzenden Person gespreizt. Vor ihr steht ein Chirurg, der mit einer großen Zange die Klitoris ergreift und herausreißt. Paul (oder Paulus) von Ägina, ein griechischer Arzt aus dem 7. Jahrhundert n. Chr., verteidigte die Exzision mit der Behauptung, eine vergrößerte Klitoris sei eine Schande, denn sie könne «erigieren wie ein Penis und zum lesbischen Koitus benutzt werden». Dem Sudanreisenden Pallme zufolge, der 1843 über Infibulationen in der Provinz Kordofan berichtete, wurde vor der Hochzeit ein Modell des erigierten Penis des Bräutigams aus Holz oder Ton angefertigt, und die Infibulation der Braut wurde nach Maßgabe dieses Modells aufgeschnitten. Ashley Montagu liefert eine anschaulichere und grausamere Schilderung dieses Vorgangs:

«Wenn ein Mädchen, dessen Jungfräulichkeit auf so empörende Weise bewahrt wurde, zur Braut wird, wird sie Opfer weiterer Greuel. Eine der Frauen, die die Infibulation durchführen, besucht unmittelbar vor der Hochzeit den Bräutigam, um genau Maß an seinem Glied zu nehmen. Sie fertigt dann als Maßstab eine Art Phallus aus Ton oder Holz an, mit dessen Hilfe sie die Wunde ein Stück weit aufschneidet. *Sie läßt das mit einem Lappen umwickelte Instrument in der Wunde stecken, damit sich die Ränder nicht wieder schließen.* Unter abscheulichem Gelärme wird dann die Hochzeit gefeiert. Der Mann führt seine Braut nach Hause – jeder Schritt bereitet ihr Schmerzen –, und ohne zu warten, bis die frische Wunde verheilt oder vernarbt, vollzieht er die Ehe.» [Hervorhebung von mir]

In Europa und den Vereinigten Staaten war die Klitoridektomie besonders in der zweiten Hälfte des 19. Jahrhunderts weit verbreitet. Dr. Isaac Baker Brown, einer der angesehensten Gynäkologen und Chirurgen Großbritanniens, scheint das Verfahren dort in erster Linie eingeführt zu haben, um die Masturbation zu «kurieren».[105] Die meisten englischen Ärzte hielten das bald für Humbug und gaben die Praxis um 1867 wieder auf. In den Vereinigten

Staaten aber fuhren die Ärzte damit fort und gingen sogar dazu über, eine Oophorektomie (Entfernung der Eierstöcke) miteinzuschließen. E. Wallerstein schreibt, daß in den siebziger Jahren des 19. Jahrhunderts Tausende von Frauen diese Operation über sich ergehen lassen mußten.[106] Die Ärzte beharrten darauf, daß durch die Exzision «sexuelle Abweichungen» wie Masturbation und «Nymphomanie» («Es war undenkbar, daß eine anständige Frau sexuelle Lust empfand»[107]) wie auch Hysterie, Epilepsie, Katalepsie, Melancholie und Geisteskrankheit geheilt würden. Sie behaupteten, die geschlechtliche Erregung, die mit der Betätigung des Nähmaschinenpedals einhergehe, könne Frauen krank machen.

Nach 1880 gingen Exzisionen und Entfernungen der Eierstöcke zurück, doch die Klitoridektomie wurde weiter im großen Maßstab durchgeführt, vor allem, um lesbische Neigungen auszumerzen – oft genügte dafür ein Verdacht oder schlicht eine Abneigung gegen Männer.[108] Mit der Begründung, daß *die Sexualität einer jungen Frau nicht in ihren Geschlechtsorganen steckt* [Hervorhebung von mir], verkündete ein Chirurg aus Boston im Jahr 1897, der weibliche Orgasmus sei eine Krankheit und die Entfernung erigierbarer Organe wie der Klitoris ein Ding der Notwendigkeit. Bis 1935 wurde die Klitoridektomie in Nervenheilanstalten häufig praktiziert. Manche Ärzte in Amerika waren sogar noch im 20. Jahrhundert bereit, eine Infibulation durchzuführen, um Frauen vom Masturbieren abzuhalten.[109] In Holts *Diseases of Infancy and Childhood* (1936) wurde gegen Masturbation bei Mädchen eine Ausätzung oder Entfernung der Klitoris empfohlen.[110] Hosken zitiert eine Ausgabe des *New National Black Monitor* von 1982, einer amerikanischen Sonntagsbeilage, in deren Leitartikel die Einführung von Exzision und Infibulation vorgeschlagen wurde, um voreheliche Geschlechtsverkehr bei Teenagern in den Vereinigten Staaten zu unterbinden. Lilian Passmore Sanderson schreibt, daß sowohl Exzision wie Infibulation in den Vereinigten Staaten wie in Europa noch immer praktiziert werden.[111]

In den letzten Jahrzehnten versuchten Forscher, mehr über Exzision und Infibulation in Afrika und Asien in Erfahrung zu bringen, aber ihre Bemühungen waren oft umsonst. Wo immer diese Praktiken üblich sind, sind sie geheim: Die Wissenschaftler werden als Eindringlinge, Ungläubige oder westliche Ideologen angesehen, die die Welt nur nach ihren eigenen Vorstellungen umformen wollen. Fran Hosken, die 1973 zufällig auf das Thema stieß, hat seitdem Jahre damit zugebracht, mehr darüber in Erfahrung zu bringen; sie hat sich die Feindschaft von Afrikanern und Muslimen zugezogen, weil sie unbeugsam an der Fortsetzung ihrer Forschungen und der Veröffentlichung ihrer Entdeckungen festhält. Was wir über Verstümmelungen wissen, verdanken wir größtenteils ihr.[112]

Rechtfertigungen

Jede Gesellschaft bietet verschiedene Rechtfertigungen für Klitorisbeschneidungen. Eine davon lautet, die Vulva rieche faulig und mache den weiblichen Körper unrein. Diese Begründung zeugt von purem Frauenhaß: Den Genitalien beider Geschlechter haftet ein Geruch an (tatsächlich kann der Geruch erregend wirken, wie es bei Tieren der Fall zu sein scheint), aber nur bei Frauen wird er als anstößig empfunden, obwohl de facto Männer oft strenger riechen, weil sie zum Urinieren dieselbe Öffnung im selben Organ benutzen wie beim Sex und es nur selten danach säubern. Es ist möglich, daß verstümmelte Frauen bei sexueller Erregung kein Vaginalsekret mehr produzieren, aber nach einer Infibulation werden sie stärker oder überhaupt erst *faulig* riechen, weil aus der dabei entstandenen Fleischtasche Körperflüssigkeiten nicht austreten können. Ganz im Gegensatz zum vorgeblichen Zweck bewirken solche Verstümmelungen bei Frauen eine Geruchsverstärkung und -verschlechterung.

Viele Völker rechtfertigen Verstümmelungen damit, daß weibliche Genitalien abstoßend oder häßlich seien. Häufig wird eine extreme Vergrößerung der Klitoris (Hypertrophie) als Grund für Exzisionen angeführt, besonders in Äthiopien. Doch ein Gynäkologe, der über viele Jahre hinweg Tausende äthiopischer Frauen untersuchte, behauptet, Hypertrophien der Klitoris seien in Äthiopien nicht weiter verbreitet als anderswo. Und Mitarbeiter der größten Organisation für Familienplanung in Addis Abeba sagten in einem Interview mit Hosken, sie hätten *keinen einzigen* Fall von Klitorishypertrophie zu Gesicht bekommen. Bei einigen Volksstämmen ist der Glaube verbreitet, eine nicht beschnittene Klitoris würde so groß wie ein Penis werden. Andere, wie die Tembe, Madingo, Limba und Lokko in Sierra Leone, die Bambara in Mali und einige Haussa in Nordnigeria wissen zwar, daß die Klitoris nicht wachsen wird, bis sie zwischen den Beinen herabhängt, finden sie aber dennoch häßlich.

Es mag sein, daß es extreme Fälle von Klitorishypertrophie gibt; aber selbst wenn sie häufig wären, was veranlaßt eine Gesellschaft dazu, sie häßlich zu finden? Ist ein Penis häßlich? Sind Hoden schön? Was könnte häßlicher sein als die Narben einer Verstümmelung? Von Hosken befragte Männer deuteten an, eine große Klitoris mache ihnen wegen ihrer symbolischen Bedeutung Angst. Da sie die Klitoris als Analogie zum Penis erleben, gewissermaßen als dessen Miniversion, fühlen sie sich bei einer großen Klitoris unbehaglich. Frauen, die das Organ besitzen, das der Siegelbewahrer ihrer Überlegenheit ist, werden als Bedrohung empfunden. Der wahre Grund für ihre Angst ist vielleicht ihr Wissen, daß die Klitoris das höherwertige Organ ist. Das Sexualorgan der Frauen ist kompakt, geschützt und einzigartig – es hat keine andere Funktion, als für sexuelle Lust zu sorgen. Es kann autonom funktionieren: Klitorale Lust hängt weder von einem Penis noch von einem Mann oder einer anderen Person ab; sie liegt in den Händen jeder Frau. Rechtfertigungen unter dem Vorwand der Ästhetik sind unsinnig; dahinter verbergen sich männlicher Groll und Neid auf den weiblichen Körper, seine Macht und Autonomie.

Noch absurder wird es, wenn gesundheitliche Gründe vorgeschützt werden. Die Mossi in Burkina Faso wie auch einige nigerianische Volksstämme glauben, daß die Klitoris ein Kind töten kann, wenn sein Kopf während der Entbindung daran stößt. Andere glauben, daß die von den Klitorisdrüsen freigesetzten

Sekrete Spermien abtöten und eine Frau nur schwanger werden kann, wenn sie verstümmelt ist. Westliche Ärzte lehrten, die Entfernung weiblicher Genitalorgane diene der Gesundheit und sei ein Allheilmittel gegen Masturbation, Depression, Melancholie, Nymphomanie, Hysterie, Geisteskrankheit, Epilepsie, Kleptomanie und *Schulschwänzen*! Tatsächlich stellt die Verstümmelung eine schwere Verletzung dar: Alle Frauen leiden unter der Operation, viele werden für den Rest ihres Lebens krank, und einige sterben daran. Masturbation wird vermutlich dadurch «geheilt» – das Schockierende dabei ist, daß Masturbation als Krankheit angesehen wird. Kein Kind stirbt, wenn es bei der Geburt die Klitoris der Mutter berührt (falls das passiert). Verstümmelungen erhöhen nicht etwa die Fruchtbarkeit einer Frau, ganz im Gegenteil; sie verringern sie, und zwar aus den oben genannten Gründen.

Allerdings trägt diese Verstümmelung zur Bewahrung der Jungfräulichkeit bei, eine unerläßliche Vorbedingung für eine Heirat in allen traditionellen afrikanischen und islamischen Gesellschaften. Weil Männer bei manchen Stämmen keine unverstümmelten Mädchen heiraten wollen, fühlen die Eltern sich zu diesem Schritt gezwungen. Die meisten Mütter erklären die Verstümmelung als *Brauch*, als unantastbare Tradition. Mädchen werden verstümmelt, weil es immer und ausnahmslos so geschah: Ihre Unversehrtheit würde sie von den anderen trennen, sie zu Außenseitern, zu Verstoßenen der Gemeinschaft machen. Selbst Mütter, die nicht an die Rechtfertigungen für eine Verstümmelung glauben, die den Schmerz und die Gefahren kennen, zwingen ihre Töchter zu diesem Schicksal, um ihnen ein Leben als Ausgestoßene zu ersparen.

Manche Stämme glauben, daß der Mann durch die Verstümmelung beim Verkehr mehr Lust verspürt. Manche behaupten, Männer kämen wegen der Klitoris zu schnell, bevor sie es wollen, zum Orgasmus, was ihre Kontrolle über den Geschlechtsverkehr untergräbt – und Kontrolle ist für den Mann unerläßlich. Andere meinen, die Enge der Öffnung bei einer infibulierten Frau sei erregend. Manchmal allerdings ist die Öffnung so eng, daß ein genitaler Verkehr unmöglich wird. Wie dem auch sei, ich glaube mit William Blake, daß Liebende vom anderen nichts mehr ersehnen als den «Anblick erfüllten Verlangens» – und das kann ein Mann bei einer verstümmelten Frau niemals erleben. In einem Interview sagten die meisten Männer in Sierra Leone, sie hätten lieber sexuelle Beziehungen zu unversehrten Frauen.[113] Von 300 sudanesischen Ehemännern, die von einem muslimischen Arzt befragt wurden, gaben 266 an, sie würden unversehrte Frauen sexuell bevorzugen.[114] Aber sie würden lieber eine garantiert unberührte Jungfrau heiraten, die garantiert treu bleibe, als eine Frau, die ihnen mehr sexuelle Lust verschaffe.

Von muslimischen Inderinnen in Delhi hörte ich eine andere Rechtfertigung für Verstümmelungen – das religiöse Heil. Diese Frauen waren so extrem arm, daß sie sich die Zeremonie zur Verstümmelung ihrer Töchter nicht leisten konnten, und klagten, die Mädchen würden nie ins Paradies kommen. Ob sie dessen sicher seien? O ja, der muslimische Lehrer habe es ihnen gesagt. Die Frauen waren ungebildete Analphabetinnen. Ich fragte sie, ob sie selber «beschnitten» seien? Ja sicher. Und bedeute das keinen Verlust für sie? Sie blickten mich verwirrt an. Einen Verlust? Was sollten sie verloren haben? Ihre Befriedigung, erklärte ich dem Übersetzer. Die Lust am Sex. Das stürzte sie in eine so hochgradige Verlegenheit, daß kein Wort mehr aus ihnen herauszubekommen war. Aber ihr erstaunter Gesichtsausdruck verriet mir, daß sie wohl nicht wußten, daß eine Frau sexuelle Befriedigung erleben konnte. Schließlich erklärten sie mir, sexuelle Lust sei etwas *Männliches*. Mit derselben Begründung werden, wie Hanny Lightfoot-Klein schreibt, bei Eintritt der Pubertät die Mädchen kenianischer Christen verstümmelt. Sie glauben, sie wären zu ewigem Höllenfeuer verdammt, wenn sie sich der Verstümmelung nicht unterwerfen würden.[115]

Jungfräulichkeit, Treue und Lustunterdrückung bedeuten nichts anderes als Zähmung. Viele Völker (zum Beispiel die Nubier) glauben, daß Mädchen von Natur aus «unberechenbar» sind, sexuelle Wilde, die verstümmelt werden müssen, damit sie gute Ehefrauen abgeben. Durch die Operation wird die Frau auf ihren Platz verwiesen, passiv und gefügig gemacht. Kein Mann braucht sich noch Sorgen zu machen, ob seine Frau hinter anderen Männern her ist: Sie verspürt kein Verlangen mehr, das schützt «die Familie». M. B. Assad schreibt, daß der Islam diese Praxis ausdrücklich billigt und unterstützt, weil dadurch das sexuelle Verlangen der Frauen gedämpft und die Kontrolle der Männer über Jungfräulichkeit und Keuschheit gestärkt werden.[116]

Millionen glauben, daß die Frauen nicht vor ihrer eigenen «Wildheit» geschützt werden müssen, sondern vor anderen Männern . Ein muslimischer Arzt beispielsweise verteidigte die alte arabische Tradition der Infibulation, *weil sie Mädchen, die allein Tiere hüteten, gegen die Angriffe von Männern schützte.*[117] Doch die Infibulation ist weitaus grausamer als die meisten Vergewaltigungen, und selbst eine infibulierte Frau kann von einem Mann mit einem Messer vergewaltigt werden. «Schutz» wird häufig als Begründung für Verstümmelungen angeführt, und meistens ist der Schutz der *Familie* gemeint.

In allen Berichten über genitale Verstümmelungen in Afrika und Asien heißt es, daß Frauen die Operationen durchführen und an der Notwendigkeit dieser Eingriffe festhalten. Sie akzeptieren diese grausamen Sitten, weil sie und ihre Töchter dadurch in die Gesellschaft und die Glaubensgemeinschaft aufgenommen werden. Aber Frauen haben nur scheinbar die Macht über diese Praxis, denn kein Mann wird ein unverstümmeltes Mädchen heiraten, und Mädchen müssen verheiratet werden, um in diesem Teil der Welt zu überleben. Daraus folgt: Die Verstümmelung ist obligatorisch.

7. Die Ausrottung von Frauen in einzelnen Völkern

Amartya Sen schildert ein Phänomen, das als Genozid bezeichnet werden würde, wäre es gegen eine ethnische Gruppe gerichtet – die Ausrottung von Frauen.[118] In ihrem Artikel «More Than 100 Million Women Are Missing» rechnet sie aus, wie viele Frauen auf der Welt wären, wenn weibliche Feten nicht selektiv abgetrieben werden würden und weibliche Nachkommen dieselbe Ernährung und Pflege erhielten wie männliche. Wenn Frauen nicht extrem schlechter versorgt werden, leben sie länger als Männer, weil die Natur Frauen begünstigt. Von der Empfängnis bis zur Geburt und auch im späteren Leben sind Frauen anscheinend besser vor Krankheiten geschützt und widerstandsfähiger als Männer. Bei gleicher Ernährung und medizinischer Versorgung haben sie trotz der Privilegien der Männer – bessere Ausbildung, bessere Jobs, ein höheres Einkommen und mehr Ansehen – eine deutlich höhere Lebenserwartung als diese. Und das, obwohl Männer weniger Belastungen ausgesetzt sind, weder Menstruation noch Schwangerschaft noch Geburt kennen und mit der Kindererziehung meistens sehr wenig zu tun haben. Wo die Versorgung der Geschlechter relativ gleichwertig ist, wie in Europa, den Vereinigten Staaten und Japan, liegt das Verhältnis von Frauen zu Männern bei 1,06 zu 1. Selbst in Afrika südlich der Sahara, wo Frauen Hungers sterben, kommen auf 100 Männer 101 Frauen.

Ein höherer Bevölkerungsanteil von Männern als von Frauen kann also nur absichtlich herbeigeführt worden sein. In Indien sterben in allen Altersstufen mehr Frauen als Männer (ausgenommen direkt nach der Geburt), weil Mädchen schlechter ernährt und medizinisch versorgt werden. In den meisten indischen Familien essen zuerst die Männer. Die Frauen essen, was übrigbleibt, und Mädchen werden als letzte gefüttert. Oft lassen die Männer den Frauen beinahe nichts übrig. Einige indische Bauarbeiterinnen, mit denen ich sprach, gestanden mir flüsternd, daß sie ein wenig Essen für sich abzweigten, bevor sie ihren Männern die Mahlzeiten brächten. Sie hatten deswegen Schuldgefühle, aber ihre Männer ließen ihnen *nie* auch nur das geringste übrig. Die Frauen waren nur Haut und Knochen. In Indien ist das Verhältnis von Frauen zu Männern in diesem Jahrhundert konstant zurückgegangen: von 97 Frauen auf 100 Männer im Jahre 1901, 93 zu 100 im Jahr 1971 und schließlich auf 92 zu 100 im Jahr 1991.[119] In Pakistan kommen 94 Frauen auf 100 Männer. Dieses Mißverhältnis ist das

Ergebnis bestimmter Verhaltensweisen Frauen gegenüber und nicht etwa Folge von Armut. Im Punjab und in Haryana, zwei der reichsten Bundesstaaten Indiens, liegt das Verhältnis bei 86 Frauen auf 100 Männer; in Kerala, das ärmer ist, aber auf eine matrizentrische Tradition zurückblickt, liegt es bei 103 zu 100. Indonesien und Thailand sind so arm wie Indien, aber dennoch leben hier deutlich mehr Frauen als Männer.

Ständig werden so viele weibliche Nachkommen umgebracht, daß Frauen, die bis vor kurzem noch 51 Prozent der Weltbevölkerung ausmachten, heute nicht mehr in der Mehrheit sind. In dem 1991 erschienenen Bericht der Vereinten Nationen mit dem Titel *The World's Women: 1970–1990* heißt es, daß durch die Eliminierung von Frauen in Ländern wie Indien, Pakistan, Albanien und den Vereinigten Arabischen Emiraten (48,3 Frauen auf 100 Männer!) die Frauenüberzahl in den Industrieländern ausgeglichen wurde und die Männer nun die Mehrheit der Weltbevölkerung stellen.[120]

Dieses Phänomen korreliert nicht mit dem Wohlstand einer Region, aber es kann wirtschaftliche Ursachen haben. Sen ist der Ansicht, daß ein größerer Anteil am Familieneinkommen für weibliche Nachkommen verwendet wird, wenn die Frauen außer Haus berufstätig sind, wenn ihre Arbeit als solche anerkannt wird (wozu gewöhnlich ein Lohn gehört) oder wenn sie über eigene wirtschaftliche Rechte oder ein eigenes Vermögen verfügen. Das heißt, in Regionen, in denen Frauen selbst die Möglichkeit haben, Geld zu verdienen, egal wieviel, töten die Männer weniger weibliche Nachkommen. In wirtschaftlich prosperierenden Regionen steigt die Lebenserwartung beider Geschlechter, die der Frauen jedoch weniger als die der Männer, weil Ernährung und medizinische Versorgung der Männer besser sind. Sen verglich das Verhältnis von berufstätigen Frauen zu berufstätigen Männern und die Lebenserwartung von Frauen im Verhältnis zu der von Männern in bestimmten Regionen Asiens (einschließlich Chinas) und Afrikas miteinander und entdeckte, daß die Zahlen fast identisch waren. Im Punjab, Indiens reichstem Bundesstaat, ist das Verhältnis von Frauen zu Männern am niedrigsten, und dort gehen auch am wenigsten Frauen in ganz Indien einer bezahlten Arbeit nach. Sen führt die zwei Skalen in absteigender Reihenfolge auf:

Anteil berufstätiger Frauen	Lebenserwartung von Frauen
1. Afrika südlich der Sahara	1. Afrika südlich der Sahara
2. Südost- und Ostasien	2. Südost- und Ostasien
3. Westasien	3. Westasien
4. Südasien	4. Nordasien
5. Nordasien	5. Südasien

In China unternahm die Staatsführung nach der Revolution einige Anstrengungen, um das Los der Frauen zu verbessern: Unternehmer wurden gezwungen, Frauen einzustellen, die Leistungen von Frauen in Wirtschaft und Gesellschaft wurden valorisiert, und auch die Armen erhielten Zugang zu medizinischer Versorgung. Die Lebenserwartung stieg sogar während der Hungersnöte von 1958 und 1961 (nach dem Mißlingen des «großen Sprungs nach vorn») allgemein an. Um 1950 betrug die durchschnittliche Lebensdauer in China etwas über vierzig Jahre, 1979 waren es weit über sechzig. Bis zu den wirtschaftlichen und sozialen Reformen von 1979 hatten die Frauen Chinas ein signifikant höheres Lebensalter zu erwarten.

1979 führte China Reformen durch, um die wirtschaftliche Wachstumsrate zu erhöhen und die Stagnation der Landwirtschaft zu beenden. 1980 erließ die Regierung angesichts der Bevölkerungsexplosion in einem Staat, in dem nur ein kleiner Prozentsatz des Landes als Ackerland tauglich ist, ein Gesetz, das den Nachwuchs auf ein Kind pro Familie einschränkte. Bis 1986 verdoppelte sich der landwirtschaftliche Ertrag, aber die Sterblichkeitsrate stieg an – hauptsächlich, weil mehr weibliche Nachkommen getötet wurden. Die Chinesen ziehen (wie die meisten Völker auf der Welt) Jungen vor, und so werden weibliche Babys abgetrieben, bei der Geburt umgebracht oder einfach systematisch vernachlässigt. Das Verhältnis von weiblichen zu männlichen Nachkommen sank. 1982 kamen in einem Dorf in der Provinz Hupeio auf

503 Jungen 100 Mädchen unter einem Jahr.[121] In Wuhan, einer der größten Städte Chinas und deshalb unter engerer Kontrolle der Regierung, lag das Verhältnis bei Kindern unter einem Jahr zur selben Zeit bei 154 männlichen gegen 100 weibliche Nachkommen.

Doch schon vor dieser Abnahme lebten in China unverhältnismäßig wenig Frauen: Im statistischen Jahrbuch von 1979 wird das Verhältnis mit 94,32 zu 100 beziffert. 1985/86 sank es auf 93,42 zu 100. 1989 stieg es wieder auf 93,98, womit es noch immer unter dem Niveau von 1979 lag. Die Kindersterblichkeit bei Mädchen nahm drastisch zu und stieg von schätzungsweise 37,7 Promille im Jahr 1978 auf 67,2 Promille im Jahr 1984 (Sen hält diese Zahlen für übertrieben, die Tendenz jedoch für zutreffend). Obwohl Chinas Wohlstand in dieser Zeit zunahm, wurden vor allem in ländlichen Gebieten die Mittel für die Gesundheitsversorgung gekürzt. Da angeblich geschlechtsneutrale Programme in frauenfeindlichen Kulturen nie wirklich neutral sind, waren vor allem Frauen von diesen Kürzungen betroffen. Das 1979 eingeführte ökonomische System bedeutete eine Rückkehr zur traditionellen Arbeitsteilung: Die Frauen sollten wieder zu Hause arbeiten, die Männer außerhalb, und in der Landwirtschaft wurden weniger Frauen gegen Lohn eingestellt. Außerdem wiesen Experten darauf hin, daß die chinesische Führung seit 1979 kein Wort mehr über die Gleichberechtigung der Frau verlauten läßt.

Bei ihren Versuchen, das Bevölkerungswachstum einzudämmen, konzentrierten sich die indische wie auch die chinesische Regierung vor allem auf Frauen; manchmal griffen sie sogar zu Zwangssterilisationen oder -abtreibungen. Es ist durchaus verständlich, daß die Bevölkerungsexplosion gestoppt werden muß, aber die Art der Gegenmaßnahmen ist diskriminierend. Möglicherweise fällt uns das auf den ersten Blick gar nicht auf, weil wir so an die staatliche Reglementierung der weiblichen Fortpflanzung gewöhnt sind. Das Bevölkerungswachstum kann auch geschlechtsneutral reguliert werden, wenn China beispielsweise städtische Familien mit mehr als einem Kind mit Steuern oder Bußgeldern bestraft oder wenn Industrienationen nachwuchsfreudige Paare indirekt durch die Erhöhung des Ausbildungsstandards und der damit verbundenen Kosten bestrafen. Wer sich die Diskriminierung in der staatlichen Reglementierung der Fortpflanzung vor Augen führen will, braucht sich nur vorzustellen, eine Regierung würde Männer zwangsweise sterilisieren oder ihren Müttern, Frauen und Schwestern erlauben, sie wegen ihres Sexualverhaltens einzusperren, zu schlagen oder zu kastrieren.

Indische Frauen sind heute Opfer einer neuen Grausamkeit. Allen Gesetzen zum Trotz, durch die die Praxis der Mitgift abgeschafft werden soll, können Frauen ohne Mitgift noch immer nicht heiraten. Dabei einigen die Familien sich auf eine bestimmte Summe, aber nach der Hochzeit kann es vorkommen, daß die Familie des Ehemannes die Braut erpreßt, damit sie aus ihren Angehörigen noch mehr herausschlägt – noch einen Fernsehapparat, ein Motorrad oder eine Armbanduhr für den Bräutigam. Mehr ist das Leben einer Frau nicht wert. Die Braut begeht vielleicht Selbstmord, um ihre Familie vor diesen Forderungen zu schützen, denn sie weiß, daß die Familie des Mannes sie sonst töten kann, meistens, indem sie so lange an den Herd gedrückt wird, bis der Sari Feuer fängt und sie verbrennt. Dann kann die Familie von neuem eine Frau für ihren Sohn «kaufen». Die indische Historikerin Veena Oldenburg bezeichnet das Verbrennen von Bräuten als neue Form der Kapitalakkumulation.[122] Hunderttausende junger Frauen wurden in den letzten Jahren auf diese Weise ermordet. Familien, deren Schwiegertöchter so ums Leben gekommen sind, finden mühelos eine neue – mit neuer Mitgift –, denn viele Familien warten nur darauf, ihre Töchter an den Mann zu bringen. Auch die Polizei kümmert sich nicht um die ermordeten Frauen: Selten nur wird bei verdächtigen Todesfällen eine Autopsie durchgeführt, und die Mörder wurden so gut wie nie verfolgt.

Sen schätzt, daß allein in diesem Teil der Welt über hundert Millionen Frauen durch die Abtreibung weiblicher Feten sowie durch Mord an Neugeborenen und durch Vernachlässigung weiblicher Nachkommen umgebracht wurden. Darin sind noch keine «Mitgifttoten» enthalten, keine Frauen, die verhungerten, weil in

Afrika die Männer über das Land und die Entwicklungshilfe bestimmen, und keine westlichen Frauen, die von Ehemännern, Liebhabern, Vergewaltigern oder Kollegen getötet wurden. Die Gesamtzahl der Frauen, die *unnötigerweise* sterben – nicht aufgrund von Krankheit oder Unfall, sondern aufgrund absichtlicher Politik von Männern –, kann nicht einmal geschätzt werden. Wenn diese Zahlen sich auf eine religiöse oder ethnische Gruppe beziehen würden, würden wir den Begriff *Völkermord* verwenden. Wie sollen wir dazu sagen?

TEIL II
DER KRIEG DER INSTITUTIONEN
GEGEN DIE FRAUEN

Frauen werden in jedem Lebensbereich benachteiligt. Dieser Teil des Buches befaßt sich mit institutionell verankerten Haltungen gegenüber Frauen vor allem in den Vereinigten Staaten, wo trotz aller feministischen Anstrengungen, das Bewußtsein für offenen und verdeckten Frauenhaß zu schärfen, Diskriminierung noch immer an der Tagesordnung ist. Wir werden uns zunächst mit den Rechtfertigungen für Frauenfeindlichkeit befassen, die von geistigen Autoritäten, nämlich von männlichen Wissenschaftlern, in Umlauf gesetzt werden.

1. Soziobiologische «Beweise» für die Minderwertigkeit der Frauen

Im 19. Jahrhundert setzten Philosophen und Naturwissenschaftler in vielen europäischen Ländern ihren Ehrgeiz daran, die naturgegebene Minderwertigkeit von Frauen, Farbigen und Juden zu «beweisen». Unter Zuhilfenahme der Physiognomie, der Schädelformen, spezieller Intelligenztests und anderer an den Haaren herbeigezogener Beweise demonstrierten sie mit der ihnen zu Gebote stehenden Autorität, daß alle gesellschaftlichen Gruppen – mit Ausnahme weißer, nichtjüdischer Männer – kriminelle Instinkte, eine unterdurchschnittliche Intelligenz oder andere Anzeichen von Minderwertigkeit aufwiesen. Die Arbeiten dieser hochangesehenen Männer dienten als Rechtfertigung für Völkermord in Afrika und bildeten die wissenschaftliche Grundlage des Nazismus und anderer rassistischer und sexistischer Bewegungen des Westens. Heute liefern vor allem die Ethnologen und die Soziobiologen unter den Intellektuellen die Begründungen für

Sexismus und Rassismus. Das akademische Establishment begegnet diesen Männern mit unveränderter Hochachtung, obwohl Wissenschaftlerinnen sehr schnell die Einseitigkeit ihrer Interpretationen aufzeigten.[1] Sarah Lucia Hoagland beispielsweise analysierte, wie die Vertreter eines geschlechtsspezifischen Determinismus durch ihre Sprache Interpretationen Vorschub leisten, die nicht aus den Fakten abzuleiten sind.[2]

In den sechziger und siebziger Jahren erfreuten sich einige Bücher, die die angeborene Aggressivität und Überlegenheit des Mannes «bewiesen», großer Beliebtheit. Ohne zu zögern, schlossen ihre (männlichen) Autoren von bestimmten Säugetieren auf die «Unvermeidbarkeit des Patriarchats» beim Menschen. Dazu gehören unter anderem *Adam kam aus Afrika* von Robert Ardrey, *Das sogenannte Böse* von Konrad Lorenz, *Warum die Männer wirklich herrschen* von Lionel Tiger, *The Inevitability of Patriarchy* von Stephen Goldberg und *Das Herrentier* von Lionel Tiger und Robin Fox. Der Leserschaft, der diese Autoren als hervorragende Wissenschaftler präsentiert wurden, wurden die gravierenden methodischen Mängel und die Fehler ihrer Beweisführung nicht bewußt. Die Verfasser, die meisterhaft «objektive» Tatsachen verdrehten, um ihre Vorurteile zum Thema männliche Überlegenheit zu kaschieren, vielleicht aber auch nur Opfer ihres eigenen, übermächtigen Bedürfnisses waren, übertrugen ihre ohnehin schon schwachen Befunde von Tieren auf Menschen. Diese Arbeiten bereiteten den Boden für die Soziobiologie, die kurz nach der «zweiten Welle» der Frauenbewegung (und, wie Hoagland glaubt, als Reaktion darauf) ihren Aufschwung nahm. Ihre männlichen Anhänger schoben die Soziobiologie vor, um die feministische Behauptung von der Gleichheit der Geschlechter in Frage zu stellen. Daneben versucht die Soziobiologie zu beweisen, daß männliche Überlegenheit, Vergewaltigung und Kindermord auch bei Tieren vorkommen. Und auch da sind die verwendeten Daten sorgfältig ausgewählt, ideologisch gefärbt und oftmals falsch.

Viele Wissenschaftler haben Zweifel an der Exaktheit soziobiologischer Daten geäußert und komplizierte, technologische Argumente dagegen vorgebracht, die ich hier nicht wiedergeben möchte.[3] Ich möchte hier nur auf den soziobiologischen Jargon eingehen. Soziobiologische «Beweise» sind häufig nichts anderes als Vorurteile, die sich hinter einer Sprache impliziter Männerverherrlichung verbergen. Schon der Vater der Disziplin, E. O. Wilson, ist schnell mit unbewiesenen Behauptungen zur Stelle. In seinem Werk *Sociobiology* (1975), der Grundlage für die meisten späteren Arbeiten in diesem Bereich, stellt er regelmäßig die Behauptung auf, daß «Männer den Frauen überlegen sind», ohne das auch nur einmal zu belegen.[4] Das ist besonders deswegen paradox, weil Wilson Entomologe ist, Insektenspezialist. Zwar kommt es bei Insekten relativ häufig vor, daß ein Geschlecht das andere sexuell dominiert, aber fast immer sind es die *Weibchen*, die die Männchen dominieren.

Das hindert Wilson nicht, männliche Aggressivität als Normalfall, weibliche dagegen als Fehlanpassung hinzustellen.[5] In einem Überblick über die Auslöser aggressiven Verhaltens bei Tieren unterscheidet er zwischen «sexuellen», «territorialen» und «Dominanz»-Motiven. Er behauptet, daß männliche Tiere anderen männlichen Tieren überlegen sein müssen, um sie im Kampf um Nahrung, Territorien und die Gunst weiblicher Tiere zu schlagen, und daß die «Rangordnung der Männchen in ihrer Gesamtheit *über* der der Weibchen» liegt [Hervorhebung von mir]. Sofern er jedoch nicht die Gabe hat, sich mit Tieren zu unterhalten, ist unklar, woher er das wissen will. Was er meint, ist, daß bei gewissen Arten männliche Tiere untereinander Machtkämpfe austragen, weibliche hingegen nicht. Das macht männliche Tiere in seinen Augen überlegen. Manche Leserin und mancher Leser wird vielleicht eher zum gegenteiligen Schluß kommen. Solche Sprünge von Scheintatsachen zu einer patriarchalisch verzerrten Interpretation sind in seiner Arbeit gang und gäbe. Hechtschleimfische beispielsweise verhalten sich aggressiv gegenüber anderen Männchen, die in ihr Territorium eindringen. Weibliche Hechtschleimfische können sich bewegen, wie es ihnen gefällt. Wilson schließt daraus, daß die Männchen die Weibchen beherrschen.

Eine ähnliche Pseudologik kennzeichnet seinen Gebrauch des

Wortes *Harem*. Viele Säugetiere leben in rein weiblichen Verbänden und schließen sich nur zur Paarungszeit mit männlichen Tieren zusammen; bei anderen leben mehrere weibliche Tiere ständig mit einem einzigen männlichen zusammen. Natürlich läßt sich nicht genau sagen, warum sie das tun, aber vielleicht haben die weiblichen Tiere sich zu derartigen Verbänden zusammengeschlossen, um der Aggressivität der männlichen zu entgehen, um sie zu *kontrollieren*. Mehr als ein Hahn im Hühnerhof tut nicht gut – zwei würden sich nur bekämpfen. Weibliche Tiere brauchen männliche nur zur Fortpflanzung, und dafür reicht ein einziges. Also isolieren sie die männlichen Tiere oder nehmen nur ein einziges in ihre Gemeinschaft auf. Hoagland weist darauf hin, wie absurd es ist, im Zusammenhang mit Bergschafen, die in Herden aus hauptsächlich weiblichen Tieren leben, die Rangordnung von anderen weiblichen Tieren «erben» und sich nur zur Paarungszeit mit einigen wenigen Männchen «verbinden», von einem *Harem* zu sprechen. Wilson allerdings bezeichnet solche Verbände als *Harem*, als ob männliche Tiere über die weiblichen herrschen würden, *Autorität* über sie hätten.

Autorität jedoch – echte, durch Macht gewonnene und gestützte Autorität, die Verhalten, Sprache und Beziehungsformen diktieren kann – existiert im Tierreich nicht. Kein Tier steuert das Allgemeinverhalten anderer Tiere; weder kann es ein anderes einschränken noch ihm mehr Macht übertragen. Die Rangordnung mag dazu führen, daß ein untergeordnetes Tier einem dominanten seine Unterwürfigkeit zeigt oder daß ein dominantes Tier ein untergeordnetes aus seinem Revier vertreibt und von seiner Nahrungsquelle fernhält. Aber die Rangordnung (die nur bei bestimmten Arten existiert) betrifft immer *entweder* weibliche *oder* männliche Tiere. Niemals verleiht sie einem Geschlecht die Vorherrschaft über das andere. Selbst bei Insektenarten, bei denen die Männchen in erster Linie den Weibchen dienen, haben die Weibchen keine Autorität über die Männchen. In keiner Spezies, abgesehen von der menschlichen, machen männliche Tiere Jagd auf weibliche, obwohl in einigen Fällen männliche Tiere unter extremen Belastungen die eigenen Nachkommen töten, und bei manchen Arten töten die Weibchen die Männchen nach der Paarung.

Hoagland vermutet, daß für Wilson Sexualität und Aggression identisch sind. Wilson schreibt in der Tat, daß die Sexualität – in der Generationen von Dichtern und Philosophen die bindende Kraft der Gesellschaft sahen, *eros*, den Gegenpol der Aggression – «eine antisoziale Kraft in der Evolution ist. Bindungen zwischen Individuen entstehen der Sexualität zum Trotz und nicht durch sie».[6] Wilson, so Hoagland, «transportiert durch seine Sprache die Vorstellung, daß das männliche Tier durch die bloße Tatsache des sexuellen Akts das weibliche unterwirft». Der Geschlechtsverkehr ist eine Kriegshandlung. Wilson schildert, daß weibliche Tiere eine «empfangende Stellung» oder eine «Stellung der Unterwerfung» beim Geschlechtsverkehr einnehmen (die weibliche Stellung beim Geschlechtsverkehr kann man auch als Entgegenkommen auf halbem Weg sehen oder als aktives Anlocken des männlichen Tieres).[7]

Beide Geschlechter stellen als Zeichen ihres Paarungswunsches die Geschlechtsorgane zur Schau, aber bei männlichen Tieren sind die Eintrittsöffnungen und die Eintrittsorgane in verschiedenen Körperpartien, so daß sie auch verschiedene Stellungen einnehmen können. Wilson hält Tiere, die eine der weiblichen ähnliche Stellung einnehmen, für «homosexuell»! Er spricht von einer «empfangenden weiblichen» oder «pseudoweiblichen Stellung, um bestiegen zu werden», und stimmt mit der Schilderung eines anderen Wissenschaftlers überein, der die Zurschaustellung eines männlichen Mantelpavians als «homosexuelle Besänftigungszeremonie» nach Art eines «militärischen Grußes» interpretiert.[8] Hoagland kommt zu dem Schluß: «Die Botschaft, die durch diese Sprache transportiert werden soll, ist klar: Männliche Penetration ist identisch mit männlicher Herrschaft.» Auch die Feministin Andrea Dworkin stellt Überlegungen zur Unterwerfung an, die dem Geschlechtsverkehr zwischen männlichen und weiblichen Tieren inhärent ist. Doch eine Position, die Wilson zu Lob und Nachahmung veranlaßt, löst in ihr Verachtung und Empörung aus. Ganz offensichtlich hängt der Wert einer Idee nicht von ihrer Tauglichkeit ab, sondern vom Geschlecht der betreffenden Person.

Wilson ist nur einer von vielen Biologen mit patriarchalischer Ideologie. Robert R. Warner beschreibt einen Fisch, der das Geschlecht wechselt, den Lippfisch:

> «Einige wenige dominante [Blaukopf-Lippfische] können diese Reviere mühelos *kontrollieren* und damit auch die Weibchen, die sich dort versammeln... Der pazifische Putzer, eine Lippfischart, lebt in einem *Harem*, der aus einem einzigen Männchen und mehreren Weibchen besteht... Bei Arten, die in größeren sozialen Verbänden leben und sich paaren, legen die kleineren Fische beinahe alle Eier, während das größte, *dominante* Individuum die meisten Spermien produziert und sich mit allen *Untergeordneten* paart; es spart seine Energien lieber für die *Herrschaft über seinen Harem*, als sie für die Eiablage zu vergeuden.»[9] [Hervorhebungen von mir]

Das ist in der Tat eine seltsame Art, über Fische zu sprechen, besonders wenn der männliche Lippfisch ein Weibchen ist, das sich in einen Spermienproduzenten verwandelt hat. Daß in der natürlichen Lebensökonomie der Lippfische nur wenige Männchen notwendig sind, kann man auch als Indiz für die Höherwertigkeit der Weibchen interpretieren. Aber Warner hängt an seinem Männermythos. Die Worte *Herrschaft* und *Harem* verleihen dem Fisch eine Autorität und Macht, die er nicht besitzt – alles, was er (früher sie) schließlich tut, ist, ein paar Eier zu befruchten. In seiner Schilderung des Anemonenfisches, dessen Männchen sich in Weibchen verwandeln, sobald ein älteres Weibchen stirbt, verschweigt Warner die störende Tatsache, daß der männliche Anemonenfisch viel kleiner ist als der weibliche.

Die sozialen Strukturen der Löwen wurden mit viel Liebe nach Anzeichen männlicher Überlegenheit durchforstet. Schließlich ist der Löwe der König der Tiere: Wo könnte man leichter fündig werden bei der Suche nach Rechtfertigungen für ein Königtum unter Menschen? Von Robert Ardrey stammt die folgende mythische Verklärung dieser Art:

«Ein Löwenrudel ist ein Jagdverband, das scheint der einzige Grund für seine Existenz zu sein. Und es ist die außergewöhnliche Überlegenheit des männlichen Löwen und wenig sonst, die diese Gesellschaft zusammenhält ... Der männliche Löwe erlegt nur selten die Beute. Solche Späßchen überläßt er den Löwinnen. Seine übliche Position in einem Jagdverband ist in der Mitte, während die Löwinnen ihm zu beiden Seiten weit vorauseilen.»[10]

Doch Evelyn Reed führt in ihrem Buch *Women's Evolution: From Matriarchal Clan to Patriarchal Family* aus, daß «das, was Ardrey als ‹Löwenrudel› bezeichnet, in Wirklichkeit eine Gruppe von Löwinnen ist, die einem männlichen Tier Zugang zu ihrer Gruppe *gewährt*». Auf sich gestellt, jagt und tötet der Löwe das, was er zum Leben braucht, «aber sowie er sich einer Gruppe Löwinnen angeschlossen hat, übernehmen sie die Verantwortung für die Jagd». Weder jagen männliche Löwen für Löwinnen, noch liefern sie ihnen Nahrung: Sie sind nur gelegentlich bei der Fortpflanzung von Nutzen, und die meiste Zeit über halten die Löwinnen sie sich vom Leibe. Die Löwinnen jagen und ernähren sich, ihre Jungen und jedes männliche Tier, das sie in ihre Gruppe aufgenommen haben. Reed kommt zu dem Schluß, daß «ganz im Gegensatz zu Ardreys Auffassung das Löwenrudel nicht durch die außergewöhnliche Vormachtstellung des Männchens, sondern durch das bemutternde Verhalten der weiblichen Tiere zusammengehalten wird».[11] Wilsons Interpretation der identischen Daten grenzt an einen schlechten Witz: «Die männlichen Tiere des Rudels *erlauben* den weiblichen, sie von einem Ort zum nächsten zu *führen*, und sie sind davon *abhängig*, daß die Weibchen jagen und den größten Teil der Beute töten. Sobald das Tier erlegt ist, holen die Männchen auf und machen von ihrer körperlichen *Überlegenheit* Gebrauch, um die Löwinnen und die Jungen beiseite zu stoßen und sich satt zu fressen.»[12] [Hervorhebungen von mir]

2. Der Krieg gegen die Frauen im Schulwesen

Wenn Leute wie Wilson Lehrer ausbilden, dann muß man sich nicht wundern, daß Mädchen in unserem Schulsystem anders behandelt werden als Jungen. Untersuchungen auf allen Ausbildungsebenen haben bewiesen, daß dieselbe Arbeit oder Doktorarbeit schlechter benotet wird, wenn sie den Namen eines Mädchens trägt, als wenn sie von einem Jungen stammt.[13] Bei offiziellen Dokumenten, die von einer männlichen und einer weiblichen Amtsperson unterzeichnet worden waren, zeigte sich, daß erstere entschieden ernster genommen wurden.[14] In anderen Studien wurde nachgewiesen, daß Lehrer gemischter Klassen zwei Drittel ihrer Aufmerksamkeit den Jungen zuwenden, obwohl sie und ihre Schüler den Eindruck haben, Jungen und Mädchen würden gleich behandelt. Es genügt schon, daß Mädchen auch nur 40 Prozent der Aufmerksamkeit erhalten, damit die Jungen sich beklagen.[15] Ein Lehrer, der den Eindruck hatte, Mädchen würden weniger Fragen stellen als Jungen, sich seltener melden und nicht so ausführlich über ein Thema sprechen wie diese, versuchte, die Situation zu verändern. Er entdeckte, daß die Jungen einem Mädchen, das zum Sprechen ansetzte, auf der Stelle ins Wort fielen und es lächerlich machten, um es zum Schweigen zu bringen.

Wenn Sie dem allen noch den männerzentrierten, Männer verherrlichenden Lehrplan westlicher Schulen hinzufügen, werden Sie die Ergebnisse einer jüngst veröffentlichten Studie verstehen: Wie Gloria Steinem ausführt, leiden amerikanische Mädchen, die mit neun Jahren voller Zuversicht und Selbstvertrauen der Zukunft entgegensahen, nach der Pubertät unter einer erschreckend niedrigen Selbstachtung, und ganz allgemein ist das Selbstvertrauen von Frauen um so geringer, je höher ihr Bildungsgrad ist.[16] Interessanterweise stellte sich in dieser Studie heraus, daß schwarze Mädchen weniger Selbstachtung verloren und Mädchen hispanischer Abstammung langsamer als weiße. Ohne eine Erklärung für die Entwicklung hispanischer Mädchen zu bieten, vermuteten die Untersucher, daß im Selbstbild schwarzer Mädchen die Familie und die Gemeinde eine größere Rolle spielen als schulische Leistungen und daß schwarze Familien häufiger starke Frauen als Modell anbieten. Man könnte den Unterschied jedoch auch darauf zurückführen, daß die meisten Schwarzen in den Vereinigten Staaten nur minimal in den Genuß einer Ausbildung kommen. (Ich war schon oft froh über meine schlechte Ausbildung, weil ich dadurch das Vertrauen in meinen Verstand bis ins Erwachsenenalter bewahren konnte.)

*

Die Tendenz, Frauen als nebensächlich abzutun, zieht sich durch sämtliche Institutionen, und überall werden Frauen anders behandelt als Männer. Manche Männer behaupten zwar, sie würden Frauen aus dem Bedürfnis, sie zu beschützen, oder aus Zuneigung anders behandeln, aber die Auswirkungen ihres Verhaltens auf Frauen sind so katastrophal, daß wir mit Fug und Recht von einem regelrechten Belagerungszustand sprechen können. Die Männer führen ihren Krieg gegen die Frauen auf so vielen Ebenen (auf Regierungsebene, auf gerichtlicher, strafrechtlicher und medizinischer Ebene), daß sich nur mit Mühe ein einzelner Urheber einer Kampagne ausmachen läßt. In vielen dieser Kampagnen geht es um die Frau als Mutter. Daher möchte ich diesen Abschnitt gliedern in: «Der Krieg gegen die Frau als Person» und «Der Krieg gegen die Frau als Mutter». In jedem Kapitel werde ich auf die einzelnen Institutionen eingehen, die an vorderster Front der Kampagne stehen, aber Sie werden selbst bemerken, daß das Bezeichnende die Kooperation unter den Institutionen ist.

Als einziges Land unter allen Industrienationen haben die Einwohner der Vereinigten Staaten nach wie vor keinen Anspruch auf ausreichende Sozialleistungen, auf eine kostenlose Universitätsbildung und auf medizinische Versorgung. Das trifft am meisten die Armen, und da vier Fünftel der Ärmsten in diesem Land Frauen sind, leiden sie am stärksten darunter. Aber die amerikanischen Institutionen belassen es nicht bei passiver Vernachlässigung; sie führen aktiv verschiedene Kriege gegen Frauen. In den folgenden Kapiteln werde ich einige dieser Kriege schildern.

3. Der Krieg gegen die Frau als Person

3.1 Rechtsprechung und Strafrecht

1988 verurteilte Jack Hampton, ein Richter aus Dallas, Texas, einen Mann, der des Mordes an zwei Homosexuellen für schuldig befunden worden war, zu einer geringfügigen Strafe. Er bemerkte dazu, ein solcher Mord sei kein ernst zu nehmendes Verbrechen – «Prostituierte und Schwule sind für mich ungefähr gleich viel wert. Und es würde mir schwerfallen, jemandem lebenslänglich zu geben, nur weil er eine Prostituierte umgebracht hat.» Die Schwulen protestierten gegen sein Urteil, nicht aber die Frauen, und doch hatte dieser Mann de facto Schwule und Prostituierte als *nicht*-menschliche Wesen definiert. Ein Ausschuß des Bundesstaats prüfte den Richter auf Befangenheit hin und sprach ihn von jedem Verdacht frei. Sein Anwalt erklärte, schließlich habe er nichts weiter getan, als das Wort «schwul» zu verwenden.[17]

1989 verurteilte eine Jury in Grand Rapids, Michigan, Clarence Ratliff wegen Mordversuchs, weil er *auf* zwei Offiziere geschossen hatte; dafür kann eine lebenslängliche Freiheitsstrafe verhängt werden. Aber er hatte außerdem seine Frau Carol Irons *umgebracht*, eine Bezirksrichterin, die den Opfern häuslicher Gewalt stets Verständnis entgegengebracht hatte. Möglicherweise gehörte sie selbst dazu, denn sie hatte ihren Mann verlassen. Ratliff wurde wegen Mordes an seiner Frau angeklagt, das Urteil lautete jedoch nur auf Totschlag, worauf maximal eine Gefängnisstrafe von fünfzehn Jahren steht. Aus Protest dagegen versammelten sich etwa tausend Menschen. Dotti Clune, eine Organisatorin des Protests, erklärte: «Wir sind empört, daß der Mord an einer Frau weniger streng bestraft wird als der – verfehlte – Schuß auf zwei Männer.»

1991 akzeptierte ein der Vergewaltigung überführter Mann in Dayton Beach, Florida, den Vorschlag seines Anwalts, der eine Verurteilung mit Strafermäßigung zu viereinhalb Jahren wegen Vergewaltigung in Tateinheit mit Mißhandlung ausgehandelt hatte. Doch der zuständige Richter Kenneth Leffler verurteilte den Angeklagten zu zwei Jahren auf Bewährung und begründete seine Milde mit der Beschuldigung, das *Opfer* «reize Männer erst zu solchen Taten» und sei eine «schändliche Frau». Richter Leffler ist inzwischen pensioniert.

Aus neueren Untersuchungen des Rechtswesens in Massachusetts, New Jersey, New York, Rhode Island, Maryland, Nevada und Connecticut geht hervor, daß überall massive Vorurteile gegen Frauen bestehen und daß Frauen dadurch prinzipiell benachteiligt werden, sei es als Anwältinnen, als Prozeßbeteiligte oder als Angestellte.[18] Daß Frauen nicht als vollwertige Menschen anerkannt werden, erschwert ihnen die Flucht vor häuslicher Gewalt; es erschwert ihnen auch eine Anwaltstätigkeit. Die Gerichte erlegen Frauen längere Strafen auf, und im Gefängnis werden sie härter behandelt als die meisten Männer. Männliche Anwälte und Richter betatschen weibliche Anwältinnen, Prozeßteilnehmer und Gefangene, sie schreien sie an, belästigen sie oder strafen sie mit Verachtung. Die Wahrscheinlichkeit, daß sie eine Anwältin mit dem Vornamen oder mit einem Kosenamen ansprechen, ist dreimal so hoch wie bei einem Anwalt, und ihre Vertraulichkeit mindert möglicherweise die Glaubwürdigkeit einer Anwältin bei der Jury. Ein Richter aus Connecticut beklagte sich öffentlich über die «Verweiblichung bei den Pflichtverteidigern» und warf den Anwältinnen vor, sie würden Kriminalfälle verpatzen, weil sie «die Angeklagten nicht grob genug behandeln, zum Beispiel, indem sie sie mal ordentlich in die Enge treiben».[19]

Geschiedene Frauen finden nur unter Schwierigkeiten einen Anwalt, der sie vertritt, und stoßen auf wenig Unterstützung beim Eintreiben der Unterhaltszahlungen für ein Kind. Männliche Anwälte wie Richter weigern sich, Beschuldigungen wegen sexueller Nötigung ernst zu nehmen, wenn Opfer und Angeklagter sich kennen. An der Spitze der Gerichtsbarkeit herrscht ein erdrükkendes Übergewicht von Männern: Die Frauen stellen nur zehn Prozent der Richter, aber 90 Prozent des Büropersonals.

Die Massachusetts-Untersuchung zeigte, daß Richter Frauen ungerecht behandeln und sie zu längeren Strafen und Bewährungszeiten verurteilen als Männer, die ähnlicher Vergehen angeklagt sind. Ein Bundesrichter verurteilte Susan Rosenberg wegen illegalen Waffenbesitzes zu 58 Jahren Gefängnis! Wenn ein Mann einen Mord begeht, kommt er billiger davon. Darüber hinaus wurde sie zusammen mit zwei anderen Frauen, Silvia Baraldini und Alejandrina Torres, in einer eigens errichteten Frauenabteilung im Bundesgefängnis von Lexington, Kentucky, gefangengehalten; diese Abteilung lag unter der Erde, hatte keine Fenster und war 24 Stunden am Tag durch Neonlicht erhellt. 23½ Stunden am Tag wurden die drei Frauen pausenlos mit elf Videokameras von männlichen Aufsehern überwacht, die sie verbal und sexuell belästigten. Es blieb ihnen eine halbe Stunde Zeit für Hin- und Rückweg zu den Duschen und für Duschen selbst. Ihre Post wurde zensiert, politische Materialien wurden beschlagnahmt. Ohne erkennbaren Grund mußten sie Leibesvisitationen über sich ergehen lassen und waren gezwungen, jedesmal, wenn sie ihre Periode hatten, die Wächter um jede einzelne Binde zu bitten. Jede ihrer Handlungen und jede Unterhaltung wurde im Gefängnisprotokollbuch aufgezeichnet. Man traktierte sie mit Schlaf-, Kleidungs- und Essensentzug und verweigerte ihnen ärztliche Versorgung, Bewegung, frische Luft und Tageslicht.[20]

Ebenso außergewöhnlich wie ihre Behandlung ist der Umstand, daß die Regierung für drei Personen eigens ein Gefängnis errichten ließ. Ihre große Sünde besteht darin, daß sie *weibliche* politische Gefangene sind, die *einzigen* weiblichen politischen Gefangenen in Bundesgewahrsam. Offenbar hält die Regierung sie für gefährlicher als männliche politische Gefangene, die nicht von den übrigen Gefangenen isoliert werden. Torres, eine Puertoricanerin, die Verbindungen zur puertoricanischen Revolutionsbewegung hat, ist 52 Jahre alt Mutter, und hat ein Herzleiden, das nicht behandelt wird. Baraldini, eine Italienerin, Mitglied der kommunistischen Partei und politische Aktivistin, wurde wegen Verschwörung und räuberischer Erpressung im Zusammenhang mit dem Raubüberfall auf einen Panzerwagen der Firma Brinks verurteilt. Rosenberg sympathisierte mit revolutionären Bewegungen: Sie wurde 1979 nach der Flucht von Joanne Chesimard aus dem Gefängnis festgenommen, 1981 in Zusammenhang mit dem Brinks-Überfall. In beiden Fällen wurde die Anklage fallengelassen, weil keine Beweise für Rosenbergs Verwicklung in diese Fälle vorlagen. 1983 wurde sie wieder unter Anklage gestellt, diesmal wegen des Bombenanschlags auf das Capitol. Aber das einzige Vergehen, das die Regierung ihr (1984) nachweisen konnte, war unerlaubter Waffenbesitz und Besitz von Sprengstoff.

Würde ein Kriegsgefangener unter derartigen Bedingungen gefangengehalten werden, spräche man von Folter. Diese Frauen waren als politische Revolutionäre in Aktionen verwickelt, die als kriminell gelten. Aber sie haben nicht gemordet. Und dennoch werden sie zu schwereren Strafen verurteilt als Männer, die getötet haben. Yu Kikimura, ein Japaner, der laut Anklagevertreter Mitglied der terroristischen japanischen Roten Armee ist, gestand, 1988 mit seinem Auto Bomben auf dem Turnpike* von New Jersey befördert zu haben. Er wurde zu 30 Jahren Gefängnis verurteilt – 28 Jahre weniger als Rosenberg. Doch ein Richter am Berufungsgericht fand, der Richter der ersten Instanz habe die Bundesrichtlinien zu sehr überschritten, und ordnete eine Strafminderung an. Kikimura verbüßt nun 21 Jahre und zehn Monate – weniger als die Hälfte von Rosenbergs Strafe für das gleiche Vergehen.[21] In Georgia wurde 1981 eine Frau zu 50 Jahren Gefängnis verurteilt, weil sie einem Banküberfall Vorschub geleistet hatte (nicht, weil sie ihn begangen hatte)![22] Männer werden wegen Mord durchschnittlich zu sechs Jahren verurteilt.

Als die Situation der drei Frauen in Lexington bekannt wurde, riefen mehrere Organisationen, darunter auch *The Nation*, eine Kampagne ins Leben mit dem Ziel, die Entfernung der drei Verurteilten aus dieser Abteilung und das Ende dieser grausamen

---

* *turnpike*: eine Autobahn (Anm. d. Ü.)

Behandlung zu erreichen. Daraufhin verlegten Bundesbeamte in aller Eile zwei andere, zu langjährigen Strafen verurteilte Frauen dorthin, die aber keine «politischen» Verbrechen begangen hatten. Die Regierung versprach, die Lexington-Abteilung zu schließen, hat es aber bis heute nicht getan.

Aber der Unterschied zwischen der Behandlung der Frauen in Lexington und der, die allen inhaftierten Frauen widerfährt, ist minimal. Auch in anderen Gefängnissen werden Frauen isoliert und anders behandelt als Männer. In Massachusetts sitzen Männer in Bezirksgefängnissen ein, Frauen werden in ein weit entferntes Zentralgefängnis gebracht. Ihre Rechtsbeistände und Familienangehörigen müssen eine lange Anreise zum Frauengefängnis in Kauf nehmen, das verwahrlost, «in erbärmlichem Zustand und hoffnungslos überfüllt» ist. Ähnlich ist die Situation im ganzen Land.

Die Zahl der weiblichen Gefangenen hat sich in den achtziger Jahren verdreifacht. Ungefähr 60 Prozent der Frauen in Bundesgefängnissen wurden, so berichtete George J. Church, wegen Straftaten im Zusammenhang mit Drogen verurteilt, das heißt wegen Diebstahl, Prostitution und bewaffneter Raubüberfälle.[23] Viele von denen, die wegen Mordes verurteilt wurden – mindestens 40 Prozent, wahrscheinlich noch mehr – töteten Männer, die sie mißhandelten. Etwa 80 Prozent der Frauen in den Gefängnissen einzelner Bundesstaaten haben Kinder, und 85 Prozent von ihnen haben das Sorgerecht. Die grausamste Strafe für sie ist die Trennung von ihren Kindern. Die Kinder schreien, wenn sie nach einem Besuch wieder gehen müssen. Eine Gesellschaft, der wirklich etwas an «der Familie» läge, würde an das Wohlergehen der Kinder denken, wenn sie die Mütter einsperrt, und nach Möglichkeiten suchen, wie eine Trennung vermieden werden könnte. Aber das amerikanische Strafsystem nimmt keine Rücksicht auf Kinder, die zu Verwandten (die häufig selbst arm sind) oder in staatliche Institutionen gesteckt werden, wo sie unglücklich und ohne Liebe aufwachsen, um womöglich später selbst straffällig zu werden.

Es mag wie Zufall aussehen, daß Männer sich nur selten dieser

Kinder annehmen und den Frauen helfen. Dabei erwartet der Staat von der Frau eines inhaftierten Mannes, daß sie für ihre Kinder sorgt, und klagt Frauen, die das nicht tun, wegen Vernachlässigung an. In dieselbe Richtung unterschiedlicher Verantwortungsbereitschaft weist die Tatsache, daß Ehemänner, Brüder und Freunde eine Frau im Gefängnis fallenlassen «wie eine heiße Kartoffel», wie Allyn Shielaff, der Beauftragte für Besserungsanstalten in New York, es ausdrückt, während Frauen, Freundinnen und Mütter an Besuchstagen scharenweise in die Männergefängnisse strömen. Weibliche Insassen werden hauptsächlich von Schwestern, Freundinnen, Müttern und anderen weiblichen Verwandten besucht.

Die Gesellschaft ist zwar (wahrscheinlich) nicht dafür verantwortlich, daß inhaftierte Frauen mehr als die meisten inhaftierten Männer unter der Trennung von ihren Kindern leiden, sie ist jedoch dafür verantwortlich, daß ihnen nicht die gleiche Behandlung zuteil wird. Während männliche Insassen im Gefängnis zu Schweißern oder Mechanikern ausgebildet werden, werden Frauen Kurse in Hauswirtschaft, als Büglerin oder als Kosmetikerin angeboten. Der Jammer dabei ist, so berichtet Church, daß Frauen, die oft allein für den Unterhalt ihrer Familie aufkommen müssen, nach Ansicht von Paul Bestolarides «mehr an einem beruflichen Aufstieg interessiert sind als die Männer». Bestolarides ist Leiter eines Förderungsprogramms an einer Frauenanstalt in Nordkalifornien, wo Frauen eine Ausbildung zum Elektriker und Landschaftsgärtner angeboten wird. Auch um die gesundheitliche Versorgung in Frauengefängnissen ist es schlimm bestellt. In der einzigen Bundeshaftanstalt für Frauen in Lexington in Kentucky fehlt meistens ein Vollzeitgynäkologe und -geburtshelfer, obwohl eine von vier Frauen bei ihrer Aufnahme schwanger ist oder vor kurzem entbunden hat. Die pränatale Versorgung der meisten Schwangeren ist gleich null – sogar bei Risikoschwangerschaften wie zum Beispiel bei Drogensüchtigen. Dies ist um so erstaunlicher, als Ärzte sonst schwangeren Drogensüchtigen unter dem Vorwand der Sorge um den Fötus keine Ruhe lassen. Daß die Sorge um den Fötus so selektiv ist, legt den Verdacht nahe, daß es den Männern in Wirklichkeit um die Kontrolle über die Frauen geht. Frauen im Gefängnis stehen jedoch bereits vollkommen unter der Kontrolle der Männer.

In New London, Connecticut, haben die Männer ein altes Gesetz wieder hervorgeholt, um ihre Frauen wegen Ehebruchs gerichtlich verfolgen zu können.[24] Einzig aufgrund der Aussagen ihrer Ehemänner nahm die Polizei drei Frauen (und einen angeblichen Liebhaber) fest und klagte sie des Ehebruchs an, was mit Gefängnis bis zu einem Jahr bestraft werden kann. Die Polizei machte widerspruchslos mit. (Das Gesetz wurde vor kurzem von Connecticut wieder außer Kraft gesetzt.)

Auf vielen Polizeiämtern bemüht man sich mittlerweile, Vergewaltigungsopfern und Opfern von Kindesmißbrauch mit mehr Einfühlungsvermögen zu begegnen; manche versuchen sogar, Rassenvorurteile über Bord zu werfen. Im allgemeinen jedoch grassieren auf den Revieren die gängigen gesellschaftlichen Vorurteile über Frauen. Es ist allseits bekannt, daß die Polizei nichts mehr fürchtet, als zu häuslichen Auseinandersetzungen gerufen zu werden, weil die darin verwickelten Männer so unberechenbar sind. Dennoch bringen sie Frauen, die ihre Peiniger getötet haben, nur Gefühllosigkeit und Ungläubigkeit entgegen. Natürlich, schließlich teilen sie oft genug ja selbst die Schläge aus. In Mexico City waren sie auch als Vergewaltiger aktiv. Die Bundesgerichtspolizei, das Äquivalent des FBI, führte eine Bande an, die 1989 über ein Dutzend Frauen verprügelte, vergewaltigte und ausraubte.[25] Einige waren Leibwächter des Leiters des mexikanischen Anti-Drogen-Programms und benutzten Regierungsfahrzeuge und Maschinengewehre, um Frauen zu entführen. Die Anklagen gegen die meisten von ihnen wurden fallengelassen; andere werden nur deshalb strafrechtlich verfolgt, weil ihre Opfer aus prominenten, wohlhabenden Familien stammten.

3.2 Die Medizin

Der männliche Beruf des Arztes *entstand* als Krieg gegen die Frauen, der sich während des ganzen Spätmittelalters in Feldzügen gegen Hebammen fortsetzte. Im 18. Jahrhundert hatten die Männer schließlich die Vormachtstellung in diesem Berufsstand errungen, wobei sie Frauen anders behandelten als Männer. So galt die Tuberkulose bei Männern als Lungenkrankheit, bei Frauen als Folge einer Uteruserkrankung.[26] Abgesehen von genitalen Verstümmelungen, führten die Ärzte in unserem Jahrhundert Lobotomien an Frauen durch (zwei von drei Lobotomien wurden an Frauen praktiziert). Dabei entfernten sie bis zum Jahr 1964 an 50000 Gehirnen bestimmte Partien, obschon nur wenig für den Nutzen eines solchen Vorgehens, viel aber für seine Schädlichkeit sprach.[27] Klagen weiblicher Patientinnen taten sie als «neurotisch» ab (Männer wissen schließlich, daß Frauen unglücklich sind) und verschrieben freizügig Psychopharmaka für Frauen – 67 Prozent aller Tranquilizer und Antidepressiva.[28] Es bedurfte einer von einer Frau ins Leben gerufenen Kampagne, bis die Ärzte schließlich aufhörten, bei Brustkrebs weiterhin eine ganze Brust zu entfernen (Mastektomie) anstatt nur das Krebsgewebe (Lumpektomie), und noch weit größerer Einsatz war erforderlich, um sie von unnötigen Hysterektomien abzubringen, von operativen Entfernungen der Gebärmutter.

Die Forschung in Sachen Präventivmedizin konzentriert sich fast ausschließlich auf Männer. Haupttodesursache bei Frauen nach den Wechseljahren sind Erkrankungen des Herzens, aber die lautstark vorgebrachten Warnungen vor einem erhöhten Cholesterinspiegel basieren *ausschließlich* auf Untersuchungen an Männern. Vielleicht sind die von der American Heart Association propagierten Diäten zur Reduzierung des LDL- und des HDL-Cholesterins tatsächlich für Frauen sogar schädlich. Niemand weiß es, denn niemand hat an ihnen Tests durchgeführt. An den Testreihen über die vorbeugende Wirkung von Aspirin bei Herzerkrankungen waren 20000 Männer, aber *keine* Frau beteiligt.

Auch die Behandlung von Herzerkrankungen orientiert sich an Männern, und signifikant mehr Frauen als Männer sterben infolge einer Bypass-Operation. Die Pharmaindustrie übt auf die amerikanische Arzneimittelkontrollbehörde Druck aus, damit sie Frauen nach der Menopause eine Östrogentherapie als Präventivmaßnahme gegen Herzerkrankungen empfiehlt. Sie setzt sich dabei völlig über Gesundheitsspezialisten für Frauen hinweg, die gegen einen solchen Einsatz sind, weil nur an wenigen Frauen Tests durchgeführt wurden und weil die Östrogentherapie schwere Nebenwirkungen hat.

In keiner Gruppe breitet sich AIDS schneller aus als bei den Frauen, aber dennoch werden die Auswirkungen von AIDS-Therapien auf Frauen nicht untersucht. Frauenspezifische Krankheiten wie Brust- und Eierstockkrebs werden nicht annähernd so gut erforscht wie männerspezifische Krankheiten wie Prostatakrebs und verlaufen öfter tödlich. Seit 1960 haben Brustkrebserkrankungen sich verdoppelt; heute sterben jährlich 44 000 Frauen daran. Trotzdem verkündete die National Endowment of the Humanities (NEH)* vor zwei Jahren aus wirtschaftlichen Gründen das Aus für eine großangelegte Studie über diese Krankheit.[29] *Nur 13 Prozent des 7,7 Millionen Dollar Budgets der NEH werden für die Gesundheit von 51 Prozent der Bevölkerung aufgewendet.* Manche Ärzte überreden Frauen zu einer verstümmelnden Brustkrebsoperation. Aus einem Bericht aus dem Jahr 1986 geht hervor, daß Ärzte in Chicago den Frauen 37 Prozent mehr für eine Lumpektomie in Rechnung stellten als für eine Mastektomie, obwohl erstere als Operation weniger einschneidend und ungefährlicher ist. Im Grunde bestachen die Ärzte die Frauen, ihren Körper verstümmeln zu lassen, selbst dann, wenn eigentlich eine Lumpektomie indiziert gewesen wäre.

---

* nationale Stiftung zur Förderung der Geisteswissenschaften (Anm. d. Ü.)

3.3 Der Krieg am Arbeitsplatz

Alle Frauen in den Vereinigten Staaten, die im Berufsleben stehen – 55 Prozent –, werden mit Diskriminierung konfrontiert. Diejenigen, die in höheren Berufen oder in Führungspositionen tätig sind, weisen auf die «gläserne Decke» über ihrem Kopf. Firmen wie Institutionen behaupten vollmundig, sie würden der Beförderung von Frauen nichts in den Weg legen, aber nur wenige machen wirklich Karriere, und Frauen in höheren Berufen und Führungspositionen verdienen bedeutend weniger als ihre männlichen Pendants. Das trifft in der freien Wirtschaft, in der Wissenschaft, der Justiz und der Medizin gleichermaßen zu.

Der Krieg gegen die Frauen am Arbeitsplatz, mit dem Männer die Frauen in einer wirtschaftlich untergeordneten Stellung halten wollen, wird auf unterschiedlichste Weise geführt. Beispielsweise wird nur Frauen der Zugang zu Tätigkeiten untersagt, die eine Gefahr für die Fortpflanzungsorgane darstellen könnten. Im Oktober 1990 bestimmte ein Bundesberufungsgericht in Chicago, daß Arbeitgeber *allen* gebärfähigen Frauen eine Anstellung in Berufen verweigern können, die mit potentiellen Risiken für die Fortpflanzungsorgane verbunden waren, auch denen, die kein Kind oder kein weiteres Kind wollten. Diese Politik wurde jahrzehntelang von den Betrieben verfolgt, ohne daß die Auswirkungen schädlicher Substanzen auf Männer auch nur untersucht worden wären. Erst vor kurzem wurden solche Studien durchgeführt, und wie vorhersehbar war, stellte sich dabei heraus, daß Männer ebenso empfindlich auf toxische Substanzen reagieren wie Frauen. Und doch finden diese Ergebnisse weder in der Firmenpolitik noch in der Gesetzgebung ihren Niederschlag.

In einer Untersuchung des National Cancer Institute zeigte sich, daß Kinder von Vätern, die an ihrem Arbeitsplatz einer hohen Bleibelastung ausgesetzt waren, dreimal häufiger an Nierentumoren litten als Kinder, bei deren Vätern das nicht der Fall war. Kinder, deren Väter bei ihrer Arbeit mit Farben, Lösungsmitteln, Auspuffgasen oder bestimmten Maschinen in Berührung kommen, haben ein geringeres Geburtsgewicht und erkranken häufiger an Gehirntumoren und Leukämie. Die Belastung mit dem Pestizid Dibromochlorpropan kann zu bleibender Unfruchtbarkeit führen; Frauen, deren Männer in der Glas-, Steinverwertungs- und Textilindustrie oder im Bergbau tätig sind, haben doppelt so oft wie andere Frauen Frühgeburten. Diejenigen, deren Männer mit Vinylchlorid (dem Ausgangsstoff für die Herstellung von PVC) und Chemikalien aus Abwasserkläranlagen zu tun haben, werden nur unter Schwierigkeiten schwanger und verlieren häufig das Kind.[30] In einer englischen Untersuchung aus dem Jahr 1989 wurde festgestellt, daß Kinder von Vätern, die in einer Nuklearfabrik arbeiten, ein höheres Risiko haben, an Leukämie zu erkranken.[31] Aber sowohl die Betriebe wie die Regierungen reagieren nicht auf diese Untersuchungen; lieber machen sie weiterhin den Frauen Vorschriften.

Man könnte versucht sein zu glauben, daß diese Reglementierungen ihren Grund in männlicher Fürsorge und einem Beschützerdrang haben, aber die Art, wie Männer Frauen am Arbeitsplatz behandeln, spricht für andere Motive. Weibliche Feuerwehrleute beispielsweise sagten aus, sie seien am Arbeitsplatz so extremen Belästigungen ausgesetzt, daß manchmal ihr Leben in Gefahr sei. In Kalifornien versuchte vor kurzem eine Kommission herauszufinden, warum so wenige Frauen im Baugewerbe tätig waren, obwohl Baufirmen von staatlicher Seite zur Einstellung weiblicher Lehrlinge ermuntert werden. Die befragten Bauarbeiterinnen entwarfen in ihren Aussagen das Bild einer Arbeitswelt, in der der totale Krieg herrschte – die Männer urinierten neben ihnen und hängten anstößige Fotos in den Frauentoiletten auf; manche hatten es auch speziell auf eine Frau abgesehen. Eine Frau wurde von Männern mit Wasser übergossen, während sie an einer unter Strom stehenden Leitung arbeitete, begrapscht und befummelt, als sie schwere Lasten eine Leiter hinauftrug.[32]

Eine Schweißerin verklagte die Werft, auf der sie arbeitete, wegen sexueller Belästigung. Sechs Frauen und 846 Männer arbeiteten dort als Facharbeiter; es gab nur männliche Vorgesetzte, Vorarbeiter und Schichtleiter. Die Frauen waren gezwungen, sich

Kalender mit Nacktfotos und anzüglichen Kommentaren sowie Großaufnahmen weiblicher Geschlechtsteile anzusehen; ständig hagelte es widerliche Bemerkungen, sie wurden gepiesackt und gekniffen. Richter Howell Melton kam zu dem Schluß, daß in der Werft eine «Atmosphäre wie in einem Männerklub» herrsche und der Anblick von Nacktfotos eine permanente Beleidigung für die Augen weiblicher Arbeitskräfte sei; er erklärte, das Anbringen von Abbildungen nackter oder halbnackter Frauen stelle eine sexuelle Belästigung dar.[33] Seine Entscheidung vom Januar 1991 war bahnbrechend, denn es war das erste Urteil, in dem dieses Verhalten als diskriminierend bezeichnet wurde.

Tatsächlich ist es um das Arbeitsklima für Frauen so schlecht bestellt, daß die Haupttodesursache von weiblichen Arbeitskräften in den Vereinigten Staaten Mord ist. Catherine Bell, die am National Institute for Occupational Safety and Health* epidemiologische Studien durchführt, behauptet, daß «eine Frau, die an den Folgen einer Verletzung am Arbeitsplatz stirbt, wahrscheinlich ermordet worden ist».[34] Doppelt so viele schwarze wie weiße Frauen sterben an ihrem Arbeitsplatz (viermal so viele schwarze wie weiße Frauen werden jedes Jahr ermordet). Dafür ist bei weißen Frauen die Wahrscheinlichkeit, in der Armee umgebracht zu werden, größer. Wenn weiße oder schwarze Männer und schwarze Frauen in die Armee eintreten, sinkt die Wahrscheinlichkeit, daß sie einem Mord zum Opfer fallen. Eine Studie aus dem Jahr 1986 zeigte, daß die Wahrscheinlichkeit, ermordet zu werden, bei weißen Soldaten nur ein Sechstel beträgt von der bei weißen Zivilisten gleichen Alters. Die Zahlen waren besonders kraß bei schwarzen Männern, bei denen die Mordrate für Zivilisten bei 100 auf 100000 liegt, während sie bei Militärangehörigen 9 zu 100000 beträgt. Auf 100 zivile schwarze Frauen, die ermordet werden, kommen 78 schwarze weibliche Soldaten vergleichbaren Alters. Aber auf 100 zivile weiße Frauen, die einem Mord zum Opfer fallen, kommen 139 weiße Frauen beim Militär..[35]

---

* Nationales Institut für Sicherheit und Gesundheit am Arbeitsplatz (Anm. d. Ü.)

Einige Manager der Hafenbehörde in New York und New Jersey wurden vor kurzem angeklagt, weil sie Arbeiterinnen diskriminiert hatten und sie schikanierten, wenn sie sich darüber beklagten. Sie belästigten eine Frau, die sich beschwert hatte, weil ihr Gehalt aus reiner Diskriminierung kaum erhöht worden war. Als eine zweite Frau sich über die Behandlung der ersten beschwerte, versetzten sie sie in eine andere Abteilung.[36]

In sexuellen Schikanen offenbaren sich der tiefe, uneingestandene Haß der Männer auf die Frauen und die tabuisierte Tatsache, daß Männer für die Unterdrückung der Frauen verantwortlich sind. Hinzu kommt, daß keineswegs nur Vorgesetzte, sondern auch Mitarbeiter Frauen sexuell belästigen. Wenn ein Vorgesetzter eine Frau belästigt, dann hat das auch eine Klassendimension: Der Mann macht ihr klar, daß ihre Stelle von seinem Wohlwollen abhängt, und übt in hierarchischer wie in sexueller Hinsicht Druck auf sie aus. Aber in den unablässigen anzüglichen Bemerkungen männlicher Arbeiter über Frauen kommt purer Haß zum Ausdruck: Insgeheim drohen sie so mit Vergewaltigung oder Mißhandlungen und maßen sich die Verfügungsgewalt über die weibliche Sexualität an. Während ein Vorgesetzter einer Frau klarmacht, daß sie nur hier ist, solange es ihm paßt, machen ihre Kollegen ihr klar, daß sie hier eigentlich überhaupt nichts zu suchen hat.

Sexuelle Belästigungen festigen die männliche Solidarität über Klassenschranken hinweg, selbst wenn nicht alle Männer am Arbeitsplatz daran teilnehmen oder stillschweigend zusehen. Sie tragen zur Verwischung von Klassenschranken bei und spalten die Solidarität der Arbeiterschicht. Letzten Endes zementieren sie die Klassengesellschaft. Das ist ein wichtiger Punkt, warum sexueller Sadismus gegenüber Frauen von Regierungen unterstützt wird. Die herrschende Schicht ist immer klein, die Arbeiterschicht immer groß. Um die Mehrheit zu beherrschen, muß die Minderheit sie nach Geschlecht, Hautfarbe oder anderen Kriterien auseinanderdividieren. Die Männer sollten einmal darüber nachdenken, wie lange sie schon schlucken, daß echte Männer Frauen verachten, wie lange sie sich schon dieser Spaltungstechnik unterwerfen, bevor sie Frauen vorhalten, sie würden sich in die Herrschaft der Männer fügen.

Hinter dieser Firmenpolitik steckt die Grundannahme der meisten Gesellschaften, die Männer würden für den Unterhalt von Frauen und Kindern sorgen, und Frauen müßten gar nicht wirklich Geld verdienen. Diese Annahme ist aus vielerlei Gründen problematisch: Erstens kann das nur jemand glauben, der bewußt die Augen vor der Realität verschließt und *willentlich* an einer falschen Vorstellung festhält, um weiterhin an die Richtigkeit und Rechtmäßigkeit der männlichen Vorherrschaft glauben zu können. Auf der ganzen Welt behaupten Männer, Frauen würden nur für ein «Taschengeld» arbeiten, nur um ihre kleinen Luxusbedürfnisse zu befriedigen. In Marokko beispielsweise reißen Arbeiter wie Fabrikmanager Witze darüber, daß die Frauen nur für ihre «Lippenstifte» arbeiten. Dabei arbeiten die meisten Frauen, um ihre Kinder, ihre Männer und sich selbst zu ernähren; sie geben fast ihren gesamten Lohn für den Lebensunterhalt aus, während in vielen Gesellschaften die Männer, die angeblich für den Unterhalt ihrer Familie aufkommen, dieser tatsächlich nur einen geringen Prozentsatz ihres Einkommens zukommen lassen und den größten Teil für das männliche Gegenstück von «Lippenstiften» ausgeben. Zweitens erkennen die Männer, selbst wenn sie zugeben, daß *manche* Frauen «arbeiten müssen», nur *finanzielle* Zwänge als Motiv für die Berufstätigkeit von Frauen an, als ob nicht auch Frauen das Bedürfnis hätten, ihre Talente und Fähigkeiten, die sie im Haushalt nicht ausleben können, zu entfalten oder ihre Tage lieber in Gesellschaft von Kollegen als alleine zu verbringen. Sie tun einfach so, als ob nur Männer und nicht auch Frauen den Wunsch verspürten und auch fähig wären, selbst Geld zu verdienen oder zu Wohlstand und Ansehen zu kommen.

4. Der Krieg gegen die Frau als Mutter

4.1 Der ökonomische Krieg

Indem die Männer blindwütig darauf beharren, daß alle Menschen in Familienstrukturen leben, die *nie* existiert haben außer bei den Reichen (und auch da nur in den letzten beiden Jahrhunderten), können sie sich weiter verhalten, als ob die Mutterschaft eine persönliche Entscheidung wäre, die Frauen zu ihrem eigenen Vergnügen treffen und für die weder die Männer noch der Staat eine Verantwortung tragen. In kapitalistischen wie in sozialistischen Gesellschaften benehmen die Männer sich so, als ob die Sorge um den Fortbestand der menschlichen Spezies nicht eine grundlegende Notwendigkeit *für alle Menschen* wäre. Sie reden von Gleichheit, wenn es ihren Zwecken dient; sie tun, als ob Männer und Frauen am Arbeitsplatz gleich behandelt würden, und zwar so lange, bis es um die Beförderung geht; sie benehmen sich, als ob die Wiedererschaffung und Erhaltung der Gesellschaft keinerlei Anstrengung erforderte, sich «ganz von alleine» vollzöge. Weder sozialistische noch kapitalistische Gesellschaften übernehmen Verantwortung für die Kinder, sie kümmern sich noch nicht einmal um die Unterbringung der Kinder tagsüber (allerdings haben sozialistische Staaten in dieser Hinsicht mehr geleistet als kapitalistische). Dabei haben berufstätige Frauen zwischen 1980 und 1990 in ihren Berufen 7 Prozent mehr Arbeitsstunden geleistet als früher und dazu Haushalt und Kindererziehung bewältigt, während berufstätige Männer 7 Prozent weniger arbeiteten als früher.[37]

Eine amerikanische Firma entließ vor kurzem eine Frau, die wegen ihres Kindes häufig am Arbeitsplatz fehlte. Diane McCourtney mußte ihren Sohn pflegen, der zu krank war, als daß sie ihn tagsüber von einer fremden Person hätte versorgen lassen können. Ihr Mann hatte Probleme mit dem Rücken und konnte das Kind nicht hochheben, also konnte er sich nicht darum kümmern. McCourtney verstand und akzeptierte ihre Entlassung, protestierte aber dagegen, daß sie keine Arbeitslosenunterstützung erhalten sollte. Der Staat Minnesota stellte sich auf den Standpunkt, sie habe keinen Anspruch auf Arbeitslosenunterstützung, weil sie *aus eigenem Verschulden* fehlte. Ein Staatsanwalt sagte dazu: «Sie hat ihre Familie über ihren Arbeitgeber gestellt.»[38]

Die Männer denken und sprechen über die Fortpflanzung, als wäre sie nicht die Basis der Gesellschaft und der einzig wirklich notwendige menschliche Akt; dadurch stellen sie sie als bloßes Randphänomen hin. Das gesamte System – von der Regierung über die Presse bis hin zur Wissenschaft – zeichnet mit Hilfe einer Sprache, die nur verschleiert, wer tatsächlich Verantwortung trägt und wer nicht, ein falsches Bild der realen Familienstrukturen. In einem Artikel, in dem berichtet wird, daß für Kinder nach einer Scheidung die Wahrscheinlichkeit, unter die Armutsgrenze zu fallen, beinahe doppelt so hoch ist wie zuvor, wird ein Experte aus Harvard mit der Aussage zitiert: «Es gibt derzeit in Amerika keinen größeren Unsicherheitsfaktor für ein Kind, als bei einem alleinerziehenden Elternteil aufzuwachsen. Wir haben kaum etwas dafür getan, damit auch der abwesende Elternteil das Seine zum Kindeswohl beiträgt.» Der Reporter fügt hinzu, daß «Familien nach einer Trennung der Eltern nur über 83 Prozent des Einkommens von intakten Familien verfügen.» Solche Aussagen verschleiern, daß die Verantwortung für die Verarmung der Kinder bei den Männern liegt. In dem Artikel wird zwar berichtet, daß vier Monate nach dem Auseinanderbrechen einer Familie nur 44 Prozent der abwesenden Väter Unterhaltszahlungen für die Kinder leisteten und daß die Frauen nicht genug verdienten, um die Differenz auszugleichen. Mit keinem Wort wird jedoch erwähnt, daß das Einkommen von Männern nach einer Scheidung um 70 Prozent steigt; ebensowenig wird das Geschlecht des verantwortungslosen «abwesenden Elternteils» oder des verarmten «alleinerziehenden» im Klartext genannt.[39]

Die Presse trägt dazu bei, die wahren Machtverhältnisse in den Vereinigten Staaten zu verschleiern. Ich erwähnte bereits einen Artikel über die je nach sozialer Gruppenzugehörigkeit unterschiedliche Wahrscheinlichkeit, einem Mord in der Armee oder im zivilen Leben zum Opfer zu fallen – bei weißen Männern, schwarzen Männern und schwarzen Frauen ist sie beim Militär geringer. Bei weißen Frauen besteht eine erhöhte Wahrscheinlichkeit, daß sie beim Militär umkommen. Dennoch war der Artikel in völliger Mißachtung der Situation weißer Frauen überschrieben mit: «Untersuchung beweist: *Soldaten* leben gesünder als Zivilisten»[40] [Hervorhebung von mir]. In der Überschrift hätte ebensogut «die meisten Soldaten» stehen können. Auf der anderen Seite ist in Artikeln, in denen es um das verantwortungslose Verhalten von Männern in puncto Unterhaltszahlungen für Frau und Kinder geht, immer von *Eltern* die Rede, als ob Frauen sich dieser Unterhaltspflicht ebenso häufig entzögen wie Männer. Ein Artikel in der *New York Times* über neue Verfahrensweisen, mit denen Männer zur Zahlung von Unterhaltsleistungen gebracht werden sollen, war betitelt mit: «Wie zahlungsunwillige Eltern besser dingfest zu machen sind.»[41]

Auf sämtlichen Ebenen kämpfen Männer – ob individuell, auf Vorstandsebene oder als Gesetzgeber – gegen Quotenregelungen für bestimmte gesellschaftliche Gruppen (für Frauen oder Farbige) und gegen Maßnahmen zur Erzwingung von Unterhaltszahlungen (in manchen skandinavischen Ländern beispielsweise zieht der Staat automatisch die Unterhaltszahlung vom Lohn des Vaters ab, wenn der Mutter nach der Scheidung das Sorgerecht für die Kinder übertragen wurde). Gesetzgeber und Richter, die sich gegen solche Zwangsmaßnahmen sperren, gehen davon aus, daß man/n Frauen dem guten Willen der Männer anvertrauen kann; *aber es gibt keinen guten Willen.* Die Männer haben den Frauen den Krieg erklärt, und damit oft genug auch ihren eigenen Kindern.

4.2 Der sexuelle Krieg

Alle früheren Gesellschaften schränkten die Frauen in ihrer Sexualität ein: Für Frauen, nicht aber für Männer war Ehebruch ein Verbrechen, das mit unterschiedlich schweren Strafen bis hin zum Tod geahndet wurde. Über Mädchen, die ihre Jungfräulichkeit vor der Ehe verloren hatten, wurden Strafen von Schlägen bis zur Verbannung in ein Kloster verhängt – selbst wenn sie vergewaltigt worden waren. Im vergangenen Jahrhundert wurden diese Gesetze in vielen Gesellschaften zwar abgeschafft, aber mit Hilfe von Tradition und Brauchtum wird den Frauen noch immer eingeimpft, ihr Körper gehöre den Männern. Die Männer klammern sich an ihre tradierten Rechte über den weiblichen Körper und machen von ihrer Macht Gebrauch, wann immer sie können. In der heutigen Industriegesellschaft bietet sich ihnen dazu die beste Gelegenheit, wenn Frauen bei Auseinandersetzungen über das Sorgerecht für die Kinder oder bei Anträgen auf finanzielle Unterstützung auf staatlichen Beistand angewiesen sind. Da die Männer nicht in der Lage sind, die Sexualität der Frauen im allgemeinen zu beherrschen, verstärken sie ihre Kontrolle über die Sexualität von Müttern.

Weil viele Frauen nicht genug verdienen, um eine Familie zu ernähren, und ohnehin kaum gleichzeitig Kinder erziehen und für ihren Lebensunterhalt sorgen können, werden sie oft ein Fall für die Gerichte und Sozialdienste, die sich das Recht anmaßen, ihnen Vorschriften über ihr Sexualleben zu machen. Fürsorgevertreter beispielsweise handeln oft nach der Richtlinie, Müttern mit minderjährigen Kindern die finanzielle Unterstützung zu entziehen, wenn sie einen Mann an ihrem Wohnsitz antreffen. Heute mischen sich die Gerichte sogar schon in das Leben von Frauen ein, die *nicht* von ihnen abhängig sind, und zwingen ihnen eine Sexualmoral auf, an die die Männer selber sich zwar nicht halten, die sie jedoch von den Frauen erwarten.

1989 bestätigte das Oberste Gericht von Rhode Island eine Verfügung, in der einer geschiedenen Frau verboten wurde, in

Anwesenheit ihrer Kinder einen nicht verwandten Mann in ihre Wohnung zu lassen. Die 33 Jahre alte Carha J. Parrillo bestand darauf, sie habe das Recht, ihr Leben nach ihren eigenen Vorstellungen zu führen. Der Richter gab zwar zu, daß sie gut für ihre drei Kinder sorge, verbot ihr aber, einen männlichen Gast aufzunehmen – *außer wenn sie ihn heiratete*. Sie bat ihn, ihren Mann, der die Unterhaltszahlungen für die Kinder gekürzt hatte, wegen Mißachtung eines Gerichtsbeschlusses vorzuladen. Richter William Goldberg weigerte sich.[42] Frauen, nicht aber Männer können wegen eines Liebhabers das Sorgerecht über ihre Kinder verlieren, wenn ihnen daraus ein Vorwurf gemacht wird. Alleinstehende Mütter haben keusch zu sein.

4.3 Machtkriege: Das Rechtswesen

Männer benutzen ihre im Vergleich zu Frauen wirtschaftlich bessere Situation, um ihnen ihre Kinder wegzunehmen. In mehreren Ländern arbeiten Gerichte und Regierungen mit vereinten Kräften einer alarmierenden Entwicklung in die Hände, die sich neuerdings für die sogenannten Rechte von «Väterr» einsetzt. Die Männer präsentieren sich in einer neuen Rolle, nämlich als liebende Väter, ein Bild, das nicht auf ihrem tatsächlichen Verhalten beruht, sondern auf den Medieninszenierungen vom idealen Vater. Und immer mehr Männer versuchen, das Sorgerecht über unehelich gezeugte Kinder oder über Kinder aus einer geschiedenen Ehe zu erhalten. Sie bemühen sich einerseits individuell um das Sorgerecht, immer mehr aber finden in den Vereinigten Staaten, den Niederlanden, Frankreich, Norwegen, Kanada, Australien, Irland und Großbritannien auch Gruppen, die für die Rechte von Vätern kämpfen, Gehör beim Gesetzgeber und bei den Gerichtsbehörden. Wenn die Väter wirklich mehr Nähe zu ihren Kindern suchen würden, wären diese Bestrebungen verständlich, aber nur wenige Männer, die das Sorgerecht wollen, sind bereit, sich selbst um ihre Kinder zu kümmern. Und Gesetzgeber und Richter, die für das Sorgerecht von Männern eintreten, begründen dies ausdrücklich damit, daß dadurch die Kontrolle der Männer über die Frauen und ihre Stellung ihnen gegenüber gestärkt würde.

Wie Susan Crean in ihrer Diskussion der Vaterrechtsbewegung in Kanada ausführt, deutet nichts darauf hin, daß die Männer-als-Gesamtheit interessierter oder bereiter wären, sich rund um die Uhr um ein Kind zu kümmern als früher. Die Politiker geben privat daher durchaus zu, daß die von den Aktivisten der Bewegung vorgebrachten Argumente weder von Logik noch von Rechtsverständnis zeugen.[43] Dennoch akzeptieren sie ihre Darstellung und setzen sich für ihre Ziele ein. Julia Brophy schreibt, daß die männlichen Abgeordneten in England im Sorgerecht ein Mittel sehen, um den rechtlichen Status von Männern zu verbessern. Sie weist außerdem nach, daß nicht rechtliche Einschränkungen an der Entfremdung zwischen Vätern und ihren Kindern nach einer Scheidung schuld sind.[44]

Viele Richter rechtfertigen die Wegnahme der Kinder von der Mutter gerne mit der schlechteren wirtschaftlichen Situation der meisten Frauen. Carol Smart schreibt, daß sie verschiedene Maßstäbe anlegen, um eine «gute Mutter» und einen «guten Vater» zu definieren.[45] Ein «guter Vater» muß nur ordentlich für den Unterhalt seiner Kinder aufkommen und eine Frau oder ein Mädchen anstellen, die sich um sie kümmert; die *Qualität* dieser Versorgung steht dabei nicht zur Debatte. Eine «gute Mutter» muß aber für den Unterhalt aufkommen *und* sich um die Kinder kümmern, sexuell enthaltsam leben und bereit sein, die elterliche Gewalt gemeinsam mit ihrem Exehemann auszuüben. In den Niederlanden hatten Mütter bis 1985 nicht die gleiche elterliche Gewalt über Kinder wie Väter. Im katholischen Irland, wo Scheidungen verboten sind, können Partner, die getrennt leben, nicht wieder heiraten. Also leben die Leute einfach so zusammen, was fast automatisch dazu führt, daß einer Frau das Sorgerecht für ihre Kinder verwehrt oder wieder entzogen wird, wie Nancy D. Polikoff schreibt.[46] Tatsächlich ist sogar in der irischen Verfassung die

Forderung verankert, daß die Frauen für den Bestand des Heims zu sorgen haben:

> «Durch ihr häusliches Leben bietet die Frau dem Staat eine Stütze, die für das Gemeinwohl unerläßlich ist. Der Staat soll daher alles in seinen Kräften Stehende tun, um zu gewährleisten, daß Mütter nicht aus wirtschaftlichen Gründen zur Berufstätigkeit gezwungen sind und ihre häuslichen Pflichten darüber vernachlässigen.»

Gesetzesinitiativen, die den Vätern «illegitimer» Kinder elterliche Gewalt über diese einräumen wollen, gibt es in Neuseeland, in allen australischen Staaten mit Ausnahme von Victoria, in der Schweiz, in Österreich, Frankreich, den Niederlanden und Deutschland.[47] Scarlett Pollock und Jo Sutton stellen in ihrer Studie über diese Tendenz fest, daß mehrere Bundesstaaten in den USA den Uniform Parentage Act* angenommen haben und daß Richter in vielen Staaten unverheirateten leiblichen Vätern mit Hinweis auf die in der Verfassung garantierte «Gleichberechtigung» Rechte über ihre Kinder einräumen. Den Frauen allerdings ist es nicht gelungen, einen Zusatz zur amerikanischen Verfassung über die Gleichheit von Frauen und Männern durchzusetzen: Die Gleichberechtigung, die die Richter meinen, ist die zwischen alleinstehenden und verheirateten *Männern*.

1975 entwarf der Europarat ein Abkommen, durch das die Illegitimität von Kindern vor dem Gesetz abgeschafft werden sollte. Dazu sollte allerdings nicht der Begriff «illegitim» gestrichen werden (was bedeuten würde, daß ein Vater nicht mit der Mutter eines Kindes verheiratet sein müßte, um es zu legitimieren), sondern den biologischen Vätern sollten Ansprüche auf uneheliche Kinder zugestanden werden. Die Kinder *wären nach wie vor illegitim*, solange ihre Eltern unverheiratet blieben, aber die Rechte und Pflichten von Vätern könnten «durch freiwillige Anerkennung oder per Gerichtsbeschluß» festgesetzt werden.

---

* Gesetz zur rechtlichen Gleichstellung verheirateter und unverheirateter Eltern (Anm. d. Ü.)

Großbritannien unterzeichnete dieses Abkommen, und 1979 und 1982 gab der britische Gesetzgebungsausschuß verschiedene Berichte heraus, die sich mit der Frage befaßten, wie die Rechte und Pflichten von Vätern gesetzlich abzusichern wären. Die Diskussionen werden zwar unter dem Motto: «Veränderung des Status der Illegitimität» geführt, aber der aus Männern bestehende Gesetzgebungsausschuß macht kein Hehl daraus, daß es ihm in erster Linie um die Rechte von Männern geht. Gegenwärtig können unverheiratete Männer in Großbritannien nicht «die Vaterschaft eines Kindes anerkennen oder *ohne Zustimmung der Mutter* auf die Vormundschaft, das Sorgerecht oder die Besuchsrechte Anspruch erheben».[48] Der Gesetzesentwurf würde es einem Mann ermöglichen, sich *gegen den Willen der Mutter* zum Vater eines Kindes zu erklären.

Die Gesetzgeber rechtfertigen solche Gesetze mit der wohlvertrauten Ausrede vom «Zusammenbruch der Familie» und verweisen auf hohe Scheidungsraten sowie die steigende Zahl unehelicher Kinder und alleinerziehender Elternteile, meistens Frauen. Voller Beunruhigung führt der Ausschuß, dem es nach eigener Aussage um die Unterstützung «der Familie» geht, die zunehmenden unehelichen Geburten in England und Wales an sowie die Tatsache, daß «heute mehr Frauen ihre unehelichen Kinder akzeptieren und selbst aufziehen».[49] Den Ausschußmitgliedern ist natürlich klar, daß dem trotz möglicher Empfängnisverhütung und Abtreibung so ist, daher müssen sie zugeben, daß die Kinder wahrscheinlich Wunschkinder sind. Nichtsdestotrotz legten sie, um das «soziale Problem» der Frauen, die sich für ein Leben mit Kindern ohne Männer entschieden, aus der Welt zu schaffen, einen Gesetzesentwurf zur Reformierung des Familienrechts vor, der es einer Frau beinahe unmöglich macht, Kinder ohne Mann aufzuziehen.

Frauen, die sich entscheiden, ihre Kinder alleine großzuziehen, stellen jedoch kein soziales Problem dar, solange diese Entscheidung nicht zwangsläufig mit tiefer Armut verbunden ist. Das Ganze scheint eher ein Problem der Männer zu sein. Selbst die Statistiken, die diese Besorgnis schüren, sind zweifelhaft: Pollock und Sutton führen aus, daß sich die Methoden der Datenerhebung zwischen 1976 und 1982 veränderten und daher mehr uneheliche Geburten verzeichnet wurden. In diesem Zeitraum stieg die Zahl von Frauen im gebärfähigen Alter, und viele Frauen, die als Mütter unehelicher Kinder registriert waren, lebten von ihrem rechtmäßigen Ehemann getrennt mit ihrem zukünftigen Mann zusammen, während sie auf die Scheidung warteten. Die meisten unehelichen Kinder in Großbritannien werden in relativ stabile Beziehungen hineingeboren – im Alter von elf Jahren leben 41 Prozent bei ihren leiblichen Eltern (Mutter und Vater), und 64 Prozent leben mit zwei Elternteilen, ob leiblich oder nicht. Wahr ist auch, daß beinahe jede dritte Ehe geschieden wird, daß 90 Prozent der Alleinerziehenden Frauen sind und daß sieben von zehn Scheidungen von Frauen eingereicht werden. Aber die meisten Frauen entscheiden sich nicht dafür, Kinder ohne einen Vater oder eine Vaterfigur großzuziehen. 1982 bestanden nur vier Prozent der Haushalte in Großbritannien aus einer alleinerziehenden Frau mit minderjährigen Kindern. Dennoch würde das fragliche Gesetz Männern ermöglichen, Kinder von ihren Müttern zu trennen.

4.4 Machtkriege: Die Medizin

Das ärztliche Establishment interessiert sich nicht für die Gesundheit von Frauen – am wenigsten für die von älteren Frauen –, wohl aber für die von Müttern. Unter den amerikanischen Ärzten besteht heute eine starke Tendenz, die Kontrolle über die weibliche Fortpflanzung zu übernehmen. Die Zielsetzungen der Ärzte variieren dabei stark: Einige Gruppen sind bestrebt, Frauen zur Mutterschaft zu zwingen; andere versuchen, sie zu zwingen, *nicht* Mutter zu werden; wieder andere versuchen, Frauen ihre Vorstellungen von Mutterschaft aufzuerlegen; und die letzten schließlich bemühen sich, den Frauen die Entscheidungsfreiheit über die Fortpflanzung wiederzugeben. Wir haben bereits über Kampagnen zur Kriminalisierung der Abtreibung und über Zwangssterilisationen gesprochen – in beiden Fällen wird Druck auf die Frau als Mutter ausgeübt. In neueren Gerichtsentscheidungen zeigt sich ein Trend, daß Frauen dazu gezwungen werden sollen, ihr Verhalten als Mütter den Vorstellungen der Richter anzupassen. Hier einige Beispiele:

1988 verurteilte eine Richterin in Arizona eine siebzehnjährige Mutter von zwei Kindern zur Empfängnisverhütung *für den Rest ihres Lebens*. Die Kind-Mutter war drogensüchtig und selbst als Kind mißbraucht worden; sie hatte ihre Kinder zwei Tage lang in einer heißen Wohnung allein gelassen, wo sie beinahe gestorben wären. Aber als die Mutter wenige Monate später wieder schwanger wurde, mußte die Richterin ihr Urteil widerrufen, weil es nicht durchsetzbar war.

Eine Frau aus Indiana, deren vierjähriger Sohn an einer Überdosis des Psychopharmakons, das sie einnahm, gestorben war, willigte in ihre Sterilisation ein, nachdem ihr Anwalt das als Bestandteil der Strafermäßigung ausgehandelt hatte.

Eine Siebzehnjährige, die 1990 gestanden hatte, ihre neugeborene Tochter erstickt zu haben, wurde von einem Richter in Florida zu zwei Jahren Gefängnis und zehn Jahren Geburtenkontrolle nach ihrer Freilassung verurteilt. Die American Civil Liberties Union* *und* das rechtslastige Family Research Council legten beide Widerspruch gegen das Urteil ein, das im Gegensatz zu einer Entscheidung des Obersten Gerichts aus dem Jahr 1942 stand, durch die die Verurteilung eines Mannes zur Kastration wegen «moralischer Verderbtheit» aufgehoben worden war. Der Oberste Gerichtshof hatte bestimmt, daß der Staat *die Fortpflanzung nicht kontrollieren darf.*[50] Aber dieses Urteil galt für einen Mann. (Welche Bedeutung der politisch rechte Flügel einem solchen Urteil beimißt, mag noch die Tatsache unterstreichen, daß ein männlicher Abtreibungsgegner einen Richter an einem kalifornischen Berufungsgericht umzubringen versuchte, der eine Frau wegen Kindesmißhandlung zur Empfängnisverhütung verurteilt hatte.)[51]

---

* Bürgerrechtsbewegung (Anm. d. Ü.)

Einige Monate später verurteilte ein Richter in Kalifornien eine Frau, die der Kindesmißhandlung für schuldig befunden worden war, zu einem neuen Verhütungsmittel, das im Körper implantiert wird und fünf Jahre lang vor Empfängnis schützt.[52]

Richter und Mediziner machen Jagd auf Mütter, die Drogen nehmen oder Alkohol trinken, obwohl es keinerlei Beweis dafür gibt, daß mäßiger Alkoholgenuß den Fötus schädigt, und obwohl niemand auf die Idee käme, männliche Alkoholiker wegen Schädigung ihres Spermas zu bestrafen. Jeanne Mager Stellman und Joan E. Bertin besprachen einen Leitartikel im angesehenen *New England Journal of Medicine*, in dem die Behauptung aufgestellt wurde, Frauen würden Alkohol weniger gut abbauen als Männer. Der Artikel basierte auf einer Untersuchung von 20 männlichen und 23 weiblichen Alkoholikern, die sich wegen Magenstörungen im Krankenhaus aufhielten.[53] Ärztliche Aussagen über Männer basieren nie auf so dürftigen Beweisen. Einige Beispiele aus jüngster Zeit veranschaulichen diese um sich greifende Tendenz, Frauen, die trinken oder Drogen nehmen, mit «ärztlichen» Vorschriften zu bombardieren:[54]

Einer Frau aus Nevada, die am Tag der Geburt etwas Bier getrunken hatte, wurde das Sorgerecht für ihr Kind entzogen, weil ihr Atem laut Krankenhauspersonal nach Alkohol roch.

Eine Frau aus Wyoming, auf der Flucht vor ihrem Partner, der sie mißhandelte, wurde ins Gefängnis gesteckt, weil die Polizei Alkoholgeruch bei ihr feststellte.

Einer schwangeren Frau in Kalifornien wurde von ihrem Arzt geraten, sich oft hinzulegen, auf Sex und «Straßendrogen» zu verzichten und das Krankenhaus aufzusuchen, sowie sich eine Blutung einstellen würde. Sie befolgte diesen Rat nicht. Ihr Baby kam mit einem Gehirnschaden zur Welt und starb bald nach der Geburt. Sie wurde wegen unterlassener Hilfeleistung an ihrem Kind angezeigt, auf der Grundlage eines alten Gesetzes, mit dem ursprünglich Männer dazu gezwungen werden sollten, für ihre Kinder zu sorgen – das zu diesem Zweck allerdings nur selten angewendet worden war.

Unter dem Druck von Anhängern der *pro-life*-Bewegung

bat ein Krankenhaus das Gericht zu entscheiden, ob bei einer Frau, die schwer an Krebs erkrankt war, gegen ihren eigenen Willen und den ihres Mannes, ihrer Eltern und ihrer Ärzte ein Kaiserschnitt vorgenommen werden sollte. Jeder wußte, daß die Operation die Frau wahrscheinlich umbringen und das Leben des 25 Wochen alten Fötus vielleicht nicht retten würde, aber der Richter ordnete die Operation an, die vorgenommen wurde, bevor die Anwälte der Frau Berufung einlegen konnten. Die Frau wie auch das Kind starben. (Dabei weigern sich Richter häufig, qualvolle Apparaturen zur Lebenserhaltung abschalten zu lassen, wenn die Familie es wünscht. Die Existenz eines Fötus scheint bei Richtern Gefühle des Besitzergreifens zu wecken.)

Als dieser Fall in einer Folge der Fernsehserie *L. A. Law* nachgespielt wurde, schickten die Drehbuchschreiber eine Anwältin zur Verteidigung des Krankenhauses vor und taten so, als sei das Baby am Leben geblieben. Auch im Fernsehen wird die Rolle des Pflichtverteidigers bei frauenfeindlichen Verbrechen wie Vergewaltigung, Schlägen und Mord mit Frauen besetzt: Das ist zweifelsohne die Fernsehvariante der Gleichberechtigung.

Ein Bundesberufungsgericht bestätigte eine Entscheidung, nach der Frauen von Tätigkeiten ausgeschlossen werden können, bei denen sie einer Bleibelastung ausgesetzt sind. Dabei ließ es die Aussagen der Frauen unberücksichtigt (von denen viele keine Kinder mehr wollten oder ledig waren), die beteuerten, daß keines ihrer bisherigen Kinder Krankheitsanzeichen aufweise, die auf eine Bleibelastung zurückführbar wären. Ebensowenig scherte es sich um die Gutachten von Sachverständigen, in denen betont wurde, daß Blei für die männliche Fruchtbarkeit gleichermaßen schädlich sein könne.

Überall in den Vereinigten Staaten halten Richter Frauen in «Präventivgewahrsam», stecken sie wegen geringfügiger Vergehen ins Gefängnis, klagen sie wegen Kindesmißhandlung oder Vernachlässigung an und drohen ihnen, sie wegen Totschlags vor Gericht zu bringen, wenn sie während der Schwangerschaft *Alkohol zu sich* nehmen – was kein Verbrechen ist – und dann eine Fehlgeburt erleiden.

Mütter werden noch im Krankenhaus verhaftet, wenn sich im Blut ihrer Kinder Drogen nachweisen lassen. Immer mehr Sozialarbeiter nehmen diese Kinder ihren Müttern weg, weil schon ein einmaliger Drogenkonsum sie in ihren Augen als Mütter disqualifiziert – selbst wenn die Mutter sich vergeblich um eine Entzugsbehandlung bemüht hat.

Eine Frau aus Chicago, die Kokain nahm, wurde des Totschlags ohne Vorsatz beschuldigt, als ihr zwei Tage altes Baby starb. Das große Geschworenengericht weigerte sich zwar, sie deswegen unter Anklage zu stellen, aber der Staatsanwalt kann sie wegen Drogenbesitzes anklagen und sie dafür ein bis drei Jahre ins Gefängnis schicken.[55] Die Anwälte von Frauen wiesen wiederholt darauf hin, daß die Angst vor gerichtlicher Verfolgung Drogenabhängige so abschreckt, daß sie auf Vorsorgeuntersuchungen verzichten.

Rechtsprechung und Medizin können auf die eifrige Mitwirkung der Presse zählen, wenn es darum geht, an Mütter Verhaltensmaßstäbe anzulegen, die nicht für Männer gelten. Die *New York Times* veranstaltete einen Riesenwirbel um die «Tatsache», daß ein einziger Drink in der Schwangerschaft intellektuelle und physische Defekte beim Fötus auslösen kann, obwohl aus den Untersuchungen, auf denen der Artikel basierte, eindeutig hervorging, daß eine Schädigung des Fötus bei weniger als drei Drinks pro Tag nicht nachweisbar war und daß Armut und mangelnde Ausbildung weit ernst zu nehmendere und häufigere Ursachen für Geburtsschäden waren.

Armut und mangelnde Ausbildung entziehen sich individueller Kontrolle, hier wäre ein Eingreifen des Staates notwendig. Mäßiger Alkoholgenuß – ein relativ harmloser Faktor im Vergleich zu Müttern, die so hungern, daß sie zwei oder drei Pfund schwere Babys zur Welt bringen – ist individuell steuerbar. Aber genauso wie die Muslime – entsetzt über das Gefühl, die Gesellschaft verändere sich und entziehe sich ihrer Kontrolle – sich auf die Frauen stürzen als den einzigen Faktor, über den sie Macht ausüben können, so verfolgen in westlichen Gesellschaften, die wegen krasser

Ungerechtigkeiten und Rassismus vor dem Zusammenbruch stehen, die Männer die Frauen. Stellman und Bertin bestreiten die Aussagekraft des Artikels in der *Times* und fragen, warum es keine Untersuchungen darüber gibt, wie sich das Weggehen des Vaters auf die kindliche Entwicklung auswirkt oder der chronische Alkoholgenuß bei Männern, der zur Produktion anormaler Spermien führen kann. Die Nachkommen männlicher Versuchstiere, denen Alkohol gegeben wurde, zeigen eine Hodenatrophie oder Verhaltensanomalien.

In einem mutigen Artikel in *The Nation* deckte Katha Pollitt diese Verfolgung von Frauen auf (die Schmähbriefe, die sie daraufhin erhielt, unterstreichen nur ihren Mut).[56] Sie fragt, ob schwangere Frauen demnächst verhaftet werden, weil sie Fast food essen, Zigaretten rauchen, Aspirin nehmen oder fliegen, und weist darauf hin, daß Richter zwar Drogenabhängige ins Gefängnis sperren, jedoch nicht ihre Aufnahme in Entzugsprogramme anordnen. Die Behörden bestrafen zwar arme Frauen (die meisten Inhaftierten sind arme Farbige), unternehmen aber keinerlei Anstrengungen, um die Leistungen von Medicaid* auf Cracksucht auszudehnen oder um staatliche Zuschüsse für Ernährungsprogramme für Frauen, Säuglinge oder Kinder zu erhöhen. Die Richter hindern keinen Vermieter, arme Schwangere aus der Wohnung zu werfen, und zwingen keinen Geburtshelfer, Schwangere zu behandeln, sowenig wie die Ärzte, die Frauen vor Drogenabhängigkeit warnen, ihnen ihre Hilfe anbieten. Wenn Richter Frauen ins Gefängnis schicken, ignorieren sie unbekümmert deren Kinder, die auf den Staat oder auf arme Verwandte abgeschoben werden. Es ist von nicht zu überbietender Ironie, daß die einzige Industrienation auf der Welt ohne kostenloses Gesundheitswesen, ohne staatlich unterstützte Tagesstätten, ohne Hausbesuche von Hebammen bei Müttern und ohne Zuwendungen für den Unterhalt von Kindern *Frauen* ins Gefängnis steckt, weil sie nicht richtig für die Kinder in ihrem Bauch sorgen.

Übermäßiger Drogen- und Alkoholgenuß ist zwar zweifellos

---

* Krankenversicherung für Bedürftige (Anm. d. Ü.)

weder für die Mutter noch für das Kind gut, aber ein solches Verhalten kann nicht gesellschaftlicher Kontrolle unterworfen werden, und keine Gesellschaft sollte versuchen, es zu kontrollieren. Frauen wie Männer legen, wenn sie verzweifelt und unglücklich sind, selbstzerstörerisches Verhalten an den Tag. Eine Gesellschaft, die wirklich Anteil an einem solchen Verhalten nähme, würde nach den Ursachen der Hoffnungslosigkeit suchen. Die meisten Kinder, die am selbstzerstörerischen Verhalten ihrer Mutter Schaden nehmen, gehören jener Unterschicht an, die durch die Gesellschaft jedesmal zum Tod verurteilt wird, wenn Geld für Waffen anstatt für soziale Belange ausgegeben wird. Wir kehren diesen Kindern den Rücken, wenn wir in die Vorstädte ziehen, unsere Kinder aus den öffentlichen Schulen nehmen, keine Farbigen mehr anstellen oder sie einfach als minderwertige Menschen definieren. Wir als Gesellschaft kümmern uns einen Dreck darum, ob diese Kinder sterben – ja, es gibt sogar Leute, die wünschen, die Armen und Farbigen würden sich *nicht* vermehren –, und dennoch bestrafen wir Mütter, in deren Handlungen sich unsere Gleichgültigkeit widerspiegelt. Denken Sie daran, daß in jeder Minute die Regierungen dieser Welt 1,3 Millionen Dollar des von allen gemeinsam erwirtschafteten Reichtums (zwei Drittel bis drei Viertel davon produzieren die Frauen) für Rüstung ausgeben. Daß die Regierung armen Müttern nicht zu helfen versucht, sondern sie nur bestrafen will, daß sie unser Geld für Waffen ausgibt, die Kinder töten, und nicht für Nahrung, ist ein weiterer Beweis für ihren Krieg gegen die Frauen.

4.5 Machtkriege: Wissenschaft und Forschung

Doch der Feldzug zur Reglementierung der weiblichen Fortpflanzung geht noch weiter. Die Männer erfinden neue Technologien, die *sie* in die Lage versetzen sollen, die Fortpflanzung zu kontrollieren. Dazu gehören die Übertragung von Embryonen, die In-Vitro-Fertilisation und die Insemination von «Leihmüttern».

Dworkin spricht in diesem Zusammenhang von einem «Reproduktionsbordell», denn diese Techniken werden den Männern einen ähnlichen Zugriff auf die weibliche Fortpflanzungsfähigkeit erlauben wie auf die weibliche Sexualität; sie werden sie mieten, so wie sie schon Sexualität in Bordellen mieten.[57] Genoveffa Corea schildert Methoden, die bei Tieren bereits üblich sind und auf Frauen übertragen werden können; manche wurden es bereits.[58] Hier einige davon:

▓ Reproduktionstechniker besamen künstlich eine «höherwertige» Kuh mit dem Sperma eines «höherwertigen» Stiers, nehmen die Embryonen aus dem Körper und übertragen sie zum Austragen auf «minderwertige» Kühe. Da es weniger «höherwertige» als «minderwertige» Kühe gibt, versetzt dieser Transfer die Männer in die Lage, «höherwertige» Gene schneller zu reproduzieren, indem sie «minderwertigen» Tieren das Austragen überlassen. Wie der sagenhafte König Midas verwandeln sie Kühe, die sie für wertvoll halten, zu Gold, in dem sie sie zwingen, alle zwei Monate Embryonen zu produzieren anstatt ein Kalb pro Jahr. Sie können sogar weibliche Tiere benutzen, um Embryonen einer anderen Art zu züchten: 1981 mußte eine Holsteiner Milchkuh im New Yorker Zoo einen Gaur, eine vom Aussterben bedrohte Wildochsenart, austragen.[59]

▓ Bei der künstlichen Besamung wird das frische oder gefrorene Sperma eines «höherwertigen» männlichen Tiers mittels einer Art «Pistole», die an einer Stange befestigt wird, in ein weibliches Tier eingeführt.

▓ Superovulation: Normalerweise produzieren Tiere jeden Monat ein Ei. Reproduktionstechniker aber brauchen viele Eier, um «effektiv operieren» zu können. Da die Eierstöcke durch Hormone, die in der Hirnanhangdrüse produziert werden, angeregt werden, injizieren sie einem weiblichen Tier diese Hormone und führen dadurch bei einer anormal hohen Zahl von Follikeln (Zellschicht, die die Eizellen umgibt) die Eireifung herbei. Das nennt man Superovulation. Es wurden bereits durch Hormone neugeborene Tiere mit unreifen Eierstöcken zur Eiproduktion angeregt; Hormone können ebenso dazu dienen, bei sehr alten weiblichen Tieren die Eiproduktion wieder in Gang zu setzen. Wie durch Zauberei gewinnen die Reproduktionstechniker so viele Eier, wie sie nur wollen.

Um ein befruchtetes Ei zu übertragen, wird zuerst eine Superovulation beim weiblichen Tier ausgelöst; anschließend wird das Tier künstlich besamt. Um die befruchteten Eier nun zu «gewinnen», wurden anfänglich die Tiere getötet und die Eierstöcke aufgeschnitten, wozu ein Forschungsteam bemerkte: «Durch das Schlachten des Spendertiers wird eine bessere Kontinuität beim [Ei-]Nachschub gewährleistet.»[60] Gleichzeitig aber bedeutete das Töten des Tieres einen Investitionsverlust, also begann man, die Eier chirurgisch zu entfernen. Da die Tiere danach oft unfruchtbar oder «Problembrüter» wurden, versuchte man es mit anderen Methoden. Heute wird ein Zwei-Weg-Katheter benutzt, durch den eine Flüssigkeit in den Uterus gespült wird, die dann mitsamt den Eiern in einem Behälter aufgefangen wird.

▪ Klonen: Ein Arzt fand eine Methode, wie ein Embryo in zwei Hälften geteilt werden kann, wobei zwei identische Zwillinge entstehen, zwei Tiere aus einem befruchteten Ei. Durch Klonen «verdoppeln Sie – zuverlässig, mühelos, schnell und kostengünstig – die Anzahl von Embryonen, die ein wertvolles Spendertier produziert».[61] Drei Sorten weiblicher Tiere, nicht unbedingt derselben Art, sind dazu notwendig – Eispender sowie primäre und sekundäre Empfänger (in deren Körper die geteilten Embryonen a) kultiviert und b) ausgetragen werden).

Mit der Anwendung derartiger Techniken beim Menschen brach das Zeitalter der sogenannten «Leihmutterschafts»-Industrie an. Der erste Versuch, ein befruchtetes Ei in einen menschlichen Brutkasten (eine «Leihmutter») einzusetzen, wurde 1977 unternommen. Während die Mütter dafür nur eine geringe Summe erhalten, machen Anwälte, Ärzte und Mittelsmänner, die die Verpflanzung in die Wege leiten, dabei einen ausgezeichneten Schnitt. Die enormen Gewinne, die in diesem Geschäft zu holen sind, haben Rechtsanwälte, Ärzte, Gesetzgeber und Ethiker dazu veranlaßt, nach Wegen zu suchen, wie die «Leihmutterschaft» institutionell geregelt werden könnte – durch staatliche Verordnungen und Eignungsbescheinigungen für die *Frauen*. Der Staatsanwalt Russell Scott unterbreitete in *The Body as Property* Vorschläge, wie professionelles Austragen allgemein populär zu machen wäre, und meinte, Männer sollten «gesunden, jungen Gastmüttern» Geld, soziale Sicherheit, Ausbildungsmöglichkeiten und anderes mehr zum Zeichen öffentlicher Anerkennung anbieten.[62] Der Bio*ethiker* George F. Kieffer behauptet, daß es «mit Sicherheit genügend Frauen gibt, die eine Kaste von Gebärerinnen bilden würden, insbesondere, wenn die Kasse stimmt», und empfahl das Beispiel einer arbeitslosen Krankenschwester, die sich anbot, das Kind eines anderen Paares auszutragen, damit sie und ihr Kind nicht mehr von der Fürsorge abhängig waren.[63]

Männer geraten geradezu in Begeisterung über die Möglichkeiten, die das Vermieten der eigenen Gebärmutter Frauen bietet, die sonst angeblich zu nichts zu gebrauchen sind. Vance Packard erblickte darin eine attraktive Karriere für junge Mütter. «Es würde die Sache vereinfachen, wenn die Leihmutter ein fröhliches Naturell hätte und an der Schwangerschaft und am Fernsehen Gefallen fände.» Sie könnte sogar noch eine andere Tätigkeit ausüben, wenn diese keine körperlichen Anstrengungen erforderte – er schlägt den Verkauf von Kinoeintrittskarten vor. Wenn die Leihmutter einen Embryo austrägt, der mit dem Ei einer anderen Frau gezeugt wurde, dann müßte man «hinsichtlich Bildung, familiärem Hintergrund, Aussehen, ja sogar der Hautfarbe kaum Ansprüche an sie stellen. Wenn die Frau nur als Brutkasten dienen würde, wäre der Preis natürlich niedriger, als wenn sie selbst mit einer Hälfte zur Erbmasse des Kindes beitragen würde... Freundliche, zuverlässige amerikanische Mexikanerinnen» aus Südtexas würden womöglich mit Freuden die Gelegenheit beim Schopfe packen, einfach mit neun Monaten Schwangerschaft 5000 Dollar zu verdienen; Mädchen mit mexikanischer Staatsangehörigkeit würden sich vielleicht schon für die Hälfte darum reißen.[64] Corea bemerkt, daß einige Autoren vorschlugen, die Gebühr für die Leihmutter sollte der wirtschaftlichen Situation ihres Landes angepaßt werden.

Eine gerichtliche Entscheidung ging sogar noch weiter. Pollitt erwähnt den Richter Richard Parslow am Obersten Gericht Kaliforniens, der entschied, daß eine Frau, die ein Kind zur Welt brachte, nicht seine «rechtmäßige» Mutter war.[65] Eine ohne Gebärmutter geborene Frau produzierte ein Ei, das in vitro mit dem Sperma ihres Mannes befruchtet und in die Gebärmutter einer anderen Frau eingepflanzt wurde. Die Leihmutter, die neun Monate mit dem Fötus verbracht hatte, die ihn mit ihrem Körper genährt hatte, emotionale Signale ausgeschickt und empfangen sowie Wehen und Geburt durchgemacht hatte, fühlte sich gefühlsmäßig mit dem Kind verbunden. Der Richter erklärte diese Beziehung für nicht existent. Ein ähnliches Urteil erging im Fall Mary Beth Whitehead, die *selbst* das Ei für das Baby, das sie in ihrem Bauch trug, geliefert hatte. In beiden Fällen erklärten männliche Richter das *engste* Band auf der ganzen Welt – zwischen einer Frau und dem Kind, das sie zur Welt bringt – für unwirksam, null und nichtig.

Die Sprache von Männern in diesen Fällen zeigt, daß sie im Gegensatz zu Frauen, deren Verhältnis zur Mutterschaft wesentlich ein emotionales ist, in der Fortpflanzung in erster Linie ein ökonomisches Problem sehen. So erhielten Frauen bis zur industriellen Revolution nie, ausgenommen in matrilinearen Gesellschaften, nach einer Scheidung das Sorgerecht für ihre Kinder. Ab diesem Zeitpunkt nämlich waren Kinder keine wirtschaftlichen Trümpfe mehr, sondern eine Belastung. Daß die Männer sich heute so wenig um ihre Kinder kümmern, ist teilweise eine Reaktion auf diese Tatsache. Die Frauen tragen *immer* die körperliche und emotionale Last des Gebärens und fast immer auch die Verantwortung für die Kindererziehung. In den Augen einer Frau heißt Mutterschaft auf lange Sicht Arbeit und Mühsal aller Art und verlangt viele Opfer. Das einzige, das für all die Opfer entlohnt, ist die entstehende Beziehung, das gefühlsmäßige Band, die liebende Verantwortung. Einige Männer verbinden mit Elternschaft ähnliche Gefühle, aber diejenigen an vorderster Front der Fortpflanzungsmedizin betrachten Fortpflanzung unter einem rein ökonomischen Gesichtspunkt. Waring zitiert Paul Samuelson, einen Nobelpreisträger der Wirtschaftswissenschaften, der über die ökonomischen Folgen der selektiven Abtreibung weiblicher Feten nach einer Amniozentese in helle Aufregung geriet.

«Mit dem Wissen kommt vielleicht auch die Macht der Beherrschung ... Wenn sich nach einer Amniozentese herausstellt, daß der Embryo weiblich ist und man lieber einen Jungen hätte, entschließt man sich vielleicht zu einer Abtreibung. Wenn das zur gängigen Praxis wird, können weitreichende soziologische Veränderungen die Folge sein. Und diese wiederum hätten ökonomische Auswirkungen ...

Knappheit tendiert zum Wertzuwachs. Je mehr Frauen es unter ansonsten gleichbleibenden Bedingungen gibt, um so geringer sollten erwartungsgemäß ihre Löhne und ihr Gesamtlebensverdienst ausfallen. Daher könnte der zukünftige Trend zu mehr Jungen als Mädchen bei Feministinnen vielleicht auf eine gewisse Zustimmung stoßen ... Wenn einige Leute in ihrer Vorliebe für Jungen weit genug gehen, dann wird der Anteil erwachsener Männer nach oben schnellen und tendenziell eine Einkommenssteigerung bei den Frauen und eine Einkommenssenkung bei Männern bewirken ... Früher lag möglicherweise ein Grund für die Bevorzugung von Söhnen in ihren höheren Verdienstmöglichkeiten. Auf Töchter war wohl mehr Verlaß, wenn es um die Pflege im Alter ging, aber Söhne hatten eher das nötige Kleingeld, um finanziell zu helfen. Oder es schmeichelte der Eitelkeit der Menschen mehr, daß die Söhne, wie in patriarchalischen Kulturen üblich, den Namen der Familie weitergaben. Wenn allerdings die künstlich produzierte Knappheit an Frauen ihren Verdienst steigen läßt, dann könnte sich ein ganz neues, wirtschaftliches Motiv dafür auftun, der Vorliebe für männliche Nachkommen weniger nachzugeben ...»[66]

Der Physiker William Shockley, ebenfalls Nobelpreisträger, legte einen Plan zur Bevölkerungskontrolle vor. Danach müßten die Menschen zunächst in einem Propagandafeldzug davon überzeugt werden, daß eine Einschränkung des Bevölkerungswachstums wünschenswert und überlebensnotwendig ist. Sodann würde das Amt für Volkszählung die Anzahl von Kindern kalkulieren, die jede Frau zur Welt bringen darf (2,2 bei einer erlaubten Steigerungsrate von einem Drittel Prozent pro Jahr). Schließlich läßt das Gesundheitsamt jedes Mädchen, das in die Pubertät kommt, durch subkutane Implantation einer Kapsel sterilisieren, aus der bis zu ihrer Entfernung ein empfängnisverhütendes Mittel austritt. (Dieser Plan, der schon vor vielen Jahren entworfen wurde, mag phantastisch erscheinen. Bedenken Sie aber, daß ein derartiges Verhütungsmittel vor kurzem erfunden wurde und daß Richter bereits seine Implantation bei Frauen anordneten, die Opfer ihrer Rechtsprechung geworden sind.)

Bei der Heirat erhält die Frau 22 «Zehntel-Kind-Gutscheine». (Beachten Sie, daß sie von der Fortpflanzung ausgenommen wird, bis sie heiratet, das heißt, bis sie unter der verschärften Kontrolle des Patriarchats steht.) Wenn sie einem Arzt zehn davon aushändigt, dann entfernt er die Verhütungskapsel und setzt sie nach der Geburt eines Kindes wieder ein. Nach zwei Kindern kann ein Paar entweder die verbleibenden zwei Gutscheine an der Börse (!) verkaufen oder versuchen, acht weitere auf dem freien Markt zu erstehen, um ein drittes Kind zu bekommen. Diejenigen, die keine Kinder wünschen, können alle 22 Gutscheine meistbietend verkaufen.[67] (Damit werden nur die Reichen von dem Privileg Gebrauch machen können, drei Kinder zu zeugen: Dieser Plan ist wirklich nicht zu überbieten!) Jalna Hanmer und Pat Allen weisen darauf hin, daß die weibliche Fortpflanzung dadurch unter die Kontrolle eines von Männern beherrschten Staates gestellt werden soll – Shockley ging wohl davon aus, daß sich daran so schnell nichts ändern würde.

4.6 Krieg durch Vorwürfe: Die Medizin

Im Patriarchat müssen Frauen Mütter sein, und sie, nicht die Männer, werden für elterliches Versagen verantwortlich gemacht. Aber Frauen werden auch mit Vorwürfen überhäuft, wenn sie *kein* Kind in die Welt setzen. Die biologischen Grundlagen der Fortpflanzung sind seit Jahrhunderten bekannt, und die Behandlungsformen von Unfruchtbarkeit haben sich mit neuen medizinischen Techniken und Entdeckungen verändert, aber wenn es um Unfruchtbarkeit geht, sind nach wissenschaftlicher wie volkstümlicher Meinung noch immer die Frauen die Hauptschuldigen: Frauen, die keine Kinder wollen, sind eben schlecht.[68] In den letzten beiden Jahrhunderten haben Hunderte von renommierten Wissenschaftlern behauptet, die natürlichen Mutterinstinkte von Frauen würden durch das Streben nach Ausbildung, Berufstätigkeit und politischem Einfluß, durch Gleichberechtigung, Scheidung oder Geburtenkontrolle untergraben. In der medizinischen Literatur werden unfruchtbare Frauen als Inbegriff jener bösen Mütter präsentiert, die ihre Mutterdienste rundherum verweigern und deswegen für den Niedergang der Moral, des Heims und der Familie, ja der menschlichen Spezies überhaupt verantwortlich sind.

Das Problem Unfruchtbarkeit wurde in den achtziger Jahren wieder aus der Versenkung hervorgeholt und zum Thema unzähliger wissenschaftlicher und populärer Bücher und Artikel, Autobiographien, Romane, Nachrichtensendungen und Fernsehdramen erhoben. Ein prominenter Spezialist für Fälle von unerwünschter Kinderlosigkeit bezeichnete die Funktionsstörung als wachsendes öffentliches Gesundheitsproblem von epidemischen Ausmaßen. *Dabei gibt es keine stichhaltigen Beweise dafür, daß die Gesamthäufigkeit von Unfruchtbarkeit in den Vereinigten Staaten im vergangenen Jahrzehnt zugenommen hätte.* Margarete Sandelowski glaubt, daß die exzessive Beschäftigung mit dem Thema Unfruchtbarkeit eine Reaktion auf die größere Autonomie der Frauen und ihre neuerrungenen Freiheiten darstellt. Die Unfruchtbarkeit schwebt wie ein Damoklesschwert über ihnen; sie ist der Preis, den Frauen für ihre sexuelle Freiheit und junge, aufstiegsorientierte Paare für die Konzentration auf ihre Karriere, für ihr Streben nach materiellem Wohlstand und ihre ungebremste sexuelle Vergnügungslust zu entrichten haben. Diese Drohung ist ein anderer Aspekt jenes weltweiten Krieges gegen die Frauen, der in dem Wissen geführt wird, daß Gleichheit – oder anders gesagt, weibliche Autonomie – letztlich eine Bedrohung für die «Familie», das heißt für die männliche Vormachtstellung, darstellt.

Die Verschiebung des Geburtsalters nach hinten kann bei manchen Frauen die Fruchtbarkeit einschränken; Empfängnisverhütung und Abtreibung können gelegentlich zu Unregelmäßigkeiten des Eisprungs führen, und Unterleibsverwachsungen können eine Empfängnis verhindern. Bei sexuell aktiven Frauen ist außerdem die Wahrschlichkeit, daß sie Kontrazeptiva benutzen, eine Abtreibung brauchen oder sich Geschlechtskrankheiten zuziehen, größer. Hinzu kommt, daß die Menschen heute in ihrer natürlichen Umwelt und an vielen Arbeitsplätzen Gefahren und toxischen Stoffen ausgesetzt sind, die eine Empfängnis verhindern oder Fehlgeburten und Abgänge auslösen. Aber viele oder alle dieser Faktoren betreffen auch Männer. Doch den Ärzten, die immerhin Spermiendefekte kennen und wissen, daß Männer Frauen unfruchtbar machen, wenn sie sie mit Gonorrhö anstecken, widerstrebt es, einen Mann für verantwortlich zu erklären, und sie «tendieren dazu, den Mann freizusprechen, wenn nur ein einziges Spermium sich als lebensfähig erweist». In der zeitgenössischen Literatur wird weiter auf dem weiblichen Willen herumgehackt, so schreibt Sandelowski, wobei zwei Vorstellungen miteinander vermengt werden: zum einen, daß Unfruchtbarkeit das Ergebnis absichtlicher Bemühungen ist, der Natur eins auszuwischen, und zum anderen, daß darin der unbewußte oder verborgene Wunsch der Frau zum Ausdruck kommt.

Wenn man die mannigfaltigen Formen in Augenschein nimmt, durch die Männer versuchen, die weibliche Fortpflanzung zu kontrollieren, entsteht das Bild einer totalen Unfreiheit der Frauen. Was auch immer sie tun oder nicht tun, den männlichen Ansprüchen können sie nie genügen; immer sind sie Kritik ausgesetzt, und oft genug sind sie Opfer staatlicher oder institutioneller Interventionen zwischen sich und dem eigenen Körper, sich und ihren Kindern. Das Spinnennetz aus Reglementierung und Interpretationen, das die Männer um die Frauen weben, erlaubt ihnen, einzugreifen, wann immer sie wollen, und ansonsten alle Verantwortung für Geburt, Kindererziehung und Unterhalt von sich zu weisen. Männer kleiden ihre Rechtfertigungen, warum sie die Herrschaft an sich reißen oder an sich reißen wollen, häufig in die Sprache der guten Absichten. Doch nichts beweist deutlicher, daß ihr wahres Ziel die Macht über Frauen ist, als die Tatsache, wie sehr sie die Frauen mit Einschränkungen umgeben. So sehr nämlich, daß es für eine Frau keine Position mehr gibt, die ihr das Recht auf und die Verfügungsgewalt über ihren Körper garantieren würde sowie das Recht, kein Kind zu haben oder das Recht, ein Kind nach ihren eigenen Vorstellungen großzuziehen.

TEIL III

DER KRIEG GEGEN DIE FRAUEN
IN DER KULTUR

Die wahre Haltung einer Gesellschaft entzieht sich oft den Blicken, und es bedarf einer genauen Analyse des Alltagsverhaltens, der Sprache und Bilder, um sie freizulegen. Als «Beweis» für den Haß der Männer auf die Frauen können wir nicht Statistiken über die Armut anführen, in der Frauen überall auf der Welt leben, denn die Männer können als Antwort darauf die Intelligenz oder die Fähigkeiten von Frauen in Zweifel ziehen und behaupten, die Frauen würden es nicht anders *verdienen*. Daß durch Militarismus und Waffen die Kinder getötet werden, die für die meisten Frauen der Mittelpunkt des Lebens sind, ist kein Beweis für eine besondere Feindseligkeit von Männern gegen Frauen: Die Männer können achselzuckend erwidern, das Leben sei eben traurigerweise hart, auch für sie, und die Frauen müßten sich damit abfinden. Aber der Militarismus ist nur *scheinbar* ein Kampf von Mann gegen Mann. Männer umarmen sich oft nach einem Faustkampf, und auch zwischen feindlichen Nationen können sich nach einem Krieg enge Beziehungen entwickeln. Der Zweck eines Krieges besteht darin, die Überlegenheit einiger Männer über andere unter Beweis zu stellen, ein anderes Volk «zur Frau zu machen» oder zu «entmannen» (in vielen frühen Mythen wird diese Absicht explizit formuliert) und das «Weibliche» im Mann auszumerzen oder zu transzendieren. Primärer Adressat dieses männlichen Bedürfnisses, die eigene Überlegenheit zu demonstrieren, ist die Frau. Krieg entsteht aus der männlichen Wahrnehmung des Lebens als eines Kampfes zur Überwindung des Weiblichen und der Natur. In der Sprache von Intellektuellen, die in der sogenannten «Verteidigungs»-Industrie tätig sind, tritt diese Einstellung unverhüllt zutage.

1. Der militärische Krieg gegen die Frauen und sein sprachliches Äquivalent

Carol Cohn verbrachte einen Sommer mit männlichen Experten der Nuklearstrategie.[1] Um sie zu verstehen – und um sich selbst verständlich zu machen –, mußte sie ihre Sprache lernen, eine Sprache, die größtenteils aus Wortschöpfungen besteht, aus Akronymen, Abkürzungen, die für die meisten von uns ein Buch mit sieben Siegeln sind. Cohn fand diese Sprache «sexy», weil sie ihr den Machtgenuß verschaffte, Dinge zu wissen, die gewöhnliche Leute nicht wissen, weil dieses Wissen der Beweis für die eigene Vertrautheit mit den geheimsten, weitreichendsten Belangen staatlicher Politik war. Entsetzt gestand sie sich ihre Lust an dieser Sprache ein und führte aus, welche Verführungskraft der Macht eines solchen Wissens innewohnt. Es machte ihr nicht nur Spaß, diese Wörter zu benutzen, sie fühlte sich auserkoren, weil sie die Sprache gottgeweihter Priester kannte, deren Bestimmung es war, zu verschleiern und ehrfürchtige Scheu zu erwecken. Tatsächlich haben die Nuklearwissenschaftler sich von Anbeginn an religiöser Bilder bedient. Die Erfinder der Atombombe nannten den ersten Versuch *Dreifaltigkeit*, nach der Heiligen Dreifaltigkeit von Vater, Sohn und Heiligem Geist, «den männlichen Kräften der Schöpfung». Nach der Explosion der Bombe im ersten Test kamen ihrem Hauptschöpfer Robert Oppenheimer Krishnas Worte an Ardjuna in den *Bhagavadgita* in den Sinn: «Ich bin der Tod, der alles raubt.» Die Männer, die heute strategische Doktrinen ersinnen, nennen sich selbst «die nukleare Priesterschaft».[2]

Die Atomwissenschaftler benutzen eine andere Metaphorik, die nur *scheinbar* im Widerspruch zur religiösen steht; Bilder von Geburt durch den Mann, wie sie bei männlichen Initiationsriten, aber auch von den Vorkämpfern moderner Religionen verwendet werden. Wissenschaftler wie Arbeiter in Los Alamos nannten die Atombombe «Oppenheimers Baby», und die Wasserstoffbombe hieß in Lawrence Livermore «Tellers Baby». Diejenigen, die

Tellers Verdienste schmälern wollten, behaupteten (so Cohn), er sei «nicht der Vater der Bombe, sondern nur ihre Mutter» gewesen und sprachen die Vaterschaft Stanislaw Ulam zu, «der die entscheidende Idee hatte und diesen Samen Teller einpflanzte. Teller ‹trug ihn dann› nur aus». Bei der Vorstellung eines neuen, noch nicht einsatzfähigen Satellitensystems namens MILSTAR beschrieb der mit der Information betraute Offizier aufgeregt dessen technisches Potential und erklärte die Rolle eines neuen Raumfahrtkommandos in diesem System. Dann fügte er mit nobler Zurückhaltung hinzu: «Wir übernehmen die Mutterfunktion – Telemetrie, Bodenüberwachung und Kontrolle –, wir halten die Sache am Laufen.»

Wie in religiösen Hierarchien gehen auch hier aus der Geburt durch den Mann nur Männer hervor. Das patriarchalische Denken ist so pervers, daß diese Männer die Bomben, die so unvorstellbares menschliches Leid über Hiroshima und Nagasaki brachten, als ihre Kinder empfanden, die sie «Little Boy» und «Fat Man» nannten. Cohn weist darauf hin, daß die Bomben nicht nur Nachkommen der Atomwissenschaftler waren, sondern ausdrücklich männliche Nachkommen: Bei den ersten Tests, noch bevor die Wissenschaftler sich der Funktionsfähigkeit der Bomben sicher waren, verliehen sie ihren Befürchtungen mit den Worten Ausdruck: «Hoffentlich wird das Baby ein Junge und kein Mädchen – das heißt, kein Blindgänger.» Nach dem erfolgreichen Verlauf des ersten Atomversuchs telegraphierte General Grove dem Kriegsminister Henry Stimson: «Der Arzt kehrte soeben begeistert zurück und ist überzeugt, daß der kleine Junge so stämmig wie sein großer Bruder wird. Das Licht in seinen Augen ist von hier bis Highhold zu erkennen, und ich hätte seine Schreie von hier bis zu meiner Farm hören können.» Stimson schrieb daraufhin an Churchill: «Die Babys sind zur Zufriedenheit geboren.» 1952, nach dem erfolgreichen Test der Wasserstoffbombe (namens Mike) auf dem Eniwetok-Atoll in den Marshallinseln, telegraphierte Teller triumphierend nach Los Alamos: «Es ist ein Junge.» Cohn bemerkte dazu: «Die gesamte Geschichte des Bombenprojekts ist durchdrungen von Bildern, in denen die überwältigende technologische Macht der Naturzerstörung mit der Macht des Erschaffens verwechselt wird.»

Diese Sichtweise des Lebens als eines Machtkampfes, in dem Männer Krieg gegen die Natur führen, erzeugt eine Sprache, in der das Leben bedeutungslos ist und nur Macht eine Rolle spielt. Folgerichtig bezeichnen Atomwissenschaftler den Tod von Menschen, sofern diese nicht auf ihrer eigenen «Seite» stehen, als «collateral damage», als «Begleitschäden». Das Militär übernahm diese Sprachregelung und verwendete den Begriff bei Fernsehauftritten während des Golfkriegs, um getötete Iraker (deren Zahl ein Geheimnis bleibt) damit zu bezeichnen. Es waren Ärzte, Mitglieder der British Royal Society, die im 18. Jahrhundert begannen, ihre Experimente euphemistisch zu verbrämen, weil in einer klaren Sprache die entsetzliche Pein, die sie ihren Opfern zufügten, offen zutage getreten wäre. Diese Taktik findet nun in jeder Disziplin, die Menschen angreift, verstümmelt und tötet, Nachahmung – selbst in denen, die vorgeben, zu helfen, wie zum Beispiel der Medizin. Der Begriff «Begleitschaden» suggeriert außerdem, Menschen wären gar nicht Ziel dieser Angriffe, sondern stünden einfach wichtigeren Dingen im Weg.

Verteidigungsstrategen bezeichnen die Einäscherung von Städten als «countervalue attacks». Cohns Artikel stammt aus dem Jahr 1987, aber heute sind wir alle mit einem Teil der Terminologie, die sie damals schilderte, vertraut. Wir wissen, daß «surgically clean strikes»* (verkürzt zu «surgical strikes») Angriffe auf die gegnerische Waffenmacht sind (Angriffe mit Waffen auf Waffen), die die Waffensysteme oder Kommandozentralen des Gegners «ausschalten» (genauer gesagt zerstören) sollen, ohne ansonsten größeren Schaden anzurichten. Der Krieg wird zwischen Waffensystemen geführt, nicht etwa zwischen menschlichen Wesen, als ob die «Feinde» an verschiedenen Enden des Globus säßen und Videokrieg spielen würden. Eine MX-Rakete trägt zehn Sprengköpfe, von denen jeder die Sprengkraft von 300 bis 475 Kilotonnen TNT hat: Die Zerstörungskraft eines jeden beträgt das 250-

* «chirurgisch saubere Schläge» (Anm. d. Ü.)

bis 400fache der Bombe, die Hiroshima dem Erdboden gleichmachte. Das ist die Waffe, die Ronald Reagan auf den Namen «Peacekeeper», «Friedensbewahrer», taufte. Der Clan der Verteidigungsstrategen quittierte diesen Euphemismus mit spöttischem Hohn, bei ihnen heißt die MX «damage limitation weapon», «schadensbegrenzende Waffe». Sie reden auch gerne über «clean bombs», «saubere Bomben» – atomare Sprengkörper, wie zum Beispiel die Wasserstoffbombe, die vor allem durch Kernfusion und nicht durch Kernspaltung funktionieren und daher bei ihrer Zündung *mehr* Energie als destruktive Explosionskraft freisetzen denn als Strahlung. Sie sind «sauber», weil sie weniger radioaktive Strahlung freisetzen als andere Atombomben, aber ihr Tötungs- und Zerstörungspotential ist weitaus größer.

Die Militärs haben sich aber nicht nur der Geburt, sondern auch der «Frauenarbeit» bemächtigt, indem sie mit Hilfe von Bildern aus dem pflegerischen und häuslichen Bereich das Grauenhafte ihres Tuns zu maskieren suchen. Sie sprechen nicht nur von «sauberen Bomben», sondern sehnsüchtig von «patting bombs or missiles», «tätschelnden Bomben oder Raketen». Ein elektronisches System, durch das das unkontrollierte Zünden nuklearer Sprengköpfe verhindert werden soll, tauften sie auf den Namen «PAL»*, eine sorgfältig konstruierte, freundlich klingende Abkürzung; der frühen Version eines Raketenflugabwehrsystems verliehen sie den Namen «BAMBI», ein Akronym für *Ballistic Missile Boost Interceptor*. Das alljährliche Memorandum des Präsidenten zum Kernwaffenarsenal, eine Auflistung kurz- und langfristiger Produktionsvorhaben für neue Atomwaffen, heißt bei ihnen «die Einkaufsliste». Das Nationale Oberbefehlskommando wählt aus einem «Optionsmenü», wenn es Angriffsziele festlegt. Ein bestimmtes nukleares Angriffsmodell heißt unter Wissenschaftlern «Plätzchenstecher», und die nuklearen Sprengköpfe der MIRV-Flugkörper** hinterlassen beim Aufprall einen «Fuß-

---

* Aus *Permissive Action Link; pal* bedeutet eigentlich «Kumpel» (Anm. d. Ü.)
** MIRV: Multiple Independently Targetable Reentry Vehicles

abdruck». Männer benutzen niemals die Termini Atombombe oder Sprengköpfe, sondern nennen sie «reentry vehicle»* – «RVs» –, auch Abkürzung für «recreational vehicle», ein Euphemismus, den Laien für *Wohnwagen* der Unterklasse benutzen.

An Cohns Sommerseminar nahmen noch neun weitere Frauen teil. Cohn hatte erwartet, daß diese hochgebildeten Männer sich in Gegenwart von zehn Frauen wegen ihrer Macho-Ausdrucksweise unbehaglich fühlen würden, aber sie irrte sich. Feministische Kritik an männlichem Verhalten schien ihnen fremd zu sein, und sie gaben unumwunden zu, daß Atomwaffen auf das amerikanische Militär eine «unwiderstehliche Wirkung ausüben, *because you get more bang for the buck*» – weil es mehr knallt für die Kohle**. Sie sagten ihr, daß kein Wissenschaftler je ernstlich eine Abrüstung in Erwägung ziehen würde, denn Abrüstung bedeute nichts anderes als Entmannung: «Abrüsten heißt, sein ganzes Zeug loszuwerden.» Ein Professor erklärte, die MX würde nicht ältere, ungenauere Raketen ersetzen, sondern in den unterirdischen Startrampen der neuesten *Minuteman*-Flugkörper untergebracht werden, «weil die im hübschesten Loch sind – schließlich wird niemand seine hübscheste Rakete nehmen und sie in ein dreckiges Lock stecken». Wissenschaftler hielten Vorträge über «vertical erector launchers»***, das Verhältnis von Stoßkraft zu Gewicht, sanfte Landungen, tiefe Penetrationen und über die jeweiligen Vorzüge eines in die Länge gezogenen Angriffs gegenüber einem spasmusartigen – von einem Militärberater des Nationalen Sicherheitsrats definiert als «die Freisetzung von 70 bis 80 Prozent Megatonnage in einem orgiastischen Knall». Sie machten sich ernstliche Sorgen über «die Notwendigkeit, unsere Raketen abzuhärten», und die Notwendigkeit, «‹den Dingen ins Gesicht zu sehen›, denn die Russen sind ein bißchen härter als wir.»

Cohn fand, daß die Werbeanzeigen für neue Waffen im *Air*

---

* Reentry Vehicle: Gefechtskopf eines interkontinentalen Angriffsflugkörpers (Anm. d. Ü.)

** *to bang* heißt aber auch «bumsen», und *buck* bezeichnet auch einen Bock (Anm. d. Ü.)

*** «vertikale Erektorabschußrampe» (Anm. d. Ü.)

Force Magazine es in puncto Männerängste und -phantasien mit dem Playboy aufnehmen konnten. Waffen werden in der Werbung als «große Prügel» oder «penetrators» angepriesen oder wegen ihrer «Macht, einen Krater zu reißen», gerühmt. Bei jedem Atomwaffentest, den französische Militärs auf dem Mururoa-Atoll im Südpazifik durchführen, geben sie dem dabei entstehenden Krater einen Frauennamen. Schilderungen von Nuklearexplosionen sind ohne phallische Metaphorik gar nicht denkbar: Cohn zitierte die Beschreibung des Journalisten William Laurence, der Zeuge des Atombombenabwurfs auf Nagasaki wurde: «Dann, gerade als es so aussah, als hätte das Ding sich in einem Dauerzustand eingerichtet, schoß aus der Spitze ein gigantischer Pilz hervor, der die Säule auf insgesamt fast 15000 Meter anwachsen ließ. Die Spitze des Pilzes war noch lebendiger als die Säule selbst, sie kochte und brodelte in einer weißen Raserei aus cremigem Schaum, stieg zischend nach oben, um schließlich zur Erde zu stürzen, wie tausend Geysire, die sich in einen einzigen ergießen.»[3]

Ein Militärstratege des Pentagon erläuterte, daß Pläne für einen «begrenzten Atomkrieg» zum Scheitern verurteilt waren, weil «es wie bei einem Wettpinkeln ist – man muß davon ausgehen, daß sie alles einsetzen, was sie haben». Als Indien eine Atombombe zündete, kommentierte ein Professor das mit den Worten, Indien habe «seine Unschuld verloren». Als die neuseeländische Abgeordnete Marilyn Waring ihre Regierung zwang, Kriegsschiffen mit Atombomben an Bord oder atomar angetriebenen Schiffen das Anlegen in neuseeländischen Häfen zu untersagen, schrieb Ross Milton, ein pensionierter General der Luftwaffe, eine erboste Kolumne im *Air Force Magazine* unter der Überschrift «Nukleare Jungfräulichkeit». Cohn fand die Welt der Atomwaffen durchdrungen von Freundschaft, ja Romantik: «Feinde ‹tauschen› Sprengköpfe aus; ein Flugkörper ‹führt den anderen aus›; Waffensysteme können ‹sich vermählen›»; die Leitungen, die Alarm- und Reaktionsmechanismen verbinden, können sich «paaren». Aber diese Sexualität und diese Romantik haben nur ein Ziel: Mord. Wenn einer der eigenen Sprengköpfe einen anderen aus dem eigenen Lager «killt», dann ist das ein «Brudermord». Und diese Männer investieren zwar eine Menge Zeit in Diskussionen über «Verletzbarkeit» und «Überlebensfähigkeit», aber sie sorgen sich nicht um die Verletzbarkeit und Überlebensfähigkeit von Menschen, sondern von Waffensystemen.

Cohn zitiert zwei Schilderungen über die Folgen eines Atomangriffs. Eine davon stammt von Hisako Matsubara, die als Kind in Kyoto den Abwurf der Atombombe auf Hiroschima miterlebte, und basiert auf den Erinnerungen Überlebender:

«Alles war schwarz, war verschwunden in einem schwarzen Staub, war zerstört. Flammen, die aufzuzüngeln begannen, schienen das einzige zu sein, das noch Farbe hatte. Von überall her tauchten aus dem schwarzen Staub, der wie ein Nebel war, Gestalten auf, ebenfalls schwarz, haarlos, gesichtslos. Sie schrien mit Stimmen, die nichts Menschliches mehr hatten. Sie überschrien das Stöhnen, das von überall her aus den Trümmern drang, das aus der Erde selbst zu kommen schien.»[4]

Die zweite ist im Atomjargon abgehalten und stammt von einem Armeegeneral des Nationalen Sicherheitsrats aus Carters Amtsperiode.

«Wichtig ist, daß nach einem Atomangriff die Kommunikationsmöglichkeiten erhalten bleiben, obwohl ein Atomangriff zwangsläufig einen EMP*-Zusammenbruch mit sich bringt sowie eine Beschädigung aller Systeme durch rohe Krafteinwirkung, eine schwer gestörte Umwelt und so weiter.»[5]

Hinter solchen Worten verbirgt sich die erschreckende Wahrheit, daß diesen Männern nicht einmal an ihrem eigenen Überleben etwas liegt. Einzig Macht bedeutet ihnen etwas: Macht ist Gott, eine erhabene, körperlose Kraft, die wichtiger ist als die Menschheit. Die Absurdität und Perversität eines solchen Denkens sind kaum zu fassen. Cohn betont, daß der Bezugspunkt im technostra-

---

* EMP: Electromagnetic Pulse: elektromagnetischer Impuls (Anm. d. Ü.)

tegischen Diskurs dieser Männer nicht sie selbst und auch nicht weiße Männer sind, nicht einmal die Menschheit überhaupt; ihr Bezugspunkt sind die Waffen. Diese Männer sprechen von «Begleitschäden» und meinen damit Tote; nicht so sehr, um menschliches Leid zu verbergen, sondern weil der Tod von Menschen im Hinblick auf das, worum es ihnen geht, tatsächlich nur eine Begleiterscheinung *ist* – und ihnen geht es nur um die Waffen selbst.

Wenn aber Männer einen Diskurs erfinden, in dem das menschliche Leben nicht mehr zentraler Bezugspunkt ist, dann ist es nach Cohns Ansicht unmöglich, Menschen darin einzuschließen, und man darf nicht erwarten, daß sich in diesem Diskurs menschliche Sorgen widerspiegeln. Die Kenntnis dieser Sprache verleiht einem Sprecher keine Legitimität, gibt ihm keine Stimme bei politischen Entscheidungen. Der Diskurs ist vielleicht nicht einmal in den Prozeß politischer Entscheidungsfindung eingebunden. Cohn glaubt, daß der technostrategische Diskurs wie eine Lackschicht über politischen Entscheidungen liegt, die aus anderen Gründen getroffen wurden, wie ein «ideologischer Vorhang», hinter dem die wahren Gründe für diese Entscheidungen im verborgenen liegen.

2. Der Krieg gegen die Frauen in der Kunst

Bis jetzt gibt es keine umfassende Untersuchung über die die Kunst des 20. Jahrhunderts prägende Einstellung gegenüber Frauen, aber John Berger stellt in seinem bedeutendem Werk *Das Leben der Bilder oder die Kunst des Sehens* eine Verbindung zwischen dem Frauenbild in der westlichen Malerei und Werbung und der im Kapitalismus herrschenden Warenbesessenheit her.[6] Der Gott des Kapitalismus (der Berger zufolge fast eine Religion ist) ist das Geld. Nur Geld und Geld allein kann einem Mann zu Ansehen, Liebe und Glück (definiert durch den Neid anderer) verhelfen. Berger behauptet, daß die Tradition der westlichen

Malerei in diesem Jahrhundert von der Werbung aufgegriffen wurde, und er zeigt, daß in der westlichen Welt das Thema der meisten Kunstwerke Waren sind, so wie auch die Kunst selbst eine Ware ist, dazu bestimmt, männliche Käufer anzusprechen. Dabei wird immer angenommen, daß der Käufer ein Mann ist, selbst wenn die Werbung sich an Frauen richtet: Sie sollen dazu gebracht werden, Dinge zu erwerben, die sie in den Augen von Männern zu begehrenswerteren Waren machen. Ihre Sexualität, Mutterschaft, Schönheit und Arbeit werden in der westlichen Malerei und Werbung als Werte dargestellt, die ein Mann mit genügend Geld sich verschaffen kann. Aber Bergers brillante und faszinierende Argumentation rührt nicht einmal ansatzweise an dem Haß, den die Männer für eben diese Waren empfinden.

Feministinnen weisen zwar auf den Frauenhaß hin, der sich in den Arbeiten von Malern wie Willem de Kooning, Picasso oder in den Porträts schockierend lasziver kleiner Mädchen von Balthus Bahn bricht, aber eine feministische Analyse der Kunst wird dadurch erschwert, daß wir innerlich der künstlerischen Ausdrucksfreiheit verpflichtet sind. Künstler eignen sich den weiblichen Körper wie auch Gegenstände und die Natur als ihr Thema, ihr Eigentum an. Ob sie Frauen nun haßerfüllt malen, sie idealisieren oder sie zu geistlosen Wesen stilisieren (wie zum Beispiel Renoir), implizit greifen sie damit die Autonomie von Frauen an. Doch wir können Künstlern nicht das Recht auf ihre eigene Vision absprechen. Angriffe von Frauen auf Männer sind in der Realität zwar äußerst selten, dennoch hat Jerome Robbins das Recht, ein Ballett zu entwerfen («Der Käfig»), in dem insektenartige Frauen zwei Männern die Gedärme aus dem Leib reißen. Darstellungen bedrohlicher Frauen sind in allen Kunstgattungen weitverbreitet und spiegeln vermutlich ein echtes Grauen der Männer vor den Frauen wider. Kein Wunder! Da Männer die Frauen in allen Lebensbereichen unterjocht haben, haben sie natürlich Angst vor Vergeltung.

In vielen modernen Skulpturen werden Frauen mit kleinen, leeren Köpfen und auffälligen oder ins Riesenhafte vergrößerten Geschlechtsorganen dargestellt. Wenn ich Skulpturensammlungen in modernen Museen besichtige (insbesondere im Centre Pompidou in Paris), dann empfinde ich diese angeblich abstrakten Skulpturen aus dem 20. Jahrhundert, die übertriebenen weiblichen Körperteilen ähneln, als Angriff auf mich. Diese riesigen Körperteile scheinen es darauf anzulegen, prähistorische Skulpturen weiblicher Körper zu verhöhnen.

Es ist nicht die Erotisierung des Frauenbildes, die mich dabei stört, sondern die Tatsache, daß es erotisiert wird, *um von jemandem angeeignet zu werden*, von einem Geschlecht, das sich eine höhere Position anmaßt, vom Käufer einer Ware. Viele Frauen fühlen sich abgestoßen, wenn sie ihren eigenen Körper auf diese Weise in der Werbung und Mode enteignet und zur Ware transformiert finden. Die meisten schlucken ihren Groll hinunter; viele, die gelernt haben, sich selbst so zu «sehen», verunstalten sich selbst, um in diese Schablonen zu passen, so wie Aschenputtels Stiefschwestern an ihren Füßen metzelten, damit sie in die gläsernen Schuhe des Prinzen paßten. Für diejenigen, die tief getroffen reagieren, ist es schwierig oder gar unmöglich, mehr zu tun, als mit scharfem Blick hinzusehen und zu sagen, was wir *sehen*. Wenn wir scharf hinsehen, entdecken wir nicht Frauen, sondern Männer und eine kannibalistische männliche Psyche. Wehe der Frau aber, die diese männliche Psyche analysiert oder beschreibt: Ihr wird vorgeworfen, sie würde «auf die Männer eindreschen». Eine Gesellschaft, die nachsichtig über das negative Frauenbild in der Kunst hinwegsieht, spielt sich auf absurde Weise als Zensor auf, sobald durch Frauenkunst männliche Werte, Verhalten und Bilder angegriffen werden.

Die Erniedrigung von Frauen in der Werbung findet auch im Kino ihren Niederschlag. Frauen kommen in Filmen so miserabel weg, daß Janet Maslin, die sich nicht gerade als Feministin hervorgetan hat, sich veranlaßt fühlte, gegen die Degradierung von Frauen wie Madonna in «Dick Tracy», Jennifer Jason Leigh in «Letzte Ausfahrt Brooklyn» und «Miami Blues», Victoria Abril in Pedro Almodóvars «Fessle mich» und Goldie Hawn in «Bird on a Wire» zu protestieren. Hawn spielt im letzteren eine Rechtsanwältin, ist aber nicht nur dämlich, sondern verbringt auch noch die meiste Zeit des Films im Negligé.[7] «Pretty Woman», der populärste Film des Jahres 1990, ist eine Aschenputtelstory über eine Prostituierte. In Kinoanzeigen ist die Hauptdarstellerin oft fast nackt zu sehen, selbst wenn sie im Film gar nicht so auftritt. Männer behandeln Frauen wie ein Beutestück, so zum Beispiel Gérard Dépardieu, der die (lächelnde) Andie McDowell über die Schulter wirft («Green Card»). Vergewaltigungen oder Beinahe-Vergewaltigungen werden in gewalttätigen Filmen in den USA langsam so obligatorisch, wie sie es lange Zeit in Indien waren.[8] Wenn Sie nun noch die in Büchern und Filmen klar erkennbare Tendenz hinzufügen, Karrierefrauen als gemein und selbstsüchtig (Sigourney Weaver in «Working Girl») oder als durch und durch schlecht darzustellen («Gefährliche Leidenschaft» oder «Unter Verdacht», das als Roman zwei Jahre lang an der Spitze der Bestsellerlisten stand) sowie die haßvolle Herabsetzung von Frauen in der Unterhaltungsindustrie bedenken (nehmen Sie nur Andrew Dice Clay, Sam Kinison, Jason und Freddy und 2 Life Crew), dann kennen Sie die Anatomie der Gefühle von Männern gegenüber Frauen in unserer heutigen Zeit, und von Pornographie war dabei noch nicht einmal die Rede.

2.1 Pornographie

Auf die körperliche Gewalt von Männern gegen Frauen werden wir in Teil IV noch zu sprechen kommen; hier geht es nur um deren künstlerische Darstellung. Ich möchte Kunst als symbolische Ausdrucksform definieren, ohne zwischen hoch und niedrig, ernst und populär zu unterscheiden. Ich finde das Wort *Pornographie* nicht akzeptabel, benutze es aber, um mich verständlich zu machen. Ich würde lieber von *erotischer* Kunst sprechen, von einer Kunst, deren Hauptziel darin besteht, Verlangen zu erwekken. Da Verlangen in meinen Augen immer etwas Positives ist, finde ich erotische Kunst im Prinzip nicht verletzend. Erotische Kunst aber, die Frauen herabwürdigt, verletzt mich schon.

Vor einigen Jahren noch regten sich nur wenige Frauen über Pornographie auf. Sadistische Pornos waren eine Seltenheit. Nur gebildete Männer lasen den Marquis de Sade oder *Die Geschichte der O* (die manche André Malraux zuschreiben), und meine Freunde behaupteten hartnäckig, gebildete Männer seien irgendwie immun gegen solche Machwerke. Einige Frauen hielten aber die «populäre» Pornographie für gefährlich. Ich fragte mich, ob das zuträfe, und las einiges davon. Es war nichts Sadistisches dabei; alles drehte sich nur um Geschlechtsverkehr und war extrem repetitiv, ganz offensichtlich dazu bestimmt, Männer beim Masturbieren zu stimulieren. Der Inhalt wirkte harmlos, womöglich waren die Machwerke gar ein Segen für die Frauen, wenn sie die Männer von Vergewaltigungen abhielten – damals dachte noch jeder, dieses Verbrechen hätte seine Wurzeln in unbefriedigtem Verlangen. Ich habe mich nicht mehr um Pornographie gekümmert. Als Schriftstellerin war ich gegen jede Art von Zensur.

Das waren die Zeiten der Unschuld. Nicht nur akzeptierten wir – ich – derart snobistische Klassenunterschiede als Teil der natürlichen Ordnung der Dinge, sondern wir hatten auch noch keine Ahnung von dem, was zwanzig Jahre Feminismus uns inzwischen enthüllt haben: das Ausmaß, die Grausamkeit und die Allgegenwärtigkeit jenes unerhörten Verhaltens, mit dem die Männer die Frauen im Alltagsleben behandeln, verborgen hinter den Spitzenvorhängen des Heims, das Generationen von Verfechtern der männlichen Vorherrschaft als heilig bezeichneten. Außerdem veränderte sich die Pornographie nach der sexuellen Revolution der Männer; sie fand eine weit größere Verbreitung und hielt Einzug im Kino und schließlich in den Videofilmen. Als dann auch Kinder als Pornodarsteller dienen mußten, entdeckten wir, daß Männer seit Jahrhunderten Kinder sexuell mißbrauchten (die persönliche Erfahrung war eben nicht nur eine persönliche). Ende der sechziger Jahre schließlich taten sich unvorstellbare Abgründe von Gewalt, Haß und Grausamkeit auf. Es gab Filme, in denen gezeigt wurde, wie vornehmlich asiatische Frauen gelyncht wurden; in einigen Filmen wurden die Darstellerinnen wirklich umgebracht: Verstümmelung und Mord katapultierten die Männer zum Orgasmus. Mittlerweile haben wir aus feministischen Analysen gelernt, daß auch milde Formen von Pornographie Frauen herabwürdigen und Männer dazu bringen, sie durch eine die Wirklichkeit verzerrende Brille zu sehen.

Anfang der achtziger Jahre baten die Bewohner eines Viertels von Minneapolis, die die Nase voll hatten von den Pornoläden überall auf ihren Straßen, Catherine A. MacKinnon und Andrea Dworkin, bekannte Pornographie-Gegnerinnen, ein Gesetz zu entwerfen, durch das ein gerichtliches Vorgehen gegen die pornographische Darstellung von Frauen oder «Männern, Kindern oder Transsexuellen anstelle von Frauen» möglich wurde. In ihrem Gesetzesentwurf wurde Pornographie als «unverhüllt sexuelle Unterordnung von Frauen» in Wort oder Bild definiert. Darunter sollte folgendes fallen:

- Frauen werden als entmenschlichte Sexualobjekte, Dinge oder Waren dargestellt;
- Frauen werden als Sexualobjekte dargestellt, die aus Schmerz und Erniedrigung Lust gewinnen;
- Frauen werden als Sexualobjekte dargestellt, denen eine Vergewaltigung sexuelle Lust verschafft;
- Frauen werden als Sexualobjekte dargestellt, die gefesselt, geschnitten, verstümmelt, geschlagen oder sonstwie verletzt werden;
- Frauen werden in Stellungen sexueller Unterwerfung, Knechtschaft oder Zurschaustellung dargestellt;
- Die Körperteile von Frauen – einschließlich Vagina, Brüste und Gesäß – werden so zur Schau gestellt, daß die Frauen auf bloße Körperteile reduziert werden;
- Frauen werden als Huren von Natur aus dargestellt;
- Frauen werden von Objekten oder Tieren penetriert;
- Frauen werden in einem Szenario der Erniedrigung, Gewalt, Folter dargestellt; als schweinisch oder minderwertig, blutend, blaugeschlagen oder verletzt gezeigt, in einem Kontext, der diese Bedingungen sexuell aufreizend wirken läßt.[9]

Dieses Gesetz wurde zweimal, 1983 und 1984, im Stadtrat von Minneapolis verabschiedet; beide Male legte der Bürgermeister sein Veto ein. 1984 legte ein Mitglied des Stadtrats eine geänderte Fassung des Entwurfs vor, die durchging und vom Bürgermeister unterzeichnet wurde. Doch eine Koalition aus Buch-, Zeitschriften- und Videohändlern erwirkte unmittelbar danach eine einstweilige Verfügung. Das Bundesbezirksgericht erklärte, das Gesetz stünde im Widerspruch zur Verfassung, so kam es vor das Berufungsgericht. Zwei Richter befanden schließlich, daß «Darstellungen von Unterwerfung tendenziell die Unterwerfung von Frauen verewigen» und zu «Beleidigungen und schlechterer Bezahlung am Arbeitsplatz, zu Beleidigungen und Tätlichkeiten zu Hause und zu Mißhandlungen und Vergewaltigungen auf der Straße» führen. Sie erkannten auch an, daß «Pornographie einen Einfluß darauf hat, wie Menschen die Welt, ihre Mitmenschen und ihre sozialen Beziehungen sehen», doch das alles hinderte sie nicht an dem Schluß, diese Wirkungen würden nur die Macht der Pornographie als Ausdrucksform zeigen, und der Freiheit des Ausdrucks dürften keine Zügel angelegt werden.[10] Das Oberste Gericht wies eine Behandlung des Falles ab. 1988 wurde das Gesetz in einem Volksentscheid in Bellingham, Washington, beschlossen, dann aber erneut für verfassungswidrig erklärt.

Die Kampagne zur Durchsetzung dieses Gesetzes wurde von einer dubiosen Allianz mit der religiösen Rechten getragen. MacKinnon unterscheidet zwischen rechten und feministischen, anti-pornographischen Positionen mit dem Argument, dem rechten Flügel gehe es um Gesetze gegen Obszönität und den Feministinnen um politische Gesetze. In Gesetzen gegen Obszönität, so führt sie aus, steht die «Moral» im Mittelpunkt, die Moral aus der Sicht der Männer, vom Standpunkt männlicher Herrschaft aus gesehen. Die feministische Kritik an der Pornographie dagegen ist eine «politische, genauer gesagt, von einem spezifisch frauenpolitischen Standpunkt aus formuliert», nämlich dem der Unterwerfung der Frauen durch die Männer. Die Moral befaßt sich mit Gut und Böse, die Politik mit Macht und Ohnmacht: «Obszönität ist eine moralische Kategorie; Pornographie ist eine politische Praxis. Obszönität ist abstrakt; Pornographie ist konkret.»[11]

MacKinnon ist der Ansicht, daß die Vorstellungen der Rechten von Obszönität auf einem Gesetz aus dem Jahr 1973 basieren, durch das Obszönität verboten wurde. Darin wird Obszönität definiert als alles, was nach Meinung eines «Durchschnittsbürgers, der die zeitgemäßen Normen seiner Gemeinschaft anlegt, insgesamt niedere Instinkte anspricht . . ., [was] sexuelle Verhaltensweisen, wie sie durch das gültige Gesetz des jeweiligen Bundesstaates definiert sind, auf unverkennbar anstößige Weise darstellt oder beschreibt; und [dem] insgesamt gesehen kein ernstlicher literarischer, künstlerischer, politischer oder wissenschaftlicher Wert zuzusprechen ist.»[12] MacKinnon, die Zweifel an der Existenz eines «geschlechtsneutralen Durchschnittsbürgers» äußert und Gemeinschaftsnormen mißtrauisch begegnet, fragt, warum «Lüsternheit die Gemüter erregt, Ohnmacht jedoch nicht», warum «empfindliche Gemüter besser vor Kränkungen geschützt werden als Frauen vor Ausbeutung». Ihrer Meinung nach umfaßt Sexualität, «einschließlich ihrer Übertretung und Enteignung» mehr, als das Gesetz darunter definiert, und sie stellt ernstlich in Frage, ob einem Gesetzeskomplex, der in der Praxis nicht einmal zwischen Vergewaltigung und Geschlechtsverkehr unterscheiden kann, die Unterscheidung zwischen Kunst und Pornographie anvertraut werden sollte.

Sehr aufschlußreich ist ihre Argumentation, die gesetzliche Obszönitätsnorm wie auch die Pornographie würden beide vom gleichen männlichen Standpunkt ausgehen, so daß die Gesetze über Obszönität nur den pornographischen Blickwinkel auf der Ebene verfassungsmäßiger Rechtsprechung reproduzieren. «Die Pornographie bewirkt eine Institutionalisierung der Sexualität im Zeichen männlicher Vorherrschaft, durch die die Erotisierung von Herrschaft und Unterwerfung mit der gesellschaftlichen Herausbildung des Männlichen und des Weiblichen verschmolzen wird.» In der patriarchalischen Vorstellungswelt wird der Krieg der Männer gegen die Frauen als erotisch dargestellt, als stimulierend für beide Geschlechter, und die Pornographie wird dazu benutzt, beiden ihre ausschließlich dominante oder unterwürfige Rolle nahezubringen. MacKinnon behauptet, die Verteidiger der Pornographie, ob es nun «Feministinnen, Anwälte oder Neofreudianer sind», handelten in dem Glauben, sie würden die «sexuelle Befreiung der Menschen» unterstützen, in Wirklichkeit jedoch machen sie sich zu Verteidigern eines sexuellen Terrorismus und der Unterwerfung der Frauen.

Aber letztlich sind beide Positionen – die patriarchalische und die feministische – politische *und* moralische Positionen. Der Unterschied liegt woanders. Beide bedienen sich derselben Mittel, wollen aber unterschiedliche Ziele erreichen. Die Feministinnen wollen durch ihre Antipornographie-Kampagne das kulturelle Klima Amerikas verändern, um der Gewalt gegen Frauen Einhalt zu gebieten und eine Instanz auszuschalten, die die Frauen in ihrer Selbstachtung und ihrem Selbstvertrauen beeinträchtigt. Die Konservativen wollen das kulturelle Klima Amerikas dahingehend verändern, daß Sexualität zu einem Tabuthema wird und nur noch im verborgenen existiert. Wenn es ihnen gelänge, sadistische und erniedrigende erotische Kunst zu zensieren, dann würden sie als nächstes alle öffentlichen Ausdrucksformen von Erotik zensieren. Die meisten Feministinnen halten das nicht für ein wünschenswertes Ziel.

Die Feministinnen sind allerdings der Ansicht, daß die Sicherheit und das Wohlergehen von mehr als der Hälfte der menschlichen Spezies wichtiger sind als die Freiheit, erniedrigende Bilder von Frauen zu produzieren, die sadistische Gewalt gegen sie zumindest legitimieren, wenn nicht direkt fördern. Doch sobald sie gegen die Veröffentlichung derartiger Machwerke protestieren, werfen die Männer ihnen vor, sie seien puritanische Zensoren, denen Flaubert, Lawrence, Joyce, Henry Miller zum Opfer gefallen wären, und scheren sie verächtlich mit jenen Fundamentalisten über einen Kamm, die die Klassiker aus den Regalen der Buchhandlungen ausräumen. Diejenigen, die die bürgerliche Freiheit verteidigen (wie sie im ersten Zusatzartikel zur Verfassung garantiert wird), räumen der allgemeinen Freiheit des künstlerischen Ausdrucks einen größeren Stellenwert ein als der Ausschaltung einer frauenfeindlichen Macht. Dabei *ist* die Freiheit des künstlerischen Ausdrucks wirklich ein zentrales Recht.

Beide Positionen sind unhaltbar; sie sind legalistisch und spiegeln nicht die tatsächlichen Gefühle der Menschen wider. Menschen beiderlei Geschlechts, die sadistische und erniedrigende Darstellungen von Frauen und sexuelle Machtbeziehungen verabscheuen, sind durch diese Sackgasse zum Schweigen verdammt. Doch alle Parteien in diesem unlösbaren Konflikt gehen von der Annahme aus, in den Vereinigten Staaten herrsche *tatsächlich* Meinungsfreiheit. Diese Annahme ist falsch. In diesem wie in allen Staaten seit Anbeginn des Patriarchats war die Meinungsfreiheit bestimmten Tabus unterworfen.

Tabus sind politisch. Sie sollen die Menschen von eigenständigen Gedanken abhalten, durch die ihnen ihre Unterdrückung bewußt werden könnte. Ihr Ziel ist es, in Gruppen, die eine Bedrohung für die Oberschicht darstellen, in erster Linie in solchen, die *von* dieser Oberschicht unterdrückt werden, Solidarität zu verhindern. Tabus werden mit Gewalt durchgesetzt.[13] In den Vereinigten Staaten wie in anderen Ländern ist die Freiheit der *privaten* Meinungsäußerung garantiert, wenn auch in kleinen Gemeinschaften durch Ausgrenzung und Schikanen auf diejenigen, die unliebsame Ansichten vertreten, Druck ausgeübt wird. Leute, die gegen die Auslösung des Golfkriegs durch Amerika waren, wurden in vielen Gemeinden zum Schweigen gebracht. Die Freiheit, privat unpopuläre Meinungen zu äußern, kann einem eine Akte beim FBI einbringen, aber es ist unwahrscheinlich, daß jemand deswegen in die Lubjanka verschleppt wird.

Der öffentliche Ausdruck dagegen unterliegt *überall* der Zensur: entweder direkt (durch Gesetze, in denen Dissens als Verrat definiert wird, oder durch staatlichen Terror – Schikanen oder Mord an Dissidenten) oder indirekt durch den beschönigenden Verweis auf «den Markt». Die Vereinigten Staaten bedienen sich beider Methoden: Sie haben abweichende Meinungen schon für illegal erklärt und mit staatlichem Terror Sozialisten und Organisatoren von politischen Bewegungen der Schwarzen zum Schweigen gebracht. In der Regel allerdings genügt die Macht des Geldes, um den öffentlichen Ausdruck zu zensieren. Als Gegner des Golfkriegs konnten wir miterleben, wie die Fernsehsender ihre Berichte über Protestmärsche, an denen wir selbst teilgenommen hatten oder von denen wir wußten, zensierten. Je populärer ein Medium ist, um so mehr ist es der Zensur ausgesetzt: Fernsehen, Film und Hochglanzmagazine werden am stärksten zensiert. Zensur wird in den Vereinigten Staaten nicht etwa von religiösen Vereinigungen oder durch die Regierung ausgeübt, sondern von den Firmen, die Fernseh- und Filmproduktionen sponsern und in Zeitschriften inserieren. Zeitungsverleger, die bei der Darstellung «harter Fakten» – angeblich objektiver Tatsachen – eingreifen, haben häufig die gleichen Interessen wie große Gesellschaften.

Filmemacher und Verleger sind am ehesten vor Einmischung sicher, doch noch bevor ein Schriftsteller auch nur ein Wort zu Papier bringt, lange bevor dieses in der Öffentlichkeit publik gemacht wird, weiß er, was er nicht sagen kann. Zensur findet auch im Kopf statt: Manche Leute im Westen blickten voller Verachtung auf die Schriftsteller in östlichen Ländern, die einer unverhüllten und erdrückenden Zensur ausgesetzt waren, weil sie mit der Regierung zusammenarbeiteten, um akzeptable «Kunst» zu produzieren. Dabei denken die meisten Schriftsteller nicht im Traum daran, etwas zu produzieren, von dem sie wissen, daß es keinen Verleger finden wird. Ein Schriftsteller muß außergewöhnlich mutig und selbstsicher sein, um ohne die Legitimierung durch eine politische Bewegung eine abweichende Meinung zu äußern. In den USA können Schwarze, Feministinnen und Schwule seit der Entstehung der Schwarzen-, feministischen und Schwulenbewegungen als Schriftsteller oder Künstler Tabuthemen zur Sprache bringen, sofern sie bereit sind, sich selbst um den Vertrieb zu kümmern, aus Schubkarren auf dem Gehsteig Fotokopien zu verkaufen (was viele tun), in Armut zu leben (was die meisten Schriftsteller ohnehin tun) und die Hoffnung auf größere Bekanntheit aufzugeben. Jedenfalls wird keine Geheimpolizei aufkreuzen, um die Verfasser derartiger *samizdats* einzukerkern.

Doch selbst in (Hochglanz-)Zeitschriften, die sich hauptsächlich an Schwarze richten, werden abweichende oder revolutionäre

Ideen schwarzer Vordenker modifiziert oder geschönt. Feministinnen müssen ihre eigenen Zeitschriften unterhalten, um ihre Ideen zu verbreiten – in den großen Medien erscheinen ihre Arbeiten nie *unverzerrt*; Lesbierinnen haben selbst Verlage gegründet. Jeder kann selbst entscheiden, ob er oder sie in relativer Armut arbeiten will, um frei schreiben zu können, aber mit wenigen Ausnahmen werden seine oder ihre Ideen dann nicht einem breiteren Publikum zugänglich werden. Amerikas herrschende Klasse hat die Lösung für das Problem der Meinungsfreiheit gefunden: Man braucht keinen KGB und keine Gefängnisse für Schriftsteller und Künstler, wenn man abweichende Ideen einfach an ihrer Verbreitung hindern kann.

Es ist daher ein leichtes, Tabus aufzudecken, wenn wir uns die populärsten Medien vornehmen. Eine gründliche Analyse der Einstellungen, die in Film und Fernsehen gefördert oder zensiert werden, würde ein eigenes Buch erfordern, aber zwei kürzlich erschienene Artikel über das Wiedererscheinen der Zeitschrift *MS* verdeutlichen den Einfluß von Firmen auf Frauenmagazine. *MS* war nie radikal: Es vermied immer den Eindruck, «auf Männer einzudreschen», und beschränkte seine politische Zielsetzung darauf, den Frauen mehr Einfluß zu verschaffen. Ausführlich wie in keiner anderen Zeitschrift (weder in einer «Frauenzeitschrift» noch in einer anderen) wurden Frauen über ihren Körper, ihre Gefühle und Fähigkeiten informiert, und abgesehen von der Weigerung, Frauen als Waren für männliche Käufer darzustellen, wurde die kapitalistische Ausrichtung nicht im geringsten in Frage gestellt. Aber selbst das war dem männlichen Establishment, das finanziell das Sagen hat – und auch die Anzeigen, von denen Zeitschriften existentiell abhängig sind, kontrolliert – schon zuviel.

Alle Zeitschriften unterliegen bis zu einem gewissen Grad dem Einfluß ihrer Werbekunden: Selbst angeblich unabhängige Nachrichtenmagazine liefern «softe» Titelgeschichten, um Anzeigen zu verkaufen, und zensieren Artikel, die bei bedeutenden Anzeigenkunden oder auf Regierungsebene Anstoß erregen könnten. Peggy Orenstein bemerkt, daß Anzeigenkunden, die einen Horror vor Kontroversen haben, politische Magazine wie *Mother Jones, The Nation, Harper's* und *The Atlantic* meiden wie die Pest; diese Magazine sind deshalb auf private Spenden für ihr Bestehen angewiesen.[14] Diese Taktik trifft Frauenmagazine noch härter, denn nur wenige Frauen haben Geld. Auch Gloria Steinem schreibt, daß Anzeigenkunden unglaublichen Druck auf Frauenmagazine ausüben und beinahe den ganzen Inhalt diktieren oder zumindest die Richtung vorschreiben.[15]

Hersteller von Frauenprodukten fordern von Frauenmagazinen (in der Branche heißen sie »cash cows», «Geldkühe») nicht nur den Abdruck von Empfehlungen und Artikeln über Schönheitspflege und Mode, um ihre Werbung gebührend zu plazieren, sondern verlangen sogar, daß eine ganz *bestimmte Art* von Schönheit, Ernährung und Mode darin propagiert wird – eine Art, die Frauen zu Waren macht. Leonard Lauder weigerte sich, Anzeigen für Estée Lauder in *MS* aufzugeben, weil Estée Lauder, wie er Gloria Steinem mitteilte, das «Image einer ausgehaltenen Frau» verkaufe. Steinem protestierte; 60 Prozent der Estée-Lauder-Kundinnen seien berufstätig und ähnelten den Leserinnen von *MS*. Leonard Lauder blieb unbeeindruckt. Er kenne seine Kundschaft, behauptete er, «und die würden sich *gerne* aushalten lassen».

MS erhielt immer einen kleinen Anzeigenauftrag von Clairol – bis es eines Tages über ein Hearing im Kongreß berichtete, bei dem es um Chemikalien in Haarfärbemitteln ging, die durch die Haut aufgenommen werden und krebserregend sein können. Obwohl auch in den Zeitungen über dieses Hearing berichtet worden war, zog Clairol seine Anzeigen aus *MS* zurück (und änderte auch die chemische Zusammensetzung des Produkts). Als die *MS*-Redaktion erfuhr, daß in der Sowjetunion vier Frauen, die feministische *samisdats* (im Untergrund publizierte Bücher) produziert hatten, ins Exil gewiesen worden waren, rief sie zu Spenden auf, damit Robin Morgan nach Wien fahren und dort die Frauen interviewen konnte. Morgans Titelstory war, wie Steinem sich erinnert, ein Knüller; sie lieferte «die ersten Nachrichten von einer volkstümlichen Friedensbewegung in Afghanistan, prophezeite Glasnost» und gewährte einen intimen Einblick in das

Leben sowjetischer Frauen. Die Story gewann einen Preis, aber sie vertrieb einen der wenigen Anzeigenkunden des Magazins: Revlon zog seine Anzeigen zurück, weil die Sowjetfrauen auf dem Titelbild *kein Make-up trugen*.

Viele Anzeigenkunden meiden Frauenmagazine von vornherein, weil sie fürchten, daß ein Produkt, wenn es erst einmal mit Frauen assoziiert wird, für Männer an Wert verliert. Als Steinem eine Handelsmesse besuchte, um Anzeigenkunden zu gewinnen, stieß sie auf einige Inserenten, die von einem irrationalen Haß auf *MS* beseelt waren: Ein Lebensmittelproduzent traf sich mit *MS*-Redakteurinnen in einem teuren Restaurant, das sie sich nicht leisten konnten, zum Abendessen und hörte sich ihre ganze Verkaufswerbung an, bis er schließlich nach dem Essen die Zeitschrift auf den Tisch warf und ausrief: «In dieser Scheißzeitschrift würde ich nie und nimmer eine Anzeige aufgeben.» Der Verleger eines anderen Frauenmagazins suchte potentielle Anzeigenkunden auf und drängte sie ohne jeden Grund, keine Inserate in diesem «Lesben»-Magazin aufzugeben.

Die Geschichte hat jedoch – vorläufig zumindest – ein glückliches Ende: *MS* ist wieder auf dem Markt, mit neuem Format, ohne Werbung, ausschließlich von Abonnements abhängig. Aber die Erfahrung seiner Herausgeberin zeigt deutlich die zwei Maßstäbe, die in der Welt der Zeitschriften angelegt werden: Männliche Anzeigenkunden verlangen Steinem zufolge mehr Einfluß auf Frauenmagazine als auf Männermagazine, Nachrichtenmagazine oder Zeitungen. Sie bedingen sich aus, daß ihre Anzeigen in «kompatibles» Material eingebettet sind oder daß sie nicht in der Nähe kontroverser Themen erscheinen. Zu den als «kontrovers» geltenden Themen zählen Krankheit, Übergewicht oder *Desillusionierung*. Frauen haben rund um die Uhr glücklich zu sein. Procter und Gamble, ein riesiges Firmenkonglomerat und einer der bedeutendsten Anzeigenkunden, forderte, die Anzeigen für seine Produkte dürften nicht in Zusammenhang erscheinen mit Artikeln, in denen es um Waffenkontrolle, Abtreibung, Okkultes oder Sekten ging oder in denen die Religion verunglimpft werde. Ist das Zensur?

Um ihren Werbeetat sicherzustellen, müssen Frauenmagazine oberflächlich und inhaltslos sein. Steinem wählte Anfang 1990 nach Zufall Frauenmagazine aus und verglich die Zahl der Seiten mit einem aktuellen Inhalt – einschließlich der Leserbriefe und Horoskope – mit den Anzeigenseiten und den «ergänzenden Bemerkungen» (Artikeln, die nach Angaben der Anzeigenkunden verfaßt werden). Sie fand, daß in der Aprilausgabe von *Glamour* auf 65 von 339 Seiten reale Berichterstattung stattfand; in der Maiausgabe von *Vogue* waren es 38 von 319 Seiten; in der Aprilnummer von *Redbook* 44 von 173; in der Märznummer von *Family Circle* 33 von 180; in der Maiausgabe von *Elle* 39 von 326; im Novemberheft von *Lear's* 65 von 173 Seiten.

Den Hintergrund für die Einschränkungen, die solchen Magazinen sowie Fernsehsendungen auferlegt werden, bildet die im gesamten männlichen Establishment verbreitete Angst, daß Frauen mit einem stärkeren Selbstbild sich womöglich nicht mehr mit ihrem Dienerinnendasein abfinden könnten, am Ende sogar gemeinsam gegen diese Ausbeutung kämpfen könnten. Die herrschende Oberschicht muß eine Gruppe, um sie in ihrer untergeordneten Stellung zu halten, davon überzeugen, daß sie zu Recht untergeordnet ist, weil ihre Minderwertigkeit *angeboren* ist. Wer einer minderwertigen Gruppe angehört, der kann nicht frei über sein Leben entscheiden, sondern muß sich an der höheren Gruppe orientieren. Folglich müssen Frauen als hauptsächlich sexuelle, genauer gesagt heterosexuelle Wesen dargestellt werden, die wissen oder lernen, daß ein Leben ohne Männer für sie undenkbar ist. Und es ist von zentraler Bedeutung, daß die untergeordnete Gruppe ihre Herrscher nicht als Unterdrücker wahrnimmt. Das primäre Tabu, dem Frauen ausgesetzt sind, verbietet es, die Männer-als-Gesamtheit für die Probleme der Frauen verantwortlich zu machen: Wenn ein Mann als Unterdrücker einer Frau erscheint, dann muß ein anderer als ihr Retter auftreten.

Wenn dieses Tabu verletzt wird, brechen die Männer in Protestgeschrei aus. Sehen wir uns beispielsweise die Reaktion der Männer auf *Thelma & Louise*, einen Film über eine Frauenfreundschaft, an. Die meisten männlichen Charaktere in diesem

Film sind Allerweltstypen, Männer, die den meisten Frauen vertraut sind: ein egozentrischer Ehemann, ein Liebhaber, der sich nicht engagieren will, ein brutaler Vergewaltiger – ein Lastwagenfahrer –, der nur auf sein Opfer lauert. Zwei sind unwahrscheinlich: ein Dieb mit Sexappeal und ein sympathischer Polizeibeamter. Abgesehen von einem Rastafari mit Sinn für Humor, den sie allerdings nie kennenlernen, nutzen alle Männer in dem Film die Heldinnen auf irgendeine Weise aus. Aber der Film handelt nicht in erster Linie von Männern. Er handelt von den Frauen, die sich so lustvoll aus ihrer Unterdrückung befreien, daß die Zuschauer, Männer wie Frauen, beschwingt das Kino verlassen.

Thelma und Louise nehmen grausame Rache an den Männern, die über sie hergefallen sind, dennoch enthält der Film weniger Gewalt als die meisten Männerfilme unserer Zeit: Nur *ein* Mensch wird ermordet. Aber *Thelma & Louise* ist ein radikaler Film, denn er bricht mit zwei Kardinaltabus: Er zeigt den Krieg der Männer gegen die Frauen und die Rache der Frauen an den Männern. Er ist realistischer als Filme über gewalttätige Männer, die immer in die Gemeinschaft wiederaufgenommen werden, und sei es nur als Randfiguren. Frauen aber, die Vergeltung üben, werden vogelfrei – das wahre Schicksal der Frauen in einer von Männern beherrschten Welt, wenn wir Schriftstellerinnen wie Flora Tristan, Mary Wollstonecraft und Virginia Woolf glauben. Für sie gibt es danach keinen Weg mehr zurück. Aber erst in der Rolle der Gesetzlosen entdecken sie ihr wahres Selbst. Der Film handelt von *menschlicher* Befreiung, und in der Vorstellung, die ich besuchte, verlieh die Entdeckung der Freiheit durch die Hauptfiguren Männern wie Frauen gleichermaßen Auftrieb.

Aber manche Männer brachte dieser Film auf die Palme: Ralph Novak schreibt in der Zeitschrift *People*: «Jeder Film, der es so sehr darauf anlegen würde, Frauen in den Dreck zu ziehen, wie diese feministische Schweinerei von einem Chauvinistenfilm Männer in den Dreck zieht, würde auf der ganzen Welt zu Recht verurteilt werden.» Den männlichen Regisseur bezeichnet er als «Geschlechter-Quisling», womit er stillschweigend die Realität eines Krieges zwischen den Geschlechtern eingesteht.[16] Richard Schickel, der Herausgeber des Magazins *Time*, überläßt anderen die Mühe der Verurteilung und beginnt seine Besprechung mit diesem Satz: «Es ist ‹der erste Film, den ich je gesehen habe, der die reine Wahrheit sagt›, sagt Mary Lucey, *eine lesbische Aktivistin* aus Los Angeles» [Hervorhebung von mir]. Schickel zitiert John Leo vom *U. S. News and World Report* mit den Worten: Der Film ist «eine Lobpreisung der transformierenden Kraft der Gewalt... ein explizit faschistisches Thema», und Richard Johnson von der New Yorker Zeitung *Daily News*: «Der Film ist eine Rechtfertigung für bewaffneten Raubüberfall, Mord und chronische Trunkenheit am Steuer.»[17] Wenn man bedenkt, was in Männerfilmen alles «gerechtfertigt» wird, kann man darüber wirklich nur lachen. Trotz seines beachtlichen Erfolges mußte der Film einen Chor der Verdammung über sich ergehen lassen, der nur schwer auszuhalten war, und die mutige Drehbuchschreiberin Callie Khouri wird in Zukunft noch mehr Mut brauchen, um je wieder etwas so «Weibliches» zu schreiben. Und andere Schriftstellerinnen wissen, daß die Gefechtslinien nun abgestellt sind.

Das Tabu, das eine Darstellung der wahren geschlechtsspezifischen Machtbeziehungen in der Gesellschaft verbietet, betrifft auf die eine oder andere Weise alle kulturellen Äußerungen. Beispielsweise wird in vielen Romanen grauenhafte *fiktive* Gewalt von Männern gegen Frauen dargestellt, aber es ist schwierig, ein Buch zu veröffentlichen, in dem *reale* Gewalt von Männern gegen Frauen thematisiert wird. Für Bücher über Mißhandlung oder Vergewaltigung gibt es nur einen kleinen Markt. Das kulturelle Establishment weigert sich einerseits, sich dem Vertrieb von Werken, in denen männlicher Sadismus gegen Frauen geschildert wird, entgegenzustellen (mit der Begründung, das wäre Zensur), während es den Vertrieb von Werken, die die Unterdrückung der Frauen durch die Männer publik machen, verhindert (aus «Markt»-Gründen). Dahinter stecken ganz offensichtlich geschlechtsspezifische politische Motive und nicht die Sorge um die Meinungsfreiheit.

Auch die kulturelle Darstellung anderer Gruppen und Situationen ist mit Tabus belegt: Die Situation schwarzer Männer unterliegt aus ähnlichen Gründen ähnlichen Tabus wie die der Frauen. Einige Tabus allerdings wirken sich positiv auf die Gesellschaft aus. Der Antisemitismus ist in den Vereinigten Staaten nichts Unbekanntes, und manche Leute halten Judenhaß für richtig. Dennoch könnten antisemitische Handlungen in keinem Film und keiner Fernsehserie wohlwollend und als moralisch richtig dargestellt werden. Bei einem solchen Stoff setzt die Zensur der Produzenten ein – das ist auch richtig so: Der Haß auf eine Gruppe um ihrer bloßen Identität willen ist von Übel, und es ist ein moralischer Imperativ, diesen Haß als Übel zu entlarven. Die Verfolgung von Schwarzen ist böse, und es ist ein moralischer Imperativ, das aufzuzeigen. Zwar tauchen die realen Dimensionen der Verfolgung der Schwarzen durch die Weißen, insbesondere im ökonomischen Bereich, in populären Kulturerzeugnissen nie auf, aber es gibt auch kaum Filme, die sich genüßlich an Vergewaltigungen, Verstümmelungen und Ermordung von Schwarzen weiden. Dagegen weiden sie sich an der Vergewaltigung, Verstümmelung und Ermordung von Frauen. Über Moral läßt sich streiten, aber manche Handlungen zeugen von so eklatanter Grausamkeit und Bösartigkeit, daß beinahe jedes menschliche Wesen sie abstoßend findet. Sind Haß und gewalttätige Mißhandlung von Frauen nicht Auswüchse von Bösartigkeit? Warum ist ihre Darstellung erlaubt?

Die Gegner der feministischen Kampagne gegen Pornographie verlangen Beweise dafür, daß diese Machwerke reale Gewalt von Männern gegen Frauen nähren oder erzeugen. Aber die Überschneidung von Kultur und Leben ist nicht quantifizierbar oder beweisbar. Man kann nicht *beweisen*, daß Gewalt gegen Frauen in der Kunst zu Gewalt gegen Frauen im realen Leben führt, sowenig wie man beweisen kann, daß die Verachtung der Juden, Farbigen und Frauen, von der die Zivilisation des 19. Jahrhunderts durchdrungen war, an den Gräueln der Kolonialisierung Afrikas und am Holocaust *schuld* war. Sonst genügt der bloße Verdacht eines solchen Zusammenhangs, damit dem Haß auf eine Gruppe die gesellschaftliche Anerkennung versagt wird. Sobald es aber um Frauen geht, hebt unsere Kultur diese Einschränkung auf.

Die meisten Filme und Fernsehsendungen werden von Männern für Männer produziert. Ihr Hauptzweck besteht darin, weiße Männer als triumphierende Sieger vorzuführen, geschlechtsspezifische Rollen zu zementieren und zum Entzücken der Männer junge, halbnackte Frauen mit üppigen Brüsten und rundem Hintern (die Körperteile, die gewöhnlich zum Angriffsziel werden) zu erniedrigen und zu malträtieren. Wie die prototypischen Nazis der Freikorps, die einen Krieg im Krieg führten und den Frauen zwischen die Beine schossen, weil diese dort (!) Granaten transportierten, so machen auch die amerikanischen Männer am liebsten die Sexualität der Frauen, das Reich ihrer größten Ängste, zur Zielscheibe. Diese Darstellungen von männlichem Sadismus gegenüber Frauen sind zwar rein individuelle Machwerke, aber sie werden vom Establishment gedeckt, weil sie seinen Zwecken dienen. Die indische Regierung zum Beispiel, die Filme mit politischem Inhalt zensiert, verbietet Szenen mit Geschlechtsverkehr oder Küssen, erlaubt aber die Darstellung von Vergewaltigungen; tatsächlich war einige Jahre lang eine Vergewaltigungsszene in indischen Filmen fast schon obligatorisch, schreibt Anita Pratap.[18]

Seitdem die ersten männlichen Führer den ersten Staat erfunden hatten, waren die Männer, die herrschen wollten – als Priester, Soldaten oder beides –, auf den Krieg angewiesen, um ihren Herrschaftsanspruch durchzusetzen. Zum Kriegführen aber braucht man Kämpfer; Menschen jedoch, die nicht mit einem Geschlechterkult indoktriniert wurden, denen nicht eingeimpft wurde, daß Aggression gleichbedeutend sei mit Identitätsfindung, wollen nicht kämpfen. Damit die Männer lieber kämpften als flohen, mußten ihre Führer sie gegen das Leben aufbringen, gegen das Leben, das mit Frauen, sinnlicher Lust, Kindern, Ackerbau und Ernährung identifiziert wurde.

Auch heute verfolgen männliche Führer dieselbe Politik. Wie ich schon bemerkte, festigt die sexuelle Belästigung von Frauen die männliche Solidarität über Klassenschranken *hinweg*, reißt einen Graben zwischen Männern und Frauen der Arbeiterschicht und zementiert die Klassengesellschaft. Zur Durchsetzung und Sicherung von Herrschaft ist primär die Spaltung in Männer und Frauen notwendig. Durch Förderung des männlichen Sadismus wird diese Spaltung begünstigt. Die amerikanische Kultur – Filme, Bücher, Lieder und Fernsehen – lehrt Männer, insbesondere weiße Männer, sich selbst als Killer zu sehen, Mord mit Sex gleichzusetzen und Sex mit gewaltsamer Eroberung. Deswegen können so wenige Männer zwischen Vergewaltigung und leidenschaftlicher Liebe unterscheiden.

Eine neue Biographie über Edgar J. Hoover, den machtbesessenen Chef des FBI, enthüllt, daß er seine Helfer mit Vorführungen von Observations- und Pornofilmen unterhielt.[19] Vor kurzem war in einer Meldung zu erfahren, daß die Kampfpiloten an Bord des John-F.-Kennedy-Kreuzers während des Golfkriegs in den Nächten vor einem Angriff auf den Irak Pornofilme mit Darstellungen sadistischer Gewalt gegen Frauen ansahen.[20] Als Neil MacFarquar, ein Reporter von Associated Press, der sich an Bord befand, diese Geschichte durchgab, wurde sie vom Presseoffizier an Bord zensiert. Vielleicht meinte er, es handelte sich um ein militärisches Geheimnis.

Tatsächlich stößt man in Militärliedern und -slogans auf die abstoßendsten Beispiele für männlichen Frauenhaß. In Klaus Theweleits glänzender Analyse des Sexualhasses, der die Soldaten der Freikorps in der Weimarer Republik antrieb, sind eine Reihe von Kriegsliedern und Comicstrips enthalten, in denen die Verstümmelung von Frauen explizit mit männlicher Potenz gleichgesetzt wird.[21] Christopher Hitchens schildert ein neueres Machwerk, auf das er zufällig stieß – das Freizeitliederbuch der 77. Taktischen Einheit der amerikanischen Luftwaffe, die bei Oxford stationiert ist. Obwohl Hitchens kein besonderer Frauenfreund ist, war er von dem, was er las, so entsetzt, daß er sich weigerte, die Strophen, die ihm zu «tough» waren, zu drucken.[22] Hier einige Beispiele für das, was er schließlich doch noch druckte:

Weit weg in Cunt Valley, wo der Red River fließt,
Wo Schwanzlutscher blühen und Hurenhändler gedeihn,
Da lebt ein junges Mädchen, das ich verehre
Sie ist meine heiße fickende schwanzlutschende mexikanische
Hure.

Ach Lupe, ach Lupe, tot liegt sie in ihrem Grab.
Und wenn auch die Maden kriechen aus ihrem zersetzten Leib,
Das Lächeln auf ihrem Gesicht ist ein stummer Schrei nach
mehr!
Sie ist meine heiße fickende schwanzlutschende mexikanische
Hure.

Geschlechtsverkehr mit toten Frauen ist ein immer wiederkehrendes Thema, so schreibt Hitchens, und zitiert noch eine Strophe aus *Ich fickte eine tote Hure*:

> Ich fickte eine tote Hure am Straßenrand,
> Ich wußte auf der Stelle, sie war tot.
> Auf ihrem Bauch war keine Haut mehr.
> Auf ihrem Kopf kein einziges Haar.

Sadistische Gewalt ist kein natürlicher Wesenszug von Männern; sie wird den Männern durch eine ganze Reihe von Institutionen eingeimpft. Regierungsorgane tolerieren nicht nur männlichen Sadismus gegen Frauen, sie fördern und billigen ihn – in jeder von Männern beherrschten Kultur auf der Welt.

TEIL IV
DER INDIVIDUELLE KRIEG
DER MÄNNER GEGEN DIE FRAUEN

Von klein an werden Jungen mit der Botschaft bombardiert, daß «echte» Männer Frauen beherrschen, das heißt, daß sie über ihr Verhalten bestimmen und sie beleidigen und körperlich mißhandeln können. Dieses Dogma definiert das *Erscheinungsbild von Männlichkeit* so total und ausnahmslos, daß ein Mann, der eine gleichberechtigte Beziehung auf der Basis gegenseitigen Verständnisses zu einer Frau unterhält, in Gegenwart anderer Männer sich wie ein Macho benehmen kann. Ein solches Verhalten deutet darauf hin, daß ein Mann in der Sichtweise von Männern nicht an sich «männlich» ist, sondern daß das von der Meinung anderer Männer und vom Vorhandensein einer unterlegenen Person oder Gruppe abhängt. Die männliche Identität ist daher extrem instabil, und diese Instabilität produziert eine Angst, die sich oft als Wut Bahn bricht.

Frauen haben einen ungeheuren Einfluß auf diese Dynamik, denn die Erscheinungsform von Männlichkeit hängt von ihnen ab. Im Mittelpunkt der Virilität stehen Frauen: Die Beherrschung einer Frau macht einen Mann erst zum Mann – das heißt zum Überlegenen. Um ihr kränkendes Verhalten gegenüber Frauen vor sich selbst zu rechtfertigen (schließlich lieben die meisten Männer eine Frau), müssen Männer sie wie eine andere Spezies betrachten, wie Schweine oder Hunde oder Kühe (Wörter, die oft auf Frauen angewendet werden); und die Herrschaft über einen geknechteten «Hund» oder eine «Kuh» kann kaum sehr befriedigend sein. Das Dogma, das letztlich in Aberglauben wurzelt, führt daher nur vorübergehend und in unbefriedigendem Maß ans Ziel. Doch anstatt diesen erfolglosen Weg zu eigenem Selbstwertgefühl zu verlassen, entscheiden die Männer sich ein ums andere Mal dafür, als ob sie ihn nur oft genug gehen müßten, um ihr Ziel zu erreichen – die barmherzige Erlösung von all ihren Selbstzweifeln.

Auch andere Männer spielen eine Rolle in diesem Dogma. Um diese Art der Selbstachtung zu erlangen, braucht ein Mann andere Männer als Zeugen; sie allein können seine Männlichkeit anerkennen. Außerdem können Männer Frauen *nur dann* unterwerfen, wenn sie solidarisch gegen Frauen zusammenhalten. Selbst eine Frau, die sich in den Status eines gehorsamen Hundes und einer Zuchtkuh fügt, hat die Fähigkeit, unabhängig zu denken, zu handeln, zu sprechen und eine eigene Kreativität zu entwickeln, und diese Fähigkeiten wehren sich gegen ihre Einwilligung in ihren minderwertigen Status. Die Männer müssen, um diese Eigenschaften zu unterdrücken, gemeinsam gegen die Frauen Front machen und Institutionen ins Leben rufen, die die Frauen dauerhaft zu Untermenschen degradieren und ihnen alle Türen verschließen können, ausgenommen die zu einem Leben als Brutanstalt und Dienerin. Daß nicht einmal eine geschlossene Männerfront die Frauen je zu Stillschweigen und Unterordnung gebracht hat, hält die Männer nicht davon ab, in ihren Bemühungen fortzufahren.

Die meisten Männer sind selbst nicht politisch in Regierungen und Kirchen sowie in weltweiten, nationalen oder auch nur lokalen Institutionen aktiv. Die meisten Männer dienen wie Hunde, Stiere oder Roboter *ihren* Meistern. Ein Mann, der meine Anklage gegen die globale Strategie der Männer in Wirtschaft, Politik und Religion liest, mag den Eindruck gewinnen, sein Geschlecht würde verleumdet, und sich selbst wie auch die meisten anderen Männer, die er kennt, für unschuldig halten (zumindest glaubt er das). Manche sind es wirklich. Die Männer erinnern die Frauen beständig daran, daß auch sie Opfer sind, daß sie keine Verantwortung trifft für die Regierung und die Wirtschaftspolitik oder den Krieg, daß sie wie die Frauen unterdrückt werden. Das ist wahr. Ich frage mich nur, warum sie nicht mit der feministischen Bewegung zusammenarbeiten oder eine analoge Bewegung gründen. Nichtsdestoweniger ruht das gesamte System weiblicher Unterdrückung auf den Schultern ganz gewöhnlicher Männer, die mit einer Inbrunst und Pflichtergebenheit zu seinem Fortbestand beitragen, um die jede Geheimpolizei sie beneiden würde.

Welches andere System kann sich so vollkommen darauf verlassen, daß fast die Hälfte der Bevölkerung täglich, im öffentlichen wie im privaten Leben, eine bestimmte Politik durchzusetzen bereit ist?

Solange einige Männer physische Gewalt gegen Frauen anwenden, müssen es nicht *alle* tun. Das Wissen, daß einige Männer es tun, genügt als Drohung für alle Frauen. Abgesehen davon, ist es nicht notwendig, eine Frau umzubringen oder zusammenzuschlagen, um sie mürbe zu machen. Ein Mann kann sich einfach weigern, Frauen in gutbezahlten Positionen einzustellen; er kann sie schlechter bezahlen als einen Mann oder Frauen am Arbeitsplatz oder zu Hause mit Geringschätzung behandeln. Er kann ein von ihm gezeugtes Kind ohne finanzielle Unterstützung im Stich lassen oder sich von der Frau, mit der er zusammenlebt, bedienen lassen. Er kann die Frau, die er angeblich liebt, töten oder schlagen; er kann Frauen aus seinem Bekanntenkreis oder Fremde vergewaltigen; er kann seine Töchter, Nichten, Stiefkinder oder die Kinder einer Frau, die er zu lieben vorgibt, vergewaltigen oder sexuell mißbrauchen. *Der überwältigenden Mehrheit der Männer auf der Welt kann mindestens einer dieser Punkte zum Vorwurf gemacht werden.* Mit diesen Fällen befaßt sich der letzte Teil.

Die meisten Fakten in diesem Teil betreffen die Situation in den Vereinigten Staaten, denn diese Daten sind für mich am leichtesten zugänglich. Aber die Situation ist auf der ganzen Welt mehr oder minder die gleiche. Dieser Teil gliedert sich in zwei Abschnitte: der tägliche Krieg gewöhnlicher Männer gegen Frauen im wirtschaftlichen Bereich sowie die physische Gewalt gegen Frauen auf individueller Ebene.

Die männliche Gewalt gegen Frauen könnte nicht ohne die Kooperation des gesamten Gesellschaftssystems – der Presse, der Polizei, der Gerichte, der Gesetzgebung, der Wissenschaft, der Fürsorgeeinrichtungen und der Berufswelt sowie weiterer Institutionen – so epidemische Ausmaße annehmen, wie das (in beiden Bereichen) der Fall ist. Die Gewalt gegen Frauen, um die es in diesem Teil geht, ist ein Geflecht aus individuellen Handlungen, die strukturell und institutionell massive Rückendeckung erhalten. So wie die Probleme der Frauen sich wechselseitig bedingen, so ist es auch mit der Unterdrückung durch die Männer: System-immanente und institutionelle Kriege gegen Frauen wären ohne die Mitwirkung auf individueller Ebene nicht von Erfolg gekrönt, und individuelle Kriege von Männern gegen Frauen bedürfen struktureller und institutioneller Kooperation.

1. Der ökonomische Krieg des individuellen Mannes gegen die Frauen

Die Mehrheit der Männer, die ihre Familie verläßt, kommt nur unzureichend oder gar nicht für den Unterhalt der Kinder auf; nur wenige unterstützen die Frauen, die sie doch zuvor unbedingt in ihre Abhängigkeit zwingen wollten, finanziell. Diese Fakten wur-den in den vergangenen zehn Jahren weithin bekannt, als die riesige Zahl mitteloser Frauen und Kinder sich zu einem nationa-len Problem entwickelte – aber zu einem Problem, für das die *Frauen* verantwortlich gemacht wurden. Mütter, die von der Fürsorge leben, werden für den inflationär gestiegenen Staats-haushalt verantwortlich gemacht, nicht etwa verantwortungslose Männer oder die Ausgaben für den Militäretat. Dabei wird nur ein winziger Bruchteil des Staatshaushalts für Sozialleistungen ausge-geben. Als Folge dieser nationalen Prioritätensetzung bilden Kin-der die größte Einzelgruppe in Amerika, die in Armut lebt.

Wer die Statistiken liest, traut seinen Augen nicht: In über 40 Prozent der Fälle, in denen Müttern das Sorgerecht für das Kind zugesprochen wird, werden die Männer nicht gerichtlich zur Zahlung von Unterhaltsleistungen verpflichtet; wenn doch, dann sind es etwa zehn bis vierzig Dollar pro Woche – ein lächerlicher Betrag, wenn man bedenkt, was Unterbringung, Kleidung, Er-nährung, medizinische Versorgung und Ausbildung eines Kindes kosten.[1] Aber auch wenn die Richter Männer zur Zahlung von Unterhalt verpflichten, entzieht sich die überwältigende Mehrheit der Männer dieser Verpflichtung. 1985 zahlten nur 25 Prozent der

8,8 Millionen Männer, die dazu verpflichtet gewesen wären, tatsächlich das Geld für ihre Kinder; weitere 25 Prozent blieben unter dem festgelegten Betrag; die *Hälfte* zahlte keinen Pfennig.[2] Den Frauen sind die Hände gebunden: Bestenfalls können sie die Männer verklagen und sie ins Gefängnis bringen. Das aber ist nicht nur kontraproduktiv – ein Mann im Gefängnis verliert sein Gehalt –, hinzu kommt, daß die meisten Frauen keinen Anwalt finden, der bereit ist, wegen Zahlungsunterlassung Klage für sie einzureichen. Die unzähligen alleinerziehenden Mütter, die keine Unterstützung für ihr Kind erhalten, können sich an überhaupt niemanden um Hilfe wenden.

Die Männer stehen nach einer Scheidung finanziell besser da. Immer schon wurden sie besser bezahlt, eine Ungleichheit, die damit gerechtfertigt wird, daß sie eine Familie zu ernähren haben. Dabei können Männer im ersten Jahr nach einer Scheidung 42 Prozent mehr für sich ausgeben, während ihre Familien mit 73 Prozent des ursprünglichen Haushaltsgeldes auskommen müssen. Bei Kindern geschiedener Eltern ist die Wahrscheinlichkeit, daß sie unter die Armutsgrenze fallen, beinahe doppelt so groß wie zuvor. Die meisten Mütter, die ihre Kinder weggeben, entschließen sich zu diesem Schritt, weil sie nicht mehr für sie sorgen können.

Vor kurzem ging ein Mann so weit, seinen Bankrott zu erklären, um seiner Exfrau überhaupt nichts zahlen zu müssen. Als Jeanne Farrey und Gerald Sanderfoot sich 1986 scheiden ließen, verpflichtete ein Gericht in Wisconsin Sanderfoot zur Zahlung von Unterhalt für sie und die Kinder. Das Ehevermögen wurde aufgeteilt, wobei das Gericht Haus und Grundstück Sanderfoot zusprach, ihn zugleich aber verpflichtete, seine Schulden zu begleichen und Farrey 29000 Dollar zu zahlen. Um seine Kooperation zu erzwingen, räumte das Gericht Farrey ein Pfandrecht in dieser Höhe über den Besitz ein. Acht Monate später meldete Sanderfoot Konkurs an. Farrey erinnerte sich an seine Warnung, er würde, falls sie sich von ihm scheiden ließe, «dafür sorgen, daß ich nichts bekomme, er würde sich für bankrott erklären». 1988 klagte eine Richterin Sanderfoot des betrügerischen Konkurses an und wies ihn an, seine Schulden an Farrey zu zahlen. Ihr Urteil wurde jedoch von einem Berufungsgericht gekippt, das die Ansicht vertrat, Sanderfoot habe sich im gesetzlichen Rahmen bewegt. Der Fall kommt nun vor das Oberste Gericht. (Die *New York Times* berichtet über den Fall unter der Überschrift: «Kann ein Konkurs den Preis einer Scheidung drücken?» Der Titel suggeriert, daß der Artikel sich aus der Sicht eines Mannes an andere Männer wendet, obwohl er tatsächlich weitgehend für Farrey Partei ergreift.)[3]

Die weiße Mittelschicht tut solche Zahlen gern mit einem Achselzucken ab, in der Annahme, so etwas passiere nur Armen und Nichtweißen – die in der Tat einen überproportional hohen Anteil der Mütter ohne Unterstützung ausmachen. Aber die Mehrheit der Mittellosen in den USA weiße Frauen mit Kindern, von denen viele früher zur Mittelschicht gehörten. Ungefähr 22 Millionen Frauen sind heute vom Einkommen ihres Mannes abhängig. Da sie nie oder seit Jahrzehnten nicht mehr berufstätig waren, «trennt nur ein Mann sie von der Armut», wie das Displaced Homemakers Network* in Washington D.C. es ausdrückte.[4] Immer öfters werden Scheidungen ohne Schuldzuweisung ausgesprochen, was bedeutet, daß keine oder nur geringe Unterhaltszahlungen zu leisten sind; Richter stoßen damit Frauen aus der Mittelschicht in die Armut. Viele müssen sich noch um ihre Kinder kümmern, aber 58 Prozent dieser Hausfrauen sind über 65 und stehen ohne jedes eigene Einkommen da.[5]

Außerdem verrichten mehr als die Hälfte der verheirateten Frauen mit Kindern, die berufstätig sind, die gesamte oder fast die gesamte Hausarbeit – obwohl doch wirklich jeder körperlich unversehrte Mensch in einem Haushalt sich um sich und seine Angelegenheiten selbst kümmern sollte. In einer Untersuchung aus dem Jahr 1985 stellte sich heraus, daß Männer in den Vereinigten Staaten sich noch immer weigern, Verantwortung für sich und ihre Umgebung zu übernehmen.[6] Die einzigen Haushaltsarbeiten, für die mehr die Männer als die Frauen zuständig sind, sind

---

* etwa: Verband der vertriebenen Hausfrauen (Anm. d. Ü.)

Reparaturen und Arbeiten im Freien. Das Klischee will zwar, daß die Männer die Finanzen regeln, aber bis 1985 zahlten nur 32 Prozent der Männer die Rechnungen, später wurden es 52 Prozent.

Aus dieser über Jahrzehnte hinweg geführten Längsschnittuntersuchung geht hervor, daß die amerikanischen Männer 1965 wöchentlich 4,6 Stunden im Haushalt arbeiteten, während es bei den Frauen 27 Stunden waren. 1975 leisteten die Männer 7 Stunden ab, die Frauen 21,7; und 1985 waren es bei den Männern durchschnittlich 8,8 Stunden pro Woche, bei den Frauen 19,5. Wenn wir in diesem Tempo weitermachen, dann werden wir bis zum Jahr 2025 auf gleiche Arbeitszeiten kommen. In osteuropäischen Ländern, wo Hausarbeit zusätzlich Schlangestehen für fast alles bedeutet, Haushaltsgeräte primitiv und rar sind und Pizzabuden und Schnellimbisse nicht existieren, verbringen die Frauen nach ihrem Arbeitstag noch endlose Stunden im Haushalt – und die meisten Frauen arbeiten außer Haus. In Ungarn beispielsweise sind 80 Prozent der Frauen berufstätig. In den meisten osteuropäischen Ländern, in Indien und im größten Teil Afrikas verrichten die Männer keine Hausarbeit und kümmern sich nur wenig um die Kindererziehung.

Diese Statistiken zeigen auch, warum Männer sich in Umfragen nach einer Heirat unweigerlich als glücklicher einstufen: 1965 verbrachten die Frauen vor der Heirat 15,5 Stunden mit Hausarbeiten, danach aber 31,6; die Männer investierten davon 4,7 Stunden und danach 4,5. Auch diese Situation hat sich gebessert: 1985 arbeiteten alleinstehende Frauen 14,9 Stunden im Haushalt und verheiratete Frauen 22,4; alleinstehende Männer brachten 7,9 Stunden damit zu, verheiratete 11,1. Am schwersten ist die Belastung für Frauen mit Kindern unter fünf Jahren; sie kommen durchschnittlich auf 22,5 Stunden wöchentlich; bei den Frauen mit Kindern über fünf sind es 19,9 Stunden.

Waring erörtert die Ergebnisse einer statistischen Erhebung über Freizeitgewohnheiten in Neuseeland, in der Freizeit definiert wurde als jede Aktivität, die Menschen Spaß macht und sie intensiv beschäftigt: Hobbys, Sport, soziale oder kulturelle Aktivitäten. Die überwältigende Mehrzahl der Frauen – neun von zehn, im Gegensatz zu fünf von zehn bei den Männern – verbrachte ihre Freizeit zu Hause. Die Frauen gingen weitaus häufiger kulturellen Aktivitäten nach, die Männer sportlichen. Aber das interessanteste Ergebnis war, daß Kinder die Freizeitaktivitäten von Frauen extrem einschränken, während Männer nach der Geburt von Kindern *mehr* Zeit bei sportlichen Veranstaltungen verbringen.

Hausarbeit ist nicht rundum unangenehm. Vielen Leuten macht es Spaß, gelegentlich zu kochen, Wäsche in die Maschine zu stecken oder einen Schrank aufzuräumen. Manche behaupten sogar, sie würden mit Vergnügen putzen. Mühsam aber wird es, wenn Geld und Zeit knapp sind, wenn kleine Kinder da sind, wenn die Wäsche mit der Hand gewaschen werden muß, wenn jemand diese Arbeiten nach acht oder mehr Stunden an einem anderen Arbeitsplatz verrichten muß. Die Frauen wehren sich gegen ihre ausschließliche Verantwortung für den Haushalt, weil sie überarbeitet sind, aber auch, weil diese Arbeitsteilung ein Machtungleichgewicht zwischen den Geschlechtern zur Folge hat: Wer für den Haushalt verantwortlich ist, wird automatisch zum Diener der anderen. Und da Hausarbeit nicht bezahlt wird, bringt die Arbeit weder Lohn noch Anerkennung. Das ist unvermeidlich, solange nicht jeder, der dazu in der Lage ist, seinen Teil an Verantwortung für den Haushalt übernimmt. Weil die Frauen die Kinder zur Welt bringen, wird ihnen auch die Verantwortung für ihre Aufzucht zugeschoben, und aus der Verantwortung für die Kindererziehung wird die Verantwortung für den Haushalt abgeleitet. Aber auch von Frauen, die keine Kinder haben, wird erwartet, daß sie den Haushalt führen.

In Ackerbaugesellschaften müssen Mädchen, kaum daß sie dem Kleinkindalter entwachsen sind, zum Unterhalt der Familie beitragen, während die Jungen nur einige Pflichten wie das Hüten der Tiere erfüllen müssen. Die Männer in Ackerbaugesellschaften tun wenig: Sie verlangen von den Frauen, für *sie* wie auch für ihre Kinder Mutterfunktionen zu übernehmen. Männer fordern und genießen jedoch überall das Privileg, das ganze Leben hindurch bemuttert zu werden. Das ist ein beneidenswertes Privileg, solange man außer acht läßt, daß Mütter auch Anweisungen geben und Forderungen erheben: Sie nämlich bestimmen in der Realität über die Kinder (auch wenn es laut Gesetz die Männer sind). Schließlich muß es irgendwie ein Quidproquo geben. Aber dieselben Männer, die bemuttert werden wollen, murren, wenn die Frauen Forderungen an sie stellen und über sie bestimmen wollen.

Die Erwartung der Männer, die Frauen würden die Verantwortung für ihr leibliches und seelisches Wohl übernehmen, ist ein Überbleibsel ihrer Kindheit. Die Frauen perpetuieren dieses System aus Gewohnheit und impfen ihren Töchtern Schuldgefühle ein. Die Männer untermauern es durch Gesetze und Bräuche, die Frauen in wirtschaftliche Abhängigkeit von Männern zu zwingen. Hinzu kommt die allgegenwärtige Drohung, daß eine Frau, die nicht für ihren Mann sorgt wie für ihr eigenes Kind, ihn und seine ökonomische Unterstützung verlieren wird. Die Frauen werden durch Angst in die Knie gezwungen; die Männer fördern ihre eigene Infantilisierung in dem Irrglauben, dadurch ihre Überlegenheit zu beweisen. Doch nicht einmal die Fürsorge und Dienstbarkeit von Frauen reicht aus, um die Männer von Gewalttätigkeiten gegen sie abzuhalten. Und hinter der Angst der Frauen vor dem Verlust der wirtschaftlichen Unterstützung verbirgt sich ihre Angst vor der körperlichen Gewalt der Männer.

2. Der physische Krieg des individuellen Mannes gegen die Frauen

Das Ausmaß männlicher Gewalt gegen Frauen ist noch schockierender als ihr verantwortungsloses Handeln gegenüber ihren Kindern. Es gibt keine Statistik, in der alle Formen männlicher Gewalt gegen Frauen erfaßt wären; sofern Statistiken darüber überhaupt geführt werden, werden die Fälle nach Vergewaltigung, Mißhandlungen und Inzest getrennt. Die meisten dieser Fälle werden gar nicht erst angezeigt, und Fälle von Belästigung noch seltener. Jahrzehntelang wurden Touristinnen in Italien angepöbelt, ja sogar vergewaltigt oder verletzt. Niemand half den Opfern – die italienischen Männer waren stolz auf dieses Verhalten. Männer schikanieren, belästigen, vergewaltigen und mißhandeln reisende Frauen in Südasien, besonders in Indien, individuell oder in Gruppen. Niemand kommt den Opfern zu Hilfe – die Inderinnen beginnen erst zaghaft, sich selbst zu wehren. Eine junge Europäerin, die in Indien von einem Mob angegriffen worden war, stürzte sich ins Meer; hätten nicht Touristen sie gerettet, sie wäre ertrunken.[7]

Weil die Angriffe von Männern auf Frauen nicht in ihrer Gesamtheit erfaßt werden, stehen uns keine Zahlen über die in dieser Phase des Krieges Verletzten oder Gefallenen zur Verfügung. Die Statistiken, über die wir verfügen, sind oft ungenau, und häufig erstatten Frauen keine Anzeige wegen der Scharmützel, in die sie in diesem Krieg der Männer gegen sie verwickelt werden. Lori Heise berichtet in einem Artikel mit der Überschrift «Der weltweite Krieg gegen die Frauen», daß die Hälfte der verheirateten Männer in Bangkok, Thailand, regelmäßig ihre Frauen schlagen. In Quito in Ecuador berichten 80 Prozent aller Frauen über Schläge; in Nicaragua geben 44 Prozent der Männer zu, ihre Frauen und Freundinnen zu schlagen.[8] In Papua-Neuguinea ist Frauenmißhandlung «ein anerkannter Brauch», über den es nichts zu diskutieren gibt, wie ein Minister in einer Parlamentsdebatte über ein mögliches Verbot argumentierte. Ein Abgeordneter erregte sich: «Ich habe für meine Frau gezahlt, also hat sie an meinen Entscheidungen nichts auszusetzen, schließlich bin ich das Oberhaupt der Familie.» In Brasilien waren in den letzten zwanzig Jahren schwere Mißhandlungen oder Mord an Frauen und Geliebten so gang und gäbe, daß die «Verteidigung der Ehre» sich zu einem anerkannten und weitverbreiteten gesetzlichen Verteidigungsgrund entwickelte.[9]

Barbara Roberts zitiert in ihrem Artikel «No Safe Place: The War Against Women» die Schätzung von Sozialwissenschaftlern, daß über 1,8 Millionen Ehemänner in den Vereinigten Staaten ihre Frauen schwer mißhandeln; sie zitiert außerdem aus einer Umfrage, in der 28 Prozent der befragten Paare zugaben, in ihrer

Beziehung sei es bereits zu körperlicher Gewalttätigkeit gekommen.[10] Forscher glauben, daß der wahre Anteil der Männer, die ihre Frauen oder Geliebten schlagen, eher bei 50 Prozent der Gesamtbevölkerung liegt.[11] Roberts schließt daraus, daß in der Abgeschiedenheit des «heiligen» Heims ein Krieg gegen Frauen geführt wird, und fügt hinzu, daß «es keinen Frieden auf Erden geben kann, solange die Männer Krieg gegen die Frauen führen, und daß es für keine von uns einen sicheren Ort gibt».

Alle zwölf Sekunden schlägt in den USA ein Mann eine Frau, und jeden Tag enden vier dieser Mißhandlungen mit ihrem definitiven Höhepunkt, der Ermordung einer Frau.[12] Etwa 20 Prozent der Frauen, die ihre Männer, Exmänner oder Geliebten wegen Mißhandlung anzeigen, wurden in den vorhergehenden drei Monaten so oft geschlagen, daß sie sich nicht mehr an jeden einzelnen Vorfall erinnern können. Die Männer drohen häufig, die Frau, die sie schlagen, umzubringen (auch wenn sie später vorgeben mögen, sie hätten das im Zorn oder «unter Drogen- oder Alkoholeinfluß» gesagt), und dennoch konnten die Frauen bis vor wenigen Jahren keine Selbstverteidigung geltend machen, wenn sie ihre Peiniger umbrachten, nicht einmal, wenn sie sie *im Verlauf* von Mißhandlungen töteten – ein weiteres Beispiel dafür, wie Frauen durch Gesetze an der Selbstverteidigung gehindert werden.

Obwohl Polizisten nichts mehr fürchten, als zu häuslichen Auseinandersetzungen gerufen zu werden (dabei haben *sie* eine Waffe), finden geschlagene Frauen bei ihnen kaum Hilfe. Viele Polizisten schlagen selbst ihre Frauen. 1989 wurde ein ehemaliger Polizist aus New York City, der im Verdacht stand, seine erste Frau umgebracht zu haben, angeklagt, seine zwölf und dreizehn Jahre alten Stieftöchter sexuell mißbraucht und eine davon vergewaltigt zu haben.[13] Madelyn Diaz, die in Bedford Hills wegen der Ermordung ihres Mannes, der sie regelmäßig geschlagen, bedroht und gequält hatte, im Gefängnis saß, wurde gefragt, warum sie nicht zur Polizei gegangen sei. «Er *war* die Polizei», antwortete sie.[14]

Auch das Rechtssystem kommt geschlagenen Frauen kaum zu

Hilfe. Sie finden praktisch nirgends Unterstützung. Viele Männer (und Frauen) machen Frauen, die von ihren Männern geschlagen werden, Vorwürfe und fragen sie, warum sie ihre Peiniger nicht verlassen haben. Aber selbst wenn eine Frau genug Geld und einen Zufluchtsort hat, dann gibt es kein Entrinnen vor einem Mann, der von einer bestimmten Frau besessen ist. Sie kann umziehen, sie kann sich verstecken, sie kann ihren Namen ändern, der Mann wird ihr folgen. Er ist besessen, er hat eine Frau zur Ursache all seiner Probleme oder zur Antwort auf all seine Probleme gemacht. Beinahe jeden Tag tötet ein Mann eine Frau, die ihn wegen Mißhandlung verlassen hat, die *innerhalb des Systems* kämpfte und durch eine gerichtliche Anordnung erreichte, daß ihm jeder Kontakt mit ihr untersagt wurde. Oft bringt er auch ihre Kinder um, ihre Mutter, Schwester, Freundin oder eine Helferin – oder sich selbst. Tatsächlich geht aus den Statistiken des Justizministeriums hervor, daß 75 Prozent der angezeigten Körperverletzungen an Frauen oder Geliebten *nach* der Trennung begangen werden.

Es sind zwar einzelne, ganz gewöhnliche Männer, die physische Gewalt gegen Frauen ausüben, doch das gesamte gesellschaftliche System, inklusive der Polizei und der Gerichte, schließt die Reihen, wenn es um den Schutz *des gewalttätigen Mannes* geht. Wir glauben, wir würden in einem aufgeklärten Zeitalter leben, aber die Situation geschlagener Frauen erinnert mich an die Situation der Frauen in Japan nach dem 12. Jahrhundert. Eine Japanerin konnte damals aus einer unerträglichen Ehe nur ausbrechen, indem sie in einem Tempel, der Frauen Schutz gewährte, Zuflucht suchte. Davon gab es aber nur wenige, und es konnte für eine Frau schwierig sein, einen zu erreichen – in jedem Fall mußte sie ihre Kinder verlassen. Die Flucht mußte sorgfältig geplant werden, denn wenn die Bediensteten des Mannes sie faßten, bevor sie ihre Zuflucht erreicht hatte, wurde sie zurückgeschleppt. Schließlich setzte sich als Gewohnheitsrecht die Regel durch, daß eine Frau nicht mehr gewaltsam nach Hause zurückgeschleppt wurde, wenn es ihr gelungen war, ihren Schuh durch das Tor zu werfen. Heute gibt es für geschlagene Frauen Frauenhäuser, aber es sind nur wenige, und auch die sind in Gefahr. Wenn es nach den Konservativen ginge, würden die spärlichen staatlichen Subventionen gestrichen werden.

Das gesellschaftliche Tabu, nie den Männern-als-Gesamtheit Vorwürfe zu machen, ist so mächtig und allgegenwärtig, daß selbst Sozialwissenschaftler, die Gewalt von Männern an Frauen mißbilligen, den Eindruck weitervermitteln, die Männer seien an solchen Handlungen schuldlos. Der männlichen Sprache – der geschriebenen und oft auch der gesprochenen Sprache der Militärs, der technischen Berufe, der Computerfirmen und anderer «maskuliner» Unternehmenszweige – mangelt es generell an einem handelnden Subjekt. Wie die Militärstrategen des Atomzeitalters bedienen sich auch die Sozialwissenschaftler, die über Gewalt von Männern gegen Frauen schreiben und die durch ihre Arbeiten möglicherweise sogar eine Verbesserung der Lage herbeiführen wollen, einer Sprache, in der nichts und niemand für bestimmte Ereignisse verantwortlich gemacht werden kann, in der «Dinge» geschehen, als würden sie von selbst passieren.

Sharon Lamb analysierte die Sprache, die in akademischen Schilderungen männlicher Gewalt verwendet wird, und kam zu dem Schluß, daß alle Sozialwissenschaftler «das allgegenwärtige Passiv benutzen . . ., in dem Handlungen ohne Subjekt dargestellt werden, Verletzungen keinen Urheber kennen». Wenn Männer mit Händen, Fäusten, Hämmern oder anderen schweren Metallgegenständen auf Frauen einschlagen, ihnen die Arme nach hinten drehen, die Knochen brechen, den Schädel einschlagen, sie mit Füßen treten, mit Messern aufschlitzen, erschießen oder ihren ganzen Erfindungsreichtum einsetzen, um sie auf andere Art zu verletzen, dann sprechen Sozialwissenschaftler unschuldig von «häuslicher» oder «ehelicher» Gewalt.[15] *Ehelich?* Nach Lambs Ansicht neigen besonders systemorientierte Familientheoretiker dazu, das Gewaltproblem durch *abstrakte Begriffe* zu überdecken, als ob Mann und Frau gleichermaßen die Verantwortung dafür träfe, und nicht, als ob Männer über die Frauen herfielen. Sie zitiert eine Passage aus einem Buch, die Schilderung einer brutalen Szene, in der ein Ehemann mit einem Stock auf den Kopf seiner Frau einschlägt, während er mit einem Schlauch auf ihre Arme und Beine einpeitscht. Die Autoren stellen dazu die Frage: «Wie kann ein Paar sich nur gegenseitig so etwas antun?»[16]

Ob Männer Frauen vergewaltigen oder sie mißhandeln, danach behaupten sie in beiden Fällen, die Frauen hätten sie provoziert und trügen die Hauptverantwortung für ihre Aggressionen. Die Sozialwissenschaftler sind Komplizen dieser Schuldzuweisungen. Lamb entdeckte, daß Männer, die allein oder mit Frauen zusammen Artikel schreiben, doppelt so häufig keine Urheber von Handlungen nennen wie Frauen, die allein oder mit anderen Frauen zusammen schreiben. Das geht soweit, daß ein Artikel, in dem Männer für aggressive Handlungen verantwortlich gemacht werden, in einer sozialwissenschaftlichen Zeitschrift – oder auch in Tageszeitungen und Zeitschriften – nicht veröffentlicht wird. Artikel, in denen Männer als Urheber von Gewalttaten bezeichnet werden, sind so selten, daß Lamb sie gar nicht erst aufführte.

Hier einige Beispiele aus Lambs Sprachanalyse:

Handlungen ohne Subjekt; Passiv: «Schwarze Frauen werden unverhältnismäßig häufiger mißhandelt als weiße Frauen.»

Handlungen ohne Subjekt: «das gewalttätige Verhalten», «die Prügel», «die Mißhandlung».

Opfer ohne Täter: «Geschlagene» oder «mißhandelte» Frauen; mißhandelte/geschlagene «Ehefrauen».

Geschlechtsvernebelung: «Sie kann geschlagen werden, wenn der Angreifer* kommt»; «Warum bleiben geschlagene Frauen bei ihren Freunden**, die sie prügeln?»

Susan Schechter, die einen historischen Abriß über die Bewegung zur Unterstützung geschlagener Frauen verfaßte, erklärte darin, daß die Führerinnen der Bewegung auf ihrer Suche nach finanzieller Unterstützung es politisch für sinnvoll hielten, bei hilfsbereiten Organisationen die Opferrolle und die daraus folgenden psycho-

---

* assailant, im Amerikanischen geschlechtsneutral (Anm. d. Ü.)
** mate: im Amerikanischen geschlechtsneutral (Anm. d. Ü.)

sozialen Probleme der Frauen hervorzuheben.[17] Dadurch hängten sie unbeabsichtigt den geschlagenen Frauen das Etikett des hilflosen Opfers an und trugen zur Entstehung eines psychosozialen Berufszweiges bei, der sich zum Fachmann für «familiäre Gewalt» aufschwang. Schechter glaubt, daß diese Fachleute ihre Sprache zunehmend verwässerten und ihr Augenmerk von «geschlagenen Frauen» und «prügelnden Männern» auf «häusliche Gewalt» richteten, weil sie fürchteten, die Männer in den Spenderorganisationen zu vergraulen.

Frauen fallen seltener Gewaltverbrechen zum Opfer als Männer, dafür ist die Wahrscheinlichkeit, daß sie von einem Bekannten verletzt werden, sechsmal so hoch. Aus den 1991 veröffentlichten Statistiken des Justizministeriums geht hervor, daß Gewaltverbrechen an Männern zwischen 1973 und 1987 um etwa 20 Prozent zurückgingen, während Gewaltverbrechen an Frauen konstant blieben; das FBI allerdings konstatierte eine Zunahme bei Vergewaltigungen.[18] Ungefähr zweieinhalb Millionen Frauen werden jährlich tätlich angegriffen, vergewaltigt oder ausgeraubt – ein Viertel davon von Verwandten oder Freunden. Nur vier Prozent der Gewaltverbrechen an Männern wurden von Verwandten oder Frauen, mit denen sie sich verabredet hatten, verübt.

Die Vereinigten Staaten haben schon dann eine der höchsten, wenn nicht gar die höchste Vergewaltigungsrate auf der Welt, wenn man nur von den Fällen ausgeht, die zur Anzeige kommen. Im National Crime Survey jedoch, der alljährlich erstellten Verbrechensstatistik des United States Census Bureau*, wird über doppelt so viele Vergewaltigungen berichtet, wie bei der Polizei angezeigt wurden. Frauen fällt es schwer, Vergewaltigungen, die von vertrauten Personen – Ehemännern (Vergewaltigung in der Ehe), Freunden (nach Verabredungen) und Verwandten (Inzest) begangen wurden, anzuzeigen.[19] In solchen Fällen ist es besonders schwierig, sich gegen die Vorstellung der Männer, Vergewalti-

---

* Eine für die Volkszählung zuständige Behörde in den Vereinigten Staaten (Anm. d. Ü.)

gung sei legitim und rechtmäßig, zur Wehr zu setzen. Diese Vorstellung wurde bis vor kurzem bei beiden Geschlechtern kulturell genährt. Vergewaltigung in der Ehe oder nach einer Verabredung galt als unmöglich, und bei Vergewaltigung durch einen Fremden war das Opfer schuld: Es war allein außer Haus gegangen, trug die falsche Kleidung oder hatte getrunken.

Zwei neuere Untersuchungen über Männer, die eine Vergewaltigung begangen hatten, zeigten, daß die überwältigende Mehrheit davon – selbst die, die deswegen verurteilt worden waren (eine verschwindende Minderheit) – die Tat wortreich entschuldigen oder rechtfertigen.[20] Diana Scully führte ausführliche Interviews mit verurteilten Vergewaltigern durch. Sie kam zu dem Schluß, daß sie in zwei Gruppen zerfielen, die sie als «die Einsichtigen» und «die Leugner» bezeichnete. Keiner der Männer übernahm die Verantwortung für seine Tat, aber die Einsichtigen gaben zu, daß Vergewaltigung etwas Falsches sei. Als Entschuldigung für ihre eigene Tat führten sie an, sie seien nicht voll verantwortlich gewesen – sie hätten getrunken oder Drogen genommen, oder die Frau hätte sie dazu gebracht. Sie spielten in ihrer Version der Vergewaltigung das Ausmaß an Gewalt entweder herunter oder verschwiegen es ganz. Die Leugner stritten entweder generell ab, daß Vergewaltigung falsch sei oder daß sie in ihrem speziellen Fall etwas falsch gemacht hätten; sie gestanden ihre Taten ein, rechtfertigten sie aber mit der Behauptung, die Frau hätte es darauf ankommen lassen, sie hätte es selbst gewollt, sie hätte nicht «genug» Widerstand geleistet, sie hätte es mit jedem getrieben und wäre eine Prostituierte oder Drogenabhängige. Die Leugner reduzierten ihre Verantwortung auf ein Minimum und machten aus einer Vergewaltigung eine Verführung.

Beide Typen führten, wenn sie während der Tat betrunken gewesen waren oder unter Drogen gestanden hatten, diesen Umstand als Entschuldigung für ihre Gewalttätigkeit an. War jedoch die Frau betrunken gewesen oder war sie unter Drogen gestanden, dann benutzten sie diese Tatsache, um ihre Gewalttätigkeit mit der Behauptung zu rechtfertigen, die Frau sei «außer Kontrolle» gewesen. 70 Prozent der Einsichtigen, aber nur 40 Prozent der

Leugner gaben zu, sie hätten unter Drogeneinwirkung gestanden; 56 Prozent der Leugner, aber nur 15 Prozent der Einsichtigen sagten, das Verhalten des Opfers sei durch Drogen oder Alkohol beeinflußt gewesen. Von besonderer Bedeutung in unserem Zusammenhang ist, daß keine Gruppe während oder nach der Vergewaltigung Schuldgefühle oder Mitgefühl für ihre Opfer empfand. Beide Gruppen hielten Vergewaltigung für eine Tat mit «geringem Risiko und hoher Belohnung» – sie gingen davon aus, daß sie nicht verhaftet und, falls doch, zumindest nicht verurteilt werden würden. Die Vergewaltigung war für sie eine Art Belohnung – eine Art Rache, ein Bonbon bei der Ausführung eines anderen Verbrechens, eine Form der Entspannung oder des Abenteuers. Was einen angesichts der quälenden Schuldgefühle von Frauen nach einer Vergewaltigung, angesichts ihrer unaufhörlichen Selbstzweifel, inwiefern sie durch ihr eigenes Verhalten oder durch ihre Kleidung die Tat selbst auslösten, am meisten in Rage versetzen kann, ist die Tatsache, daß alle Männer bei diesen Interviews auf die Frage, warum sie auf diese besondere Frau verfallen waren, antworteten: «Es hätte jede sein können» oder: «Es mußte nicht sie sein, sie war einfach zur falschen Zeit am falschen Ort.»

Peggy Reeves Sanday befragte dreitausend Frauen am College zum Thema Vergewaltigung.[21] 25 Prozent sagten, sie seien von Männern zum Sex gedrängt worden, das heißt, sie seien unter Druck gesetzt oder überredet worden; 15 Prozent wären beinahe durch Drohungen oder Gewalt dazu gezwungen worden, und neun Prozent waren tatsächlich durch Drohung oder Gewaltanwendung zum Sex gezwungen worden. In Sandays Untersuchung ging es jedoch in erster Linie um Bandenvergewaltigung: Zwischen 1982 und 1988 sind 75 Fälle von Bandenvergewaltigung auf einem amerikanischen Universitätscampus belegt. Mitglieder einer studentischen Verbindung aber, in der ein Mädchen vergewaltigt worden war, sagten, so etwas käme ein- oder zweimal im Monat auf ihrem Campus vor. Sanday meint dazu, Vergewaltigung sei ein Bestandteil der männlichen Sozialisation. Viele westliche Männer werden durch Initiationsriten in Verbindungen aufge-

nommen und in den Stand der «Männlichkeit» erhoben, und
während dieser Initiationsriten werden die Neulinge herabgewür-
digt, «wie verdorbene und verachtete Frauen oder Schwuchteln
behandelt». Durch die brutale Behandlung wird ihnen das Wesen
der gesellschaftlichen Ordnung vermittelt und ihr möglicher Platz
darin: Sie können Männer sein oder Frauen. Mit ihrer erlernten
«misogynen Subjektivität» fallen sie über die nächste Generation
von Kandidaten und über «Partyfrauen» her, schreibt Sanday.
Diese Männer halten sexuellen Zwang nicht für *Vergewaltigung*;
wenn sie ein Mädchen zum Sex überreden oder sie unter Drogen
setzen, dann nennen sie das «ein Ja herausquetschen».

Pauline Bart berichtet, daß die Richter, bevor die Geschwore-
nen sich in Vergewaltigungsfällen zur Beratung zurückzogen,
gewöhnlich Hales Ausspruch zitierten: «Vergewaltigung ist eine
Anklage, die leicht zu erheben, schwer zu beweisen und noch
schwerer vom Angeklagten zu widerlegen ist, auch wenn er ganz
unschuldig ist.»[22] Hale, ein berühmter englischer Jurist, wird in
jedem juristischen Werk über Vergewaltigung zitiert. Erst vor
kurzem hörten auf Druck von Feministinnen hin die Richter in
Kalifornien auf, seine Belehrung routinemäßig allen Geschwore-
nen vor der Beratung zu verlesen.

Vergewaltigung in der Ehe ist noch immer in vielen Staaten
legal, und mindestens einer von sieben Ehemännern vergewaltigt
seine Frau. Die meisten ehelichen Vergewaltigungen werden gar
nicht erst angezeigt, ebensowenig 90 Prozent der Vergewaltigungen nach einer Verabredung, aber auf feministischen Druck
hin ist es gelungen, in dreißig Bundesstaaten Amerikas gesetzliche
Regelungen, durch die die Vergewaltigung von Ehefrauen von
strafrechtlicher Verfolgung ausgenommen war, abzuschaffen
oder zu ändern. Manche haben den Satz «gegen ihren Willen»
abgeändert in «ohne ihre Einwilligung». In Illinois wurde der Satz
ganz gestrichen; damit muß der Staatsanwalt nicht mehr beweisen, daß eine Frau *nicht* einwilligte, sondern die Verteidigung muß
beweisen, daß sie «durch Worte oder Taten» ihre Einwilligung
signalisierte.

Die Männer stellen immer wieder die Verfassungskonformität

von Gesetzen über Vergewaltigung in der Ehe in Frage, mit dem Argument, die Begriffe «Zwang» und «körperliche Gewalt» seien zu vage und *zu weit gefaßt*. Wir haben bereits einige Fälle aufgeführt, bei denen Polizei oder Richter nicht bereit waren, gegen Vergewaltiger vorzugehen: Auch die amerikanische Marine zeigt sich da sehr widerstrebend. Zwischen Januar 1989 und Juni 1990 gingen bei der Navy 24 Anzeigen wegen Vergewaltigung oder sexuellen Tätlichkeiten ein, die von Auszubildenden des Orlando Naval Training Center begangen worden waren. Fünf davon wurden gar nicht verfolgt, und nur eine einzige endete vor dem Kriegsgericht.[23]

Feministische Expertinnen für Vergewaltigung wie Pauline Bart und Susan Brownmiller sind sich darin einig, daß Vergewaltigung «ein bewußter Prozeß der Einschüchterung ist, durch den alle Männer alle Frauen in einen Zustand der Angst versetzen».[24] Nach Barts Meinung müßten wir, wenn jede sexuelle Handlung gegen den Willen eines Menschen als Vergewaltigung gelten würde, angesichts des endemischen Ausmaßes männlicher Sexualaggressionen die Mehrheit der Männer als Vergewaltiger bezeichnen. Sie fügt hinzu: «Kein Mann ist je an einer Erektion gestorben – aber um so mehr Frauen.» Scully zieht den Schluß: «Es wird so lange keine grundlegende Änderung eintreten, bis die Männer gezwungen sind einzugestehen, daß sexuelle Gewalt *ihr* Problem ist.» Doch obwohl jeder weiß, daß es die Männer sind, die vergewaltigen, sehen nur wenige Menschen darin ein Männerproblem. Frauen wie auch Männer, die nicht vergewaltigen, machen den Frauen Vorwürfe und behaupten, sie hätten es nicht anders verdient, weil sie sich bestimmten Risiken ausgesetzt hätten. Wollen wir solchen Aussagen auf den Grund gehen, dann müssen wir die vielen Fälle, in denen solche Behauptungen blanker Hohn sind (wie etwa bei neunzigjährigen Frauen, die zu Hause vergewaltigt und umgebracht werden), beiseite lassen. Was meinen diese Leute? Sie gehen implizit von der Annahme aus, daß Männer die natürlichen Feinde von Frauen sind (so wie ein Tier des anderen Feind ist), daß alle Männer potentielle Frauenjäger sind und daß Frauen das wissen und sich davor schützen müssen.

Wenn sie das nicht tun, dann haben sie es nicht anders gewollt. Das Verhalten der Männer gilt als selbstverständlich, darüber wird nicht gerichtet. Gerichtet wird über die Frauen. Und was als selbstverständlich vorausgesetzt wird, ist nichts anderes, als daß die Männer einen ewigen Krieg gegen die Frauen führen.

Die Gesellschaft findet sich so automatisch damit ab, daß vergewaltigende Männer eben zum Leben gehören, daß Journalisten häufig über diese Form männlichen Raubtierverhaltens schweigen. Die in der Friedensbewegung aktive Betty Reardon weist darauf hin, daß in den Medien der Umstand, daß eine ermordete Frau auch vergewaltigt wurde, oft zensiert wird. Die Männer beispielsweise, die 1980 die vier amerikanischen Nonnen in El Salvador ermordeten, vergewaltigten sie davor – aber die meisten Medien erwähnten diese Tatsache nicht. Zu den wenigen, die es doch taten, gehörte Mary Bader Papa vom *National Catholic Report*, die schrieb: «Die Vergewaltiger und Mörder der vier Amerikanerinnen wollten uns eine ganz besondere Botschaft zukommen lassen. Sie wollten unmißverständlich klarstellen, daß Frauen, die ihren Platz verlassen, auch hinter dem Etikett ‹Nonne› oder ‹kirchliche Mitarbeiterin› keinen Schutz finden. Nicht einmal hinter dem Etikett ‹amerikanisch›.»[25] Hinzu kommt, daß die Männer in der Friedensbewegung nach Auffassung der Sozialwissenschaftlerin und Aktivistin der Friedensbewegung, Birgit Brock-Utne, Vergewaltigung und andere Formen männlicher Gewalt nicht wahrhaben wollen. Sie zitiert eine Untersuchung, in der Gesellschaften, in denen Gewalt gegen Frauen an der Tagesordnung ist, in einer Liste «friedlicher» Nationen aufgeführt wurden, und fragt, wie eine Bewegung sich selbst als Friedensbewegung bezeichnen und Gewalt von Männern gegen Frauen einfach ignorieren kann.[26] Aber das tun alle Gesellschaften. Frauen werden im Passiv vergewaltigt, genauso wie sie im Passiv geschlagen und getötet werden.

Welche Ausmaße der Inzest annimmt, wissen wir noch nicht, klar aber ist inzwischen, daß er weitaus häufiger verbreitet ist als irgend jemand bis vor kurzem angenommen hätte. Inzest ist kein schichtabhängiges Vergehen: Männer aller Schichten und Bildungsniveaus vergewaltigen kleine Jungen und Mädchen. Allerdings sind Mädchen die bevorzugten Opfer von Vätern, Großvätern, Onkeln, Cousins und älteren Brüdern, von Blutsverwandten wie auch von angeheirateten Verwandten. Betsy Petersons Vater, ein hochangesehener, sehr beliebter Arzt und Chirurg, machte privat kein Hehl aus seiner Verachtung für seine (überwiegend) weiblichen Patienten. (Er behandelte auch seine Frau mit unverhohlener Geringschätzung.) Als seine Tochter erst drei Jahre alt war und noch im Kinderbettchen lag, begann er sie sexuell zu mißbrauchen, ihre Klitoris zu massieren, um sie zum Orgasmus zu bringen (oder was immer ein Kleinkind empfinden mag). Als ihre ältere Halbschwester zur Familie zog, verging er sich auch an ihr und vergewaltigte sie mit vierzehn Jahren vor den Augen Betsy Petersons, wobei er erklärte, er würde «sie zur Frau machen».[27]

Diese Männer sind nicht auffällig. Psychologen haben mit Männern, die wegen Vergewaltigung und Inzest im Gefängnis saßen, Tests durchgeführt und fanden sie «normal». Nach Bart, die Vergewaltigung für ein Paradigma männlicher Herrschaft in patriarchalischen Gesellschaften hält, weist kaum etwas darauf hin, daß Männer, die Inzest verüben, geisteskrank wären. Sie zitiert aus einer Untersuchung, derzufolge inzestuöse Väter weder psychotisch noch intellektuell minderbegabt sind, sondern «besonders frauenfeindlich» sind und «den Geschlechtsverkehr als einen Akt der Aggression erleben».[28] In patriarchalischen Gesellschaften wird nach derselben Methode verfahren, um ein Mädchen «zur Frau zu machen» und einen Jungen «zum Mann»: durch Erniedrigung und Brutalisierung. Jungen aber werden erniedrigt, indem sie wie Unterlegene behandelt werden (wie Frauen nämlich); Mädchen werden erniedrigt, indem ihnen beigebracht wird, sie könnten nicht selbst über ihre eigene Sexualität bestimmen. Aus meinen eigenen, informellen Befragungen erwachsener Frauen muß ich schließen, daß nur wenige davon 21 Jahre alt werden, ohne bis dahin irgendeiner Form männlicher Gewalt zum Opfer zu fallen – Inzest, sexueller Mißbrauch, versuchte oder vollzogene Vergewaltigung und/oder Mißhandlungen, manchmal Folter oder Gefängnis.

Andere Formen der Gewalt sind insofern geschlechtsgebunden, als nur Frauen davon betroffen sind. So ging zum Beispiel ein Mann durch die Straßen Manhattans und schoß mit Pfeilen auf das Gesäß von Frauen.[29] Die meisten Massenmörder haben es auf Frauen abgesehen, besonders auf Prostituierte. Die Polizei macht wenig Anstalten, die Mörder von Prostituierten zu verfolgen. Vielleicht halten sie wie jener Richter aus Texas Prostituierte nicht für menschliche Wesen. Wie dem auch sei, die Polizei ist Teil eines exklusiven Männerklubs, der routinemäßig Gewalt als Mittel des Machterhalts einsetzt, so wie die (studentischen) Verbindungen. Wenn die Männer keine Frauen finden, dann machen sie andere Männer zu «Frauen». Daher vergewaltigen männliche Gefangene regelmäßig andere männliche Gefangene, und viele Pastoren und Priester vergehen sich an kleinen Jungen oder männlichen Teenagern, die sich in ihrer Obhut befinden.

Die Liste ist endlos: Ich nenne diese Enthüllungen den Schleim unter dem Teppich des Patriarchats. Erst jetzt dringt all das an unsere Ohren, aber es war schon immer so. Einige der frühesten Gedichte aus einer spanischen Verssammlung aus dem 15. und 16. Jahrhundert sind Klagegesänge von Frauen über inzestuöse Väter und brutale Ehemänner. Es war vielleicht die bedeutendste Leistung der feministischen Bewegung, daß sie dieses Geheimnis ans Licht gebracht, es aus der Dunkelheit des Privaten, in der es so gut gedieh, hervorgezerrt und an die frische Luft befördert hat, um es allen vor Augen zu führen und zu verurteilen. Alle Verfechter des Patriarchats preisen die Heiligkeit von Heim und Familie und verlangen ihren Schutz vor neugierigen Blicken. Die Männer wollen Privatheit, um Frauen Gewalt anzutun. Die Frauen, die in dem Glauben erzogen werden, die Männer würden jetzt und immerdar für sie sorgen, müssen erkennen, daß genau diese Männer, denen sie vertrauen und in deren Abhängigkeit sie sich begeben sollen, sie betrügen und schänden. Alle Frauen lernen als Kinder, daß Frauen generell Beute der Männer sind; viele lernen auch, daß die Männer, die sie angeblich vergöttern, ihnen in Wirklichkeit das größte Leid zufügen. Sie lernen, daß «Liebe» von Macht handelt und daß sie keine Macht haben.

Aber auch fremde Männer fallen über Frauen her, rauben sie aus, vergewaltigen sie und ermorden sie. Die überwältigende Mehrheit der Massenmörder sind Männer (weibliche Massenmörder kommen häufig in Filmen vor, in der Realität allerdings fast nie). Auch die meisten Massaker werden von Männern verübt. Während manche Männer blind um sich schießen, zielen andere bewußt auf Frauen. Marc Lépine erschoß im Dezember 1989 an der Universität von Montreal vierzehn Studentinnen des Ingenieurwesens. Anschließend beging er Selbstmord, nicht ohne eine Notiz zu hinterlassen: «Auch wenn die Medien mir das Etikett ‹verrückter Mörder› anhängen werden, ich halte mich selbst für einen rationalen, gebildeten Mann.» Vor kurzem schlug auf demselben Campus ein anderer Mann mit einem Stein auf den Kopf einer Studentin ein. Sie überlebte; er floh. *MS*, die über den Vorfall berichtete, fand immerhin einen positiven Effekt der Geschichte: Die Tragödie hatte den Leuten bewußtgemacht, daß auch Frauen Ingenieure sind, und landesweit die Einschreibungen von Frauen an den Universitäten in die Höhe getrieben.[30] Aber wir müssen Lépine ernst nehmen. Er hielt sich selbst für gesund, für *gebildet*. Er glaubte, *er hätte das Recht*, Frauen umzubringen, die er nicht kannte, weil sie ihm «seinen» Studienplatz weggenommen hatten. Tatsächlich ließ er vor seinem Selbstmord noch Haßtiraden gegen «Feministinnen» los.

Marc Lépine war von der Rechtmäßigkeit dessen, was er Frauen antat, überzeugt, genauso wie die frommen Juden, die Frauen schwere Metallstühle an den Kopf warfen (und dabei leicht eine hätten töten können), wie die frommen Muslime, die mit Messern auf Frauen losgingen, weil sie gegen das vom Ayatollah erlassene Verbot der Berufstätigkeit außer Haus protestierten, wie die frommen Protestanten, die Bomben auf Abtreibungskliniken werfen, wie Tausende von Ehemännern, «Verabredungen», Verbindungsmitgliedern und Fremden, die Frauen schlagen, vergewaltigen und töten, weil sie zu der Überzeugung gelangt sind, Frauen seien der Grund all ihrer Sorgen, wie die Rap-Musiker und Schauspieler, die Frauen mit Verachtung überschütten.

*

Die Männer führen einen unablässigen Krieg gegen die Frauen. Wir haben bereits die Diskriminierung in öffentlichen Bereichen in Augenschein genommen – am Arbeitsplatz, in den Gerichtssälen und in den Regierungsämtern. Wir wissen, daß Diskriminierung im öffentlichen Bereich oft zu Verarmung, Hunger und Tod von Frauen (und Kindern) führt – in Industrieländern wie in nichtindustriellen Ländern. Wir wissen, daß Frauen überall einen niedrigeren Status, weniger Macht und mehr Verantwortung haben als Männer.

Aber die Männer beginnen Frauen schon von Geburt an zu unterdrücken. Ihre eigenen Väter befehlen, daß weibliche Feten selektiv abgetrieben werden, daß kleine Mädchen vernachlässigt, unterernährt, genital verstümmelt, vergewaltigt und sexuell belästigt werden, und sie verkaufen die erwachsenen Mädchen in die Ehe oder in die Sklaverei. Männer vergewaltigen, belästigen und schlagen Ehefrauen, Töchter und Geliebte zu Hause und fremde Frauen oder Bekannte außer Haus. Die Frauen leben in einem kulturellen Strudel, in dem unablässig Bilder weiblicher Sexualorgane und weiblicher Körper, die von Männern umhergestoßen, angegriffen oder getötet werden, an ihnen vorüberziehen.

Das Klima der Gewalt gegen Frauen beeinträchtigt alle Frauen. Frau sein heißt, mit Angst durch die Welt zu gehen: Bei Ängstlichkeitstests schneiden die am wenigsten ängstlichen Frauen (die jungen) genauso ab wie die ängstlichsten Männer (die älteren). Viele Frauen führen ein eingeengtes Dasein: Sie gehen nach Einbruch der Dunkelheit nicht mehr aus dem Haus, lassen sogar notwendige Aufgaben wie Besorgungen und Einkäufe unerledigt, wenn sie sich an einem bestimmten Ort oder zu einer bestimmten Zeit in Gefahr fühlen. Aber Frauen werden auch zu Hause angegriffen: ältere Frauen, die die Fensterläden schließen und die Türen versperren; junge gutverdienende Berufstätige; Frauen jeden Alters und jeder Schicht. Der Faktor, der am konstantesten mit Angst vor einem Verbrechen korreliert, ist «weibliches Geschlecht».[31] Die Frauen haben Angst in einer Welt, in der sich beinahe hinter der Hälfte der Menschheit ein Raubtier verbergen kann, in der kein Merkmal – weder Alter noch Kleidung noch Hautfarbe – einen Mann, der Frauen mißhandelt, von einem unterscheidet, der das nicht tut. Wo immer sie sind, haben Frauen Angst, wie die Vergewaltiger sagen, «irgendeine Frau» am falschen Ort zur falschen Zeit zu sein.

Mit der Angst der Frauen vor körperlicher Verletzung schließt sich der Kreis wieder und führt uns zurück zur abstrakten Sphäre der Politik, wo diese Angst die Frauen dazu bringt, eben jene politischen Strukturen zu unterstützen, die sie unterdrücken. In *The Iron Ladies: Why Do Women Vote Tory?* geht Beatrix Campbell auf die Gründe ein, die so viele Engländerinnen zur Unterstützung der konservativen Tories bewegen. Die Tory-Frauen sind das Rückgrat der konservativen Partei, und ihre Stimmen verhalfen ihr 1978 zum Sieg. Nach Campbells Ansicht hätten die Tories «diese Wahl nicht gewonnen, so wenig wie sie sich selbst als die ‹nationale Partei› hätten darstellen können», wenn sie sich auf die Stimmen hätten stützen müssen, die die Labour Party von Frauen erhalten hat.[32] Die Labour Party stellt sich als egalitäre Partei vor, die Tories als antiegalitär. Aber die Labour Party war bestrebt, die gewerkschaftlich organisierte Arbeiterschaft zu repräsentieren, nicht die arbeitenden Menschen, und spätestens im 20. Jahrhundert hatten die Gewerkschaften die Frauen ausgeschaltet und ihre Forderungen nach gleichen Berufschancen und gleichem Lohn niedergemacht. Zu diesem Zeitpunkt war die selbsternannte egalitäre Partei stramm in eine männlich ausgerichtete politische Tradition eingebunden (eine Entscheidung, die nun ihren Untergang herbeiführt), während die klügere Partei der Privilegierten den Frauen einen eigenen Platz zuwies, «einen kulturellen Rahmen schuf, in den Frauen integriert wurden und in dem ihre Unterordnung zelebriert wurde».

Nach dem Zweiten Weltkrieg sah sich die konservative Partei weit mehr Wählern aus der Arbeiterschicht gegenüber als aus der Schicht der privilegierten «Müßiggänger» und reagierte darauf sehr schnell mit einer neuen Struktur, in deren Mittelpunkt Frauen standen. Die Labour Party konnte ihre loyale Anhängerschaft unter den Frauen halten, jedoch gelang es ihr nicht, sie zu vergrößern; vor allem deswegen, weil sie die Forderungen von Frauen aus der Unterschicht nach wirtschaftlicher Gleichheit nicht aufnahm, obwohl die Frauen eindeutig einen ungeheuren Beitrag zum Wiederaufbau der durch den Krieg zerrütteten Volkswirtschaft leisteten. Auch die Konservativen schrieben die wirtschaftliche Gleichheit nicht auf ihre Fahnen, versprachen aber die «Befreiung» der Hausfrau. Sie holten die alte Ideologie von den geschlechtsspezifischen Lebensbereichen wieder hervor und wiesen den Frauen die Verantwortung für die «innere» Organisation der Partei zu. Immer mehr Frauen strömten nun, da sie einen eigenen Platz hatten (den die Labour Party ihnen nicht angeboten hatte), in die Partei und gewannen dort bis Ende der fünfziger Jahre soviel Einfluß, daß sie die Parteiführung mit ihren eigenen Anliegen herausfordern konnten. Die sogenannten «Frauenthemen» der Partei assoziierten die Frauen mit einer aufkommenden «neuen Rechten, und daraus entstand eine antimoderne Achse, die sich später zum Thatcherismus entwickelte». Diese Frauenthemen waren *beinahe vollständig* in der Sprache eines moralischen Autoritarismus von «Recht und Ordnung» formuliert.

«Die Angst der Frauen», so schreibt Campbell, «lieferte den emotionalen Zündfunken für die Diskussionen um Law and Order.» Während die männliche Parteiführung in «verdutztem Schweigen» zusah, übten die Frauen, entsetzt von dem ungeahnten Ausmaß von Gewalt nach dem Ende des Zweiten Weltkriegs, Druck auf die Partei aus, durch Gesetze ihre Sicherheit zu gewährleisten. Wenn Sicherheit nur um den Preis getrennter Lebensbereiche (wie getrennter U-Bahnabteil) zu haben war, dann sollte es eben so sein.

Die Tatsache, daß in Großbritannien historisch gesehen mehr Männer als Frauen die Labour Party unterstützten und mehr Frauen als Männer die Tories, ist vor allem auf die Bereitwilligkeit zurückzuführen, mit der die Tories den Ruf nach Recht und Ordnung in ihr Programm integrierten. Doch konservative Frauen sind keine Närrinnen: Sie sind stark, aber in untergeordneter Position, und obwohl sie die Wahrscheinlichkeit, daß die Politik das Los der Frauen verbessern wird, eher pessimistisch einschätzen, bewahren sie doch ihren Idealismus hinsichtlich der Macht von Frauen. Campbell findet daher «den britischen Konservativismus in sich widersprüchlich»: Die Partei «bietet Freiraum für eine starke weibliche Präsenz» und ist doch «eine der Institutionen, die für die Unterordnung der Frauen als Geschlecht verantwortlich ist und für die Macht der Männer als Geschlecht und Klasse eintritt». Selbst die angeblichen Freunde der Frauen sind ihre Feinde.

Während die Männer ihre Zeit damit verbringen, herumzuquengeln und auf der Weltbühne auf und ab zu stolzieren, in Bars oder Sportarenen herumlärmen, in den Parlamenten der Welt sich an die Brust schlagen oder in einem endlosen Kampf um höheren Status in ihrer besessenen Suche nach dem symbolischen «Beweis» für ihre Überlegenheit unglaubliche Waffen zünden, halten die Frauen in aller Stille die Welt am Laufen. Sie wissen, daß die Männer das nicht tun werden, daß entweder sie diese Aufgaben erfüllen müssen oder daß niemand es tun wird. Sie bestellen die Felder oder kaufen ein, sie schleppen Lebensmittel heran und kochen das lebensnotwendige unvermeidliche Abendessen; sie bringen die Kinder zur Welt, ernähren sie, baden sie, halten sie in den Armen, lehren sie zu leben und hoffen, daß sie überleben werden. Sie machen ihren Männern Mut, hätscheln sie, beruhigen sie, treiben sie an und hoffen, daß auch sie überleben und den Kindern helfen zu überleben. In ihrer Gesamtheit haben sie andere Wünsche als die Männer, und die Motive, die die beiden Geschlechter bewegen, sind so unterschiedlich, daß die Männer sich seit Jahrtausenden kopfschüttelnd fragen: «Was wollen die Frauen eigentlich?» Frauen wissen, was Männer wollen – aber auch sie schütteln den Kopf.

Frauen sind keine selbstlosen Heiligen. Sie töten, und wir wissen, daß sie foltern und quälen können; sie mißhandeln sich und andere, kämpfen, verletzen, sind grausam. Frauen haben ein Ich, ein Selbst, eigene Sehnsüchte. Kein menschliches Gefühl ist einer Frau fremd, und es gibt kein menschliches Verhalten, dessen sie nicht fähig wäre – ausgenommen einen Penis, der von Natur aus ihrem Körper entwächst, in eine Öffnung zu stoßen. In diesem Sinne haben sie mehr Möglichkeiten als die Männer, die nicht menstruieren können, nicht schwanger werden und nicht gebären können, kein Kind mit ihrem Leib ernähren und kein penisartiges Objekt in einer Vagina aufnehmen können. Frauen können nicht mit Müttern gleichgesetzt werden, denn nicht alle Frauen sind Mütter oder wollen es sein. Aber die Frauen-als-Gesamtheit verhalten sich so, wie sie es tun, weil die meisten Mütter sind. Und weil die Frauen Mütter sind und die Männer nicht, verspüren die Männer einen Mangel, fehlt ihnen eine Mitte. Offensichtlich kommt es kaum einem Mann in den Sinn, daß auch er, ebenso wie eine Frau, seine Mitte in Kindern finden kann, in zukünftigen Generationen, in der Sorge um den Fortbestand der menschlichen Spezies. Offenbar sind Männer unfähig, mit Frauen gleichwertig zu verkehren: Sie müssen entweder überlegen sein, oder sie sind unterlegen. Sie suchen eine Mitte in anderen Männern, in der männlichen Solidarität von Männerkulten (in einfachen Gesellschaften), von Priesterschaften, militärischen oder paramilitärischen Gruppen, Universitäten, Berufen, Teams, religiösen Bruderschaften oder den neuen Männlichkeitskulten. Sie *alle* glorifizieren nicht etwa die Männer-als-Gesamtheit, sondern die jeweiligen Gruppenmitglieder und postulieren ihre Überlegenheit gegenüber den meisten anderen Männern (ausgenommen ihre Pendants außerhalb der Gruppe) und gegenüber allen Frauen. *Alle* diese Priesterschaften lehren Fremdenhaß und Bigotterie; alle ver*herr*lichen irgendeine Form der Selbstverleugnung – ein entbehrungsreiches Leben oder die Leugnung von Gefühlen oder Bedürfnissen –, und alle verherrlichen Aggression und Gewalt, denn alle verehren Herrschaft. Nur ihre Fähigkeit, andere zu beherrschen (physisch, intellektuell oder «spirituell»), macht sie Frauen überlegen. Und die Überlegenheit über Frauen ist der Grundstein dieser Art von männlicher Identität.

Gewalt ist eine einfache Antwort auf Angst. Sie ist einfältig und zerstörerisch. Wenn die Männer, die die Gesellschaft beherrschen, den männlichen Nachkommen Gewalt indoktrinieren und sie dazu ermutigen, dann erziehen sie sie zu wahrhaft minderwertigen menschlichen Wesen. Einige Frauen glauben heute, daß die Männer auf dem besten Weg sind, die Frauen der Welt durch ihr repressives und gewalttätiges Verhalten und ihre Politik auszulöschen. Im Mittelalter fragten die Geistlichen sich regelmäßig, wozu Gott Frauen überhaupt erschaffen hatte. Betrübt kamen sie dann zu dem Schluß, die Frauen seien für die Fortpflanzung nötig. Nun werden die Frauen dank der neuen Fortpflanzungstechnologie womöglich überflüssig. Diese Tendenz ist heute unverkennbar.

Doch dieser weltweite, auf allen Ebenen geführte Angriff auf die Frauen hat so extreme Ausmaße angenommen, daß die Menschen sich verbünden, um sich dagegen zu wehren. Männer schließen sich zusammen, um über ihre eigene Identität zu sprechen. Noch sind Männergruppen selten und eine Randerscheinung, aber immer mehr Männer beginnen zu erkennen, daß ihre Vorherrschaft ihnen vielleicht praktische Gewinne beschert, sie jedoch emotional verkümmern läßt und daß diese emotionale Beschädigung alle Lebensbereiche betrifft: Denkprozesse, die Lebenserwartung, Beziehungen, die Lebensqualität überhaupt. Manche Gruppen, wie die von Robert Bly initiierten, scheinen eben jene Eigenschaften zu verherrlichen, die die Wurzel des Problems sind, andere aber sind auf der Suche nach einer neuen Definition von Männlichkeit. [33]

Die Frauen führen einen weltweiten und erfinderischen Kampf gegen die männliche Unterdrückung. Überall schließen Frauen sich in wirtschaftlichen Basisprojekten zusammen, gründen Kliniken oder Schulen; ganze Gemeinden ziehen aus derartigen Projekten Nutzen. Überall gehen Frauen gegen männliche Gewalt gegen Frauen vor und gründen offizielle Gruppen, die sich für gerechte Gesetze, politische Repräsentation, Bildung und wirtschaftliche Gerechtigkeit für Frauen einsetzen. Feministinnen bringen beeindruckende, eigene wissenschaftliche Erkenntnisse hervor, die Grundlagen für zukünftiges Denken und Alternativen zu patriarchalischen Strukturen bieten. Das Buch *Unser Körper, unser Leben,* das vom Boston Women's Health Collective herausgegeben und in viele Sprachen übersetzt wurde, revolutionierte das weibliche Verhältnis zum eigenen Körper. Frauen in Kenia versuchten, eine ganzheitliche Herangehensweise an Gesundheit und Selbstachtung sowie an Rassen- und Geschlechtsunterdrükkung für sich zu adaptieren, die vom Black Women's Health Network (einer Gesundheitsorganisation für schwarze Frauen) in Atlanta entwickelt worden war. Über ein Jahrzehnt lang bot das Dispensaire des Femmes (Frauengesundheitsdienst) in Genf kollektive, nichtärztliche Gesundheitsfürsorge auf der Basis weiblicher und homöopathischer Medizin an und bildete auch Frauen aus, die ähnliche Kliniken in Costa Rica, Brasilien, Nicaragua und Indien gründeten.[34]

Feministische Gruppen wie GABRIELA auf den Philippinen und das Women's Information Centre in Thailand helfen den Opfern von Zwangsprostitution in ihren Ländern und versuchen, junge Frauen über die Gefahren, die sich hinter betrügerischen Werbeanzeigen für einen Job in der Fremde verbergen, aufzuklären. Sie prangern ihre Regierungen als Komplizen des Sextourismus an, denn dieser bringt fremdes Kapital ins Land und geht manchmal in den Etat für nationale Entwicklungsprogramme ein. Ein weltweites Geschäft erfordert auch weltweite Aktionen, und so rüttelten Feministinnen aus Japan, Thailand, Korea und den Philippinen 1982 die Teilnehmer der Internationalen Tourismuskonferenz in Manila auf, hielten dort und auf den internationalen Flughäfen Demonstrationen ab und sorgten bei allen Betroffenen für peinliche Berührtheit.

In Waianae, auf einer der Hawaii-Inseln, das zu den Orten mit den höchsten Arbeitslosenzahlen der Hawaii-Inseln gehört, organisierten sich die Frauen, um besser mit der häuslichen Gewalt fertigzuwerden. Als ihnen klarwurde, daß diese Gewalt mit der politischen Situation zusammenhing, entschlossen sie sich, auf politische Veränderungen in ihrer Gemeinde hinzuarbeiten, und schufen ein Programm mit dem Titel «Peace Education», Erziehung zum Frieden, das heute in den meisten öffentlichen Schulen Waianaes angeboten wird. In dem zweiwöchigen Kurs lernen die Teilnehmer, ihre Aggressivität und ihr gewalttätiges Verhalten zu hinterfragen und nach Wegen eines harmonischen Zusammenlebens in der Familie zu suchen. Die Gruppe hält Gesundheitsseminare für Frauen und Mädchen ab und formulierte einen Subventionsantrag für eine Frauenhandarbeitskooperative, die den Frauen ermöglichen sollte, in Heimarbeit Geld zu verdienen. Die Frauen von Waianae setzen sich auch für atomare Abrüstung ein und drehten einen Film darüber.[35]

Indianerinnen gründeten Vimochana, um geschlagenen Frauen bei der Polizei oder in Rechtsfragen zu helfen.[36] Als die Organisation wuchs, kamen auch Selbsterfahrungsgruppen hinzu, in denen die Frauen lernten, mit männlicher Gewalt umzugehen, sowie praktische Hilfe erfuhren bei Mitgiftstreitigkeiten oder bei Auseinandersetzungen mit bigamistischen Ehemännern, die ihre Familien ohne finanzielle Unterstützung sitzenließen. Außerdem werden Veranstaltungen zur Unterdrückung und Diskriminierung von Frauen in Slums, Betrieben und Arbeiterwohnheimen organisiert. Die Frauen von Vimochana arbeiten auch mit Arbeiter- und Bauernorganisationen zusammen und sind Teil der Friedensbewegung.

Feministinnen gründeten Development Alternatives with Women for a New Era (DAWN)*mit Sitz in Indien, eine internationale Organisation, in der weibliche Dritte-Welt-Aktivisten, Forscherinnen und Politikerinnen sich zusammengeschlossen haben, um eine weltweite Perspektive für die wirtschaftliche und politische Situation der Frauen zu entwickeln.[37] Bei der Frauenkonferenz der UNO hatten die Arbeitsgruppen und Diskussionsrunden von DAWN auf viele Delegierte der Dritten Welt so nachhaltigen Einfluß, daß sie sich gegen ihre Regierungen auflehnten und offen soziale und politische Unterdrückungspraktiken einschließlich der Klitoridektomie kritisierten. 1984 hielten Frauen aus 24 afrikanischen Ländern im Sudan eine Konferenz mit dem Thema «Afrikanische Frauen sprechen über weibliche Beschneidung» ab und gaben einen Bericht heraus, in dem sie sich für das totale Verbot genitaler Verstümmelung von Frauen einsetzten.

Die Frauen in den brasilianischen Slumvororten sagten zu DAWN-Mitarbeiterinnen, ihr Hauptproblem sei der Kinderreichtum. Die brasilianische Linke, die eine Kampagne gegen die

---

* Alternative Entwicklungsmöglichkeiten für ein neues Zeitalter der Frauen; *dawn* bedeutet auch Morgendämmerung (Anm. d. Ü.)

Kontrolle des Bevölkerungswachstums führte, hatte ein Flugblatt gedruckt, auf dem ein Mann im Fernsehen zu sehen war, der Frauen die Antibabypille anbot und dem die Frauen erwiderten, sie wollten Unterstützung und keine Pillen. Die Frauen von São Paulo wehrten sich gegen diese Darstellung: Sie wollten *beides*. DAWN gründete das Proyecto Esse Sexo que e Nosso*, das eine Reihe einfach illustrierter Broschüren herausgab, in denen grundlegende Aspekte weiblicher Gesundheit, Fortpflanzung und sexueller Lust beschrieben wurden. Heute wird dieses Informationsmaterial, das hervorragend auf arme Frauen in Brasilien zugeschnitten ist, von der Regierung selbst eingesetzt.[38]

Da Frauen bei männlichen Polizisten, die sie tendenziell als Kriminelle behandeln, kaum Anzeige wegen Mißhandlung erstatten, führte der Rat für die Rechte von Frauen des Bundesstaates São Paulo 1984 Polizeireviere ein, auf denen ausschließlich Beamtinnen tätig sind. Die Initiative war so erfolgreich, daß in ganz Brasilien siebzig ähnliche Reviere eingerichtet wurden, die Klagen wegen Vergewaltigung und häuslicher Gewalt nachgingen.[39] Über zehn Jahre lang kämpften brasilianische Feministinnen für die Abschaffung der gesetzlich sanktionierten Ermordung von Ehefrauen. Ein Mann konnte seine Frau umbringen, selbst wenn sie ihn verlassen hatte, und sich vor Gericht mit der Begründung, die Frau sei ihm untreu gewesen, auf die «legitime Verteidigung seiner Ehre» berufen. Allein 1980/81 wurden 722 Männer in São Paulo auf der Basis dieser Argumentation vom Vorwurf des Mordes an ihrer Frau freigesprochen. Eine Führerin der Kampagne erklärte dazu: «Im Landesinnern ist es für einen Mann einfacher und billiger, einen Killer mit der Ermordung seiner Frau zu beauftragen, als sich scheiden zu lassen und das Vermögen aufzuteilen.» Nach fortgesetztem feministischem Druck und Sendungen über derartige Verbrechen errangen die Frauen Brasiliens im März 1991 schließlich einen Sieg, als das Oberste Gericht Brasiliens diese Verteidigung als unzulässig verwarf.[40]

Die Frauenorganisation Nicaraguas (AMNLAE) startete kürz-

---

* Projekt für dieses unser Geschlecht (Anm. d. Ü.)

lich als Reaktion auf die Tatsache, daß 44 Prozent der Männer Nicaraguas regelmäßig ihre Frauen oder Geliebten schlagen, eine Kampagne zur Verurteilung männlicher Gewalt.

In Uganda gründeten Anwältinnen den Verband der weiblichen Rechtsanwälte Ugandas und ein Rechtshilfezentrum zur Unterstützung ungebildeter, bedürftiger Frauen.[41] 80 Prozent der Bevölkerung Ugandas sind Analphabeten; viele Menschen kennen die Gesetze ihres Staates nicht, und besonders die Frauen sind im Schnittpunkt von Traditionen und modernen Gesetzen gefangen. Frauen, die nach traditioneller Sitte verheiratet sind, wissen nicht, daß sie deswegen nicht auch gesetzlich verheiratet sind und daher schutzlos dastehen, wenn ihr Mann stirbt. Die Familie des Mannes nimmt oft seinen gesamten Besitz an sich und läßt die Witwen (häufig hat ein Mann mehr als eine Frau) und die Kinder mittellos zurück. Die Anwältinnen der Organisation gehen aufs Land und setzen sich zu den Frauen ins Gras, um mit ihnen zu sprechen. Sie informieren die Bäuerinnen, daß es illegal ist, eine Ehefrau zu schlagen, helfen Witwen, ihren Anteil am Nachlaß des Mannes einzutreiben, und stehen verlassenen Ehefrauen bei, die keine Stelle finden.

Als das Manuela Ramos Movement Women's Center in den Slums von Lima in Peru die ersten Kurse anbot, wollten die Frauen vor allem etwas über Sexualität, Gesundheit und Empfängnisverhütung erfahren. In dem Zentrum wurden verschiedene Workshops abgehalten, in denen über die persönliche Lage der Frauen diskutiert sowie über bestimmte Themen informiert und organisatorische Initiativen vorgestellt wurden. In den Gruppen, die sich mit persönlichen Problemen beschäftigten, erfuhren die Frauen mehr über ihren Körper, ihre Sexualität und ihren Status als Menschen, Mütter und Bürgerinnen. In den Informationsveranstaltungen wurden Fragen aus den Bereichen Gesundheit, Grundschulbildung und Nachbarschaftsorganisationen beantwortet. In den Organisationssitzungen wurden Projekte entwickelt, die die Frauen selbst initiieren konnten, beispielsweise eine Kindertagesstätte zu organisieren, ein Eßlokal aufzumachen oder Weiterbildungsprogramme durchzuführen. Eine Frau aus den Slums von Lima überließ nach ihrem Tod ihr Haus den Frauen der Gemeinde, damit sie es als Zufluchtsort für geschlagene Frauen nutzen konnten. Die Frauen in den Elendsvierteln Perus tragen mittlerweile Pfeifen bei sich, die sie benutzen, wenn sie geschlagen oder angegriffen werden; wenn eine Pfeife ertönt, sind sofort viele Frauen zur Stelle, die dem Opfer zu Hilfe kommen.

Frauen in Südostasien stellen Projekte auf die Beine, um den Opfern von Mißhandlungen und Vergewaltigungen zu helfen sowie die Gesetzgebung bei Vergewaltigung und die gesellschaftliche Einstellung dazu zu verändern. Indische Frauen klappern mit Töpfen und Pfannen vor den Häusern von Männern, die besonders gewalttätig gegen ihre Frau sind. Feministische Gruppen wie Saheli kämpfen gegen die weitverbreiteten «Mitgifttode» und erzwangen die Verabschiedung eines Gesetzes, das bei jedem Tod durch «Unfall» oder «Selbstmord» einer Frau in den ersten sieben Jahren nach der Hochzeit automatisch eine Untersuchung wegen möglicher Manipulationen vorsieht.

In Nigeria werden die Mädchen im Alter von elf bis dreizehn Jahren verheiratet (und vielleicht auch genital verstümmelt) und leiden oft unter schmerzhaften Geburten. Ist der Geburtskanal blockiert, so kann bei der Geburt ein Riß zwischen Geburtskanal und Blase entstehen, durch den ein Mädchen ohne chirurgischen Eingriff lebenslang inkontinent bleibt. In Nordnigeria leiden 20000 Frauen, vor allem Musliminnen, an dieser Krankheit, sogenannten Vesikovaginalfisteln. Ihre Männer lassen sich von ihnen scheiden, und ihre Familien stoßen sie aus. Als das bekannt wurde, starteten nigerianische Feministinnen auf der Stelle eine Kampagne gegen Frühehen.[42]

Die Schwarzamerikanerin Mildred Tudy und die Amerikanerin mexikanischer Abstammung Maria Fava bemühten sich unabhängig voneinander in der Gegend von Williamsburg/Greenpoint von Brooklyn um eine Verbesserung der Lebensbedingungen und um Überbrückung der Kluft zwischen den verschiedenen Rassen. Mit lokal begrenzten Aktionen zwangen sie die Stadt, einige Schritte in die richtige Richtung zu unternehmen, und brachten dabei Frauen niedriger Einkommensstufen den Feminismus nahe.[43]

Weiße Frauen schließen sich vielerorts mit schwarzen zusammen, um gegen den Ku-Klux-Klan zu kämpfen.[44] Frauen stehen in Bürgerbewegungen gegen Kernenergie an vorderster Front. In Chicago und anderen Städten engagieren sie sich aktiv in der Öffentlichkeitsarbeit und sind federführend an den Bemühungen der Kommunen beteiligt, für Probleme wie Giftmüll eine Lösung zu finden.

In den Industriegesellschaften werden die Frauen in Bürojobs gedrängt, die meist schlechter entlohnt werden als Fabrikarbeit. Frauen, die vielleicht ebenso gut ausgebildet sind wie ihre männlichen Vorgesetzten, werden auf weibliche Tätigkeiten eingeschränkt, die den Männern erlauben, sie wie Dienstboten zu behandeln. In Cleveland, Boston und Washington D. C. organisierten Frauen sich als Reaktion auf die Diskriminierung und die schlechte Behandlung in Bürojobs. Zunächst entstanden einzelne Gruppen und setzten sich mit der Lösung einzelner Probleme auseinander. Als sich das aber als unbefriedigend erwies, traten sie in Verhandlungen und schlossen sich schließlich unter der Bezeichnung Nine to Five* der nationalen Gewerkschaft der Angestellten im Dienstleistungssektor an. Der Film *Nine to Five* inspirierte Frauen im ganzen Land zur Gründung ähnlicher unabhängiger Gruppen wie Women Employed und Working Women.[45]

Viele chilenische Frauen setzten sich ebenso wie die argentinischen Frauen der Gefahr einer Verhaftung aus, als sie die Rückkehr ihrer *desaparecidos*** forderten; in beiden Ländern trugen die Frauen zum Sturz des Militärregimes bei. Die chilenischen Frauen stellten *arpilleras* her und schmuggelten sie aus dem Land: Durch die Darstellungen auf diesen bestickten oder mit Applikationen versehenen Wandteppichen wurde die Welt über Folter, Mord und Hunger aufgeklärt. Sowjetische Frauen widersetzten sich einer diktatorischen Regierung und verlangten Aufklärung über ihre in der Armee ermordeten Söhne; koreanische Frauen

---

* nach der klassischen Büroarbeitszeit von «neun bis fünf» (Anm. d. Ü.)
** *desaparecidos:* die Verschwundenen (Anm. d. Ü.)

protestieren immer wieder im Namen der Kinder, die das diktatorische Regime umbringen ließ.

1961 gründeten Frauen, die durch das Wettrüsten zwischen den Vereinigten Staaten und der Sowjetunion beunruhigt waren, die Organisation Women Strike for Peace (WSP)*, eine Bürgerinitiative auf der Grundlage informeller Kontakte.[46] Das vom Repräsentantenhaus eingesetzte Komitee für unamerikanische Umtriebe (HUAC), das zur Unterdrückung abweichender Meinungen gegründet worden war, sah in der Friedensbewegung eine Dissidentenorganisation (die Regierung ist noch immer dieser Ansicht) und zitierte die Frauen von Women Strike for Peace zum Verhör. Die Frauen hatten durch ihre nichthierarchischen Organisationsformen eine enorm erfolgreiche Aktion ausgelöst und waren gleichzeitig dadurch vor politischer Verfolgung geschützt – *sie bewahrten keine schriftlichen Mitgliederlisten auf*. Die WSP-Mitglieder waren entschlossen, weder interne Säuberungsaktionen durchzuführen noch vor dem Ausschuß zu «kuschen», und entschieden sich deshalb freiwillig dafür, zu «reden», anstatt die Aussage zu verweigern, wie das bereits Radikale und Bürgerrechtler in den fünfziger Jahren getan hatten. Ungefähr hundert Frauen telegraphierten dem Vorsitzenden des Komitees und boten an, nach Washington zu reisen, um über die Bewegung zu sprechen.

Die Angebote wurden abgelehnt. Durch diese originelle Taktik wurde die wahre Absicht des Ausschusses demaskiert – die Verunglimpfung und Zurschaustellung der Befragten und nicht die Gewinnung von Informationen. In einem typischen Zeitungsbericht stand zu lesen:

«Das gefürchtete Komitee für unamerikanische Umtriebe erlebte diese Woche sein Waterloo. Es legte sich mit 500 erzürnten Frauen an. Sie lachten es aus. Im grellen Licht der Scheinwerfer und unter dem Surren der Fernsehkameras machten fünfzig Reporter Notizen, während Kinder im Verlauf dieses phantastischen Verhörs weinten und gackerten.

---

* Frauen streiken für den Frieden (Anm. d. Ü.)

Als die erste Frau in den Zeugenstand ging, erhob die Menge sich schweigend. Der irritierte Vorsitzende Clyde Doyle aus Kalifornien verbot daraufhin das Stehen. Der nächsten Zeugin applaudierten sie, Doyle verbot das Applaudieren. Als nächstes rannten sie los, um die Zeugin zu küssen ... Schließlich wurde jeder Frau nach ihrem Aufruf ein riesiger Blumenstrauß überreicht. Zu diesem Zeitpunkt war Doyle bereits ein geschlagener Mann. Am dritten Tag gab es ungestraft *standing ovations* für die Heldinnen des Tages.»[47]

Die Frauen von Women Strike for Peace bereiteten dem Komitee für unamerikanische Umtriebe eine definitive Niederlage und trugen dazu bei, daß John F. Kennedy schließlich 1963 ein begrenztes Rüstungskontrollabkommen unterzeichnete.[48]

1980 bildeten 2000 Frauen in der ersten Frauen-Pentagon-Aktion einen Kreis um das Pentagon und erklärten der Welt, daß Militarismus gleich Sexismus sei. Diese machtvolle Demonstration feministischen Antimilitarismus inspirierte auch anderswo Frauen, wie zum Beispiel in Greenham Common.[49] 1979, als das atomare Wettrüsten deutlich an Intensität zunahm, verkündete die NATO ihre Absicht, mehrere hundert mit atomaren Sprengköpfen bestückte Flugkörper in Westeuropa zu stationieren. Als erstes sollten 96 bodengestützte Marschflugkörper in der amerikanischen Militärbasis von Greenham Common in der Nähe von Newbury, 60 Meilen westlich von London, installiert werden. Im September 1981 marschierten 40 Frauen 120 Meilen von Wales nach Greenham Common, um öffentlich gegen eine solche Nutzung britischen Bodens zu protestieren.[50] Die Medien ignorierten ihre Aktion, also beschlossen die Frauen, so lange zu bleiben, bis die amerikanische Strategie, Europa als Abwehrschild gegen den Ostblock zu verwenden und dadurch Amerika vor einem Krieg auf eigenem Boden zu bewahren, ins Bewußtsein der Öffentlichkeit dringen würde.

Das Friedenscamp der Frauen von Greenham Common entstand aus dieser Mahnwache vor den Toren des Stützpunkts. Die Frauen, viele davon mit Kindern, stellten Zelte auf und ließen sich häuslich darin nieder; die kleine, hartnäckige Gruppe wuchs an, und am 11. Dezember 1982 bildeten 20000 Frauen eine neun Meilen lange Menschenkette um den Militärstützpunkt.[51] Sie «dekorierten» den Platz, schmückten den Stacheldraht mit Tausenden von Stoffstücken, Gedichten und persönlichen Wertgegenständen, Kinderbildern, Spielzeugen und Kleidungsstücken. Ursprünglich war es das Ziel der Protestierenden gewesen, eine öffentliche Diskussion über die neuen Nuklearwaffen in Gang zu setzen. Als jedoch immer mehr Frauen sich ihnen anschlossen und der Protest zunehmend das Interesse der Weltöffentlichkeit erregte, änderten sie ihre Absicht und setzten sich die Blockade der Raketenstationierung in Greenham zum Ziel.

Beide Regierungen ließen sich nicht von dieser Bewegung beeindrucken, und im November 1983 trafen die ersten Raketen im Stützpunkt ein. Doch die Frauen blieben, hielten eine Dauerwache aufrecht, um gegen die Raketen und gegen alle Nuklearwaffen zu protestieren. Die Anzahl der Frauen, die jeweils in Greenham campiert, variiert im Lauf der Zeit, aber sie machen weiter, Tag und Nacht, in jeder Jahreszeit, bei Sonne und Regen.[52] *Sie sind noch immer da* – wenn auch nicht mehr so viele. Jedes Jahr seit der Entstehung des Camps wurden vor dem Stützpunkt Aktionen mit bis zu 50000 Frauen durchgeführt.

Der Protest trieb unzählige Frauen in ganz England in die Friedensbewegung und bewog Frauen an über hundert Standorten in Europa zur Errichtung von Friedenslagern: im englischen Molesworth, im italienischen Comiso, im Hunsrück in Westdeutschland, in Naoose in Kanada, in Seneca und Puget Sound in den Vereinigten Staaten, in Soesterburg in Holland, in Pine Gap in Australien. Seit den fünfziger Jahren schon protestieren die Frauen von Shibokusa gegen die Stationierung amerikanischer Truppen in Japan. In den Vereinigten Staaten, Großbritannien, Westdeutschland, im Südpazifik, in Neuseeland und Osteuropa haben Frauen antimilitaristische Aktionen durchgeführt, Aktionen, die keine isolierten Proteste, sondern in ein weltweites Netz eingebunden sind: Die Frauen von Greenham Common erklären sich solidarisch mit den Frauen in amerikanischen Friedenscamps;

Frauen aus der amerikanischen Friedensbewegung hielten 1983 ein Kolloquium mit Frauen aus Japan, den Marshallinseln und Lateinamerika ab. 1984 demonstrierten Tausende von Frauen in Neuseeland zur Unterstützung der Frauen von Greenham. Unter ihnen befanden sich auch Frauen, die der Bewegung für Selbstbestimmung der Maori angehörten, welche Frieden und Land für die Maori fordert.[53] Es waren die Frauen, die der Friedensbewegung neue Energien einflößten. Nach Jahrtausenden endlich schlagen die Frauen an allen Fronten zurück.

ANMERKUNGEN

Einführung

1 Die Aussagen im ersten Teil der Einführung basieren auf Material aus meinen Büchern *Jenseits der Macht. Frauen, Männer und Moral* (Reinbek: Rowohlt, 1985) sowie *From Eve to Dawn: A Women's History of the World* (unveröffentlicht).

2 Viele nationalistische Revolutionen in Afrika waren vom europäischen Sozialismus inspiriert; weniger bekannt ist, daß Gandhi sein Satjagraha, sein Konzept des passiven Widerstands, in Anlehnung an die britische Suffragettenbewegung entwickelte. Wie James Hunt schrieb, «bezog sich Gandhi mehr als ein Jahr, bevor er Thoreaus Begriff vom ‹bürgerlichen Ungehorsam› entdeckte, auf die Frauenbewegung» (James D. Hunt, *Gandhi in London* [New Delhi: Promilla, 1978]). Gandhi verfolgte die Nachrichten aus England mit großer Aufmerksamkeit, und ihm war bekannt, daß die ersten englischen Kämpfer/innen für ein Frauenstimmrecht in Manchester und 1905 sowie 1906 in London verhaftet worden waren, als er die Forderungen der südafrikanischen Inder nach gesetzlicher, politischer und bürgerlicher Gleichstellung formulierte.

1906 reiste er nach England, um seine Sache zu vertreten, und wurde auf der Stelle in die Stimmrechtskampagne verwickelt: Drei Tage nach seiner Ankunft wurden elf Frauen verhaftet, weil sie vor dem Unterhaus demonstriert hatten.

Einige Tage danach veröffentlichte Gandhi einen Artikel, in dem er den Mut und die Hartnäckigkeit der Suffragetten lobte und dem er als Titel einen ihrer Slogans voranstellte: «Taten sind besser als Worte.» Gandhi schrieb bewundernd über die Suffragetten, weil sie das Gefängnis einer Geldstrafe vorzogen, und bei einem späteren Aufenthalt in London 1909 nahm er an einer Massenkundgebung zur Feier der Freilassung der ersten Gruppe Suffragetten teil, die in den Hungerstreik getreten waren. Er hielt sie den Indern als Beispiel vor: «Wenn wir das Leid und den Mut dieser Frauen bedenken, wie kann das indische Satjagraha im Vergleich dazu bestehen?» (Hunt, a. a. O. S. 137f.)

3 Sylvia Ann Hewlett, «Running Hard Just to Keep Up», in: *Time* 136, 19, Herbst 1990.

4 Zum Beispiel streiken die Frauen für den Frieden. Vgl. Amy Swerdlow, «Ladies' Day at the Capitol: Women Strike for Peace versus Huac», in: *Feminist Studies* 8, 3, Herbst 1982, S. 493–520.

5 Persönliche Mitteilung aus dem Jahr 1986.

6 Josefina Figueira-McDonough und Rosemary Sarri (Hg.), *The Trapped Women: Catch 22 in Deviance and Control* (Newbury Park, CA: Sage, 1987).

7 Vgl. dazu besonders den Artikel von Greer Litton Fox und Jan Allen sowie von Nancy R. Hooyman und Rosemary Ryan.

8 In einem kürzlich erschienenen Leitartikel in *The New York Times* hieß es, Frauen wollten weniger Kinder, ganz als hätten die Männer kein Mitspracherecht bei dieser Entscheidung. Vgl. dazu «The Baby Boom Boom», in: *The New York Times*, 24. April 1991.

Teil I
Die systemimmanente Diskriminierung der Frauen

1 Berit Ås bezieht die Information über die 75 Prozent von Karin Soder, der ehemaligen Außenministerin von Schweden, die diese Zahl bei einem Parteikonvent der Zentrumspartei im Jahr 1976 nannte. Vgl. Berit Ås, «The Feminist University», in: Renate D. Klein und Deborah Lynn Steinberg (Hg.), *Radical Voices: A Decade of Feminist Resistance*, Women's Studies International Forum (Elmsford, N. Y.: Pergamon Press, 1989).

2 Marilyn Waring, *If Women Counted* (San Francisco: Harper & Row, 1988).

3 Statistiken und Zitate aus Jennifer Seymour Whitaker, *How Can Africa Survive?* (New York: Harper & Row, 1988), S. 152.

4 Irene Tinker, «New Technologies for Food-Related Activities: An Equity Strategy», in: Roslyn Dauber und Melinda L. Cain (Hg.), *Women and Technological Change in Developing Countries* (Boulder: Westview, 1981).

5 Maria Mies, *Patriarchy and Accumulation on a World Scale: Women in the International Division of Labour* (London: Zed Books, 1986).

6 Hewlett, a. a. O.

7 Kenneth B. Noble, «Low-Paying Jobs Foreseen for Most Working Women», in: *The New York Times*, 12. Dezember 1985.

8 Janice Castro, «Get Set: Here they Come!»; Barbara Ehrenreich, «Sorry, Sisters, this is not the Revolution», beide in: *Time* 136, 19, Herbst 1990.

9 Die Zahlen in diesen beiden Abschnitten stammen von Elains Sciolino, «UN Finds Widespread Inequality for Women», in: *The New York Times*, 23. Juni 1985.

10 «Working Women Gained on Men», in: *The New York Times*, 2. Februar 1988.

11 Tamar Lewin, «Older Women Face Bias in Workplace», in: *The New York Times*, 11. Mai 1991.

12 Marilyn Power, «Falling Through the ‹Safety Net›: Women, Economic Crisis and Reaganomics», in: *Feminist Studies* 10, 1, Frühling 1984, S. 31–58.

13 Power, a. a. O.

14 Power, a. a. O.

15 Zit. nach *MS* 1, 4, Januar/ Februar 1991.

16 Amartya Sen, «More than 100 Million Women are Missing», in: *The New York Review*, 20. Dezember 1990.

17 «Fewer Women in Parliaments», in: *The New York Times*, 25. August 1989.

18 William E. Schmidt, «Who's in Charge Here? Chances are it's a Woman», in: *The New York Times*, 21. Mai 1991.

19 Nadine Brozen, «Despite Women's Gains in States, Studies Find Few in the Top Posts», in: *The New York Times*, 24. Oktober 1986.

20 *MS*, 1, 4, Januar/Februar 1991. Dieses Abstimmungsergebnis wurde inzwischen vor dem Schweizerischen Bundesgericht erfolgreich angefochten.

21 Bill Keller, «Raisa Gorbachev Hits Back: The Women are All for Me», in: *The New York Times*, 27. Mai 1989.

22 Alle Informationen über Anna Walentynowicz aus Jane Atkinson, «The Woman Behind Solidarity», in: *MS*, Februar 1984.

23 «Solidarity's Spark Runs Strike», in: *The New York Times*, 29. März 1991.

24 George M. Marsden schreibt (in «Defining American Fundamentalism» in: Norman J. Cohen [Hg.], *The Fundamentalist Phemonenon* [Michigan: William B. Erdmans, 1990]), daß mit dem Begriff «fundamentalistisch» eigentlich evangelische Protestanten bezeichnet wurden, die militant gegen die Liberalisierungstendenzen der modernen Theologie und einige Aspekte des weltlichen Lebens in der modernen Zivilisation kämpften. Der Begriff «fundamentalistisch» sollte angewendet werden, um einen Anhänger der grundlegenden Vorstellungen einer Religion zu kennzeichnen. Aus diesem Grund trifft der Begriff auf muslimische oder jüdische Bewegungen nicht zu: Die sogenannten Fundamentalisten unter den Muslimen halten sich nicht mehr an Mohammeds Lehren als andere Muslime; tatsächlich ist es nach Ansicht von Riffat Hassan («The Burgeoning of Islamic Fundamentalism: Toward an Understanding of the Phenomenon», in: *The Fundamentalist Phenomenon*, a. a. O.) so, daß vieles von dem, was unter den Begriff «islamischer Fundamentalismus» subsumiert wird, antitraditionell ist und im Widerspruch mit dem Geist wie auch mit dem Buchstaben der islamischen Tradition steht, wie sie seit der Offenbarung des Korans interpretiert und praktiziert wird. Im Judaismus

gibt es kein absolutes Dogma; die Textesammlung, die sein Herzstück bildet, ist permanenter Diskussion und Revision unterworfen. Nach Leon Wieseltiers Ansicht («The Jewish Face of Fundamentalism», in: *The Fundamentalist Phenomenon*, a.a.O.) ist der Fundamentalismus die Antithese des normativen Judentums, weil er bestrebt ist, Jahrhunderte jüdischen Denkens zunichte zu machen; insofern sollte man diejenigen, die sich für die Rückkehr zu einem Text oder in eine vergangene Zeit stark machen, besser als Restaurationisten bezeichnen.

25 John R. Rice, *I Am a Fundamentalist* (Murfreesboro: Sword of the Lord Publishers, 1975).

26 Richard Hofstadter, *Antiintellectualism in American Life* (New York: Random House/Vintage, 1962).

27 Mortimer Ostow, «The Fundamentalist Phenomenon: A Psychological Perspective», in: *The Fundamentalist Phenomenon*, a.a.O.

28 Betty A. DeBerg, *Ungodly Women: Gender and the First Wave of American Fundamentalism* (Minneapolis: Fortress Press, 1990).

29 Linda Gordon, «Voluntary Motherhood: The Beginnings of Feminist Birth Control Ideas in the United States», in: Mary S. Hartmann und Lois Banner (Hg.), *Cleo's Consciousness Raised* (New York: Harper & Row, 1974).

30 Daniel Scott Smith, «Family Limitation, Sexual Control and Domestic Feminism in Victorian America», in: Nancy F. Cott und Elizabeth H. Pleck (Hg.), *A Heritage of Her Own: Toward a New Social History of American Women* (New York: Simon & Schuster, 1979).

31 Carl N. Degler, «The Changing Place of Women in America», in: Barbara Welter (Hg.), *The Woman Question in American History* (Hinsdale, Ill.: The Dryden Press, 1973). Zit. nach DeBerg.

32 *King's Business* 12, 1, Februar 1921, S. 107–108. Zit. nach DeBerg.

33 «Woman Suffrage and the Bible», in: *King's Business*, 10, 8, August 1919, S. 701. Zit. nach DeBerg.

34 «The Mother's Reward», in: *Watchman* 86, 11. August 1904; Rede von Stanley White während der Moody's Northfield Young Women's Conference im Jahr 1906. Zit. nach DeBerg.

35 DeBerg, a.a.O.

36 *The Western Recorder* 69, 39, 8. August 1895; Davis, «A Woman's Appeal to Women», in: *Western Recorder* 10, 1917. Zit. nach DeBerg.

37 Leonard I. Sweet, *The Minister's Wife: Her Role in Nineteenth-Century American Evangelicism* (Philadelphia: Temple University Press, 1983). Zit. nach DeBerg.

38 Douglas W. Frank, *Less than Conquerors: How Evangelicals Entered the Twentieth Century* (Grand Rapids, Mich.: William

B. Erdmans, 1986). Zit. nach De-Berg.

39 «A Woman's Career», in: *Western Recorder* 85, 14, 10. Februar 1910, S. 10. Zit. nach De-Berg.

40 A. R. Funderburk, «The Word of God on Women's Dress», in: *Moody Bible Institute Monthly* 22, Januar 1922, S. 759. Zit. nach DeBerg.

41 Viele Gelehrte vertreten inzwischen diese Position. Vgl. dazu besonders Julian Morgenstern, «*Beena* Marriage (Matriarchat) in Ancient Israel and its Historical Implications», in: *Zeitschrift für die Alttestamentische Wissenschaft* 47, 1929, und David Bakan, *And They Took Themselves Wives* (San Francisco: Harper Row, 1979).

42 «Divorce», in: *Western Recorder* 86, 52, 2. November 1911. Zit. nach DeBerg.

43 «The Family», in: *Western Recorder* 86, 15, 16. Februar 1911. Zit. nach DeBerg.

44 J. F. Norris, «Address on Evolution before Texas Legislature», in: *Searchlight* 6, 15, 23. Februar 1923, S. 3. Zit. nach De-Berg.

45 Norris, «Another Example», in: *Searchlight* 6, 22, 13. April 1923, S. 6.

46 Norris, «The First and Second Creations», in: *Searchlight* 5, 48, 13. Oktober 1922, S. 2. Zit. nach DeBerg.

47 Nancy Ammerman, *Bible Believers: Fundamentalists in the Modern World* (New Brunswick,

New Jersey: Rutgers University Press, 1987). Zit. nach DeBerg.

48 Jerry Falwell, *Eternity* 31, Juli/August 1980. Zit. nach Jerry Falwell, Ed Dobson und Ed Hinson (Hg.), *The Fundamentalist Phenomenon* (Garden City: Doubleday, 1981).

49 Sheila Ruth, «A Feminist Analysis of the New Right», in: Klein und Steinberg (Hg.), a. a. O.

50 Alle Zitate aus «Are We All God's People», Pamphlet of People for the American Way, Project of Citizens for Constitutional Concerns, Washington D. C.

51 Peter Steinfels, «6,000 Form Rival Baptist Organization», in: *The New York Times*, 12. Mai 1991.

52 Fred Clarkson in: *Mother Jones*, November/Dezember 1990.

53 Adolph Reed Jr., «False Prophet», in: *The Nation*, 28. Januar 1991. Informationen zu diesem Kapitel stammen darüber hinaus dem ersten Teil dieses Artikels, der veröffentlicht wurde in: *The Nation*, 21. Januar 1991.

54 Mahnaz Afkhami, «Iran: A Future in the Past – the ‹Prerevolutionary› Women's Movement», in: *Sisterhood is Global* (Garden City, N. Y.: Doubleday, 1984).

55 Berichte von Augenzeugen sind veröffentlicht in Kate Millett, *Im Iran* (Reinbek b. Hamburg: Rowohlt, 1982).

56 Peter R. Knauss, *The Persistence of Patriarchy* (New York: Praeger, 1984).

57 Lisa Beyer, «Life Behind the Veil», in: *Time* 136, 19, Herbst 1990.

58 Youssel M. Ibrahim, «Algerians Choose the Protest Vote», in: *International Herald Tribune*, 27. Juni 1990.

59 Die erwähnte Politikerin ist Mona Makram-Ebeid, der Generalsekretär Dr. Hoda Badran. Beide werden zit. in Alan Cowell, «Egypt's Pain: Wives Killing Husbands», in: *The New York Times,* 23. September 1989.

60 Beyer, a. a. O.

61 Cowell, a. a. O.

62 John F. Burns, «Moscow Gone, Najibullah Boasts and Kabul Stands», in: *The New York Times*, 12. März 1989.

63 Henry Kamm, «Afghan Peace Could Herald War of Sexes», in: *The New York Times*, 12. Dezember 1988.

64 Kathy Evans, «Afghan Edict Tells Women how to Dress», in: *The Guardian*, 23. Juni 1990.

65 John F. Burns, «Afghan-Relief Agencies Report Intimidation», in: *The New York Times*, 24. Mai 1990.

66 Evans, a. a. O.

67 Burns, a. a. O.

68 Evans, a. a. O.

69 Beyer, a. a. O.

70 Stephen Hubbell, «Jordan Votes the Islamic Ticket», in: *The Nation*, 25. Dezember 1989.

71 Leon Wieseltier, «The Jewish Face of Fundamentalism», in: Cohen, *For the Land and the Lord: Jewish Fundamentalism in Israel* (New York: Council on Foreign Relations, 1988).

72 Wieseltier, a. a. O., S. 196.

73 Marcia Freedman, *Exile in the Promised Land* (New York: Firebrand Books, 1990).

74 Freedman, a. a. O.

75 Freedman, a. a. O.

76 Das Israel Women's Network, eine von Alice Shalvi gegründete Organisation, veröffentlicht regelmäßig das Informationsblatt *Networking*. Diese Information stammt aus der Sommer-Nummer 1989.

77 «Officers Break up a March in Israel», in: *The New York Times*, 30. Dezember 1989.

78 «Hasidim Attack Women at Prayers», in: *The New York Times*, 21. März 1989.

79 Alice Shalvi, «The War of all Mothers», in: *Networking for Women*, 4, 3, Frühling 1991.

80 Steinem führt in ihren Reden öfter dieses Beispiel an.

81 Jane O'Reilly, «Naming the Sacred», in: *MS* 1, 4, Januar/Februar 1991.

82 Die Informationen über die Haltung der katholischen Kirche zur Abtreibungsfrage im Laufe der Geschichte stammen von Jane Hurst, *The History of Abortion in the Catholic Church: The Untold Story* (Washington, D. C.: Catholics for Free Choice, 1989).

83 Catholics for Free Choice (Hg.), «Actions Speak Louder», Bulletin 1991.

84 Gloria Steinem, *Outrageous Acts and Everyday Rebellions* (New York: Signet Books, 1986).

85 Robin Morgan, in: *Sisterhood Is Global*, a. a. O.

86 Le Anne Schreiber, «Where are the Doctors Who Will Do Abortions?», in: *Glamour*, September 1991.

87 John F. Burns, «After a 20-Year Truce, Abortion Debate is Revived in Canada as Court Strikes Down Restrictive Law», in: *The New York Times*, 20. Februar 1985.

88 Von Michele Landsberg stammen auch die meisten Informationen über den Kampf um die Legalisierung der Abtreibung in Kanada.

89 Vgl. Katrina Vanden Heuvel, «Glasnost for Women?», in: *The Nation*, 4. Juni 1990, S. 773 bis 779.

90 Malgorzata Fuszara, «Abortion and the Shaping of a New Political Scene in Poland», und «Will the Abortion Issue Give Birth to Feminism in Poland?», 1991; diese Artikel sind bisher nicht in englischer Sprache erschienen, aber von Fuszara stammen die meisten Informationen zu diesem Kapitel.

91 «Poland Ends Subsidies for Birth Control Pills», in: *The New York Times*, 9. Mai 1991.

92 Stephen Engelberg, «Abortion Ban, Sought by Church, Is Rejected by Polish Parliament», in: *The New York Times*, 18. Mai 1991.

93 Zit. nach Howard S. Levy, *Chinese Footbinding: The History of a Curious Erotic Custom* (New York: Walton Rawls, 1966).

94 «Airline Removes Agent for Not Using Makeup», in: *The New York Times*, 12. Mai 1991. Nach einem öffentlichen Aufschrei bot die Luftlinie der betroffenen Frau, Teresa Fischette, an, sie wieder einzustellen.

95 Azar Tabari, «The Women's Movement in Iran: A Hopeful Prognosis», in: *Feminist Studies* 12, 2, Sommer 1986, S. 343–360.

96 Celestine Bohlen, «East Europe's Women Struggle With New Rules, and Old Ones», in: *The New York Times*, 25. November 1990.

97 Alle Statistiken in diesem Absatz stammen von B. Meredith Burke, «Ceausescu's Main Victims: Women and Children», in: *The New York Times*, 10. Januar 1989.

98 Chuck Sudetic, «Romania Seeks to Reduce Abortions», in: *The New York Times*, 17. Januar 1991.

99 Steven R. Weisman, «In Crowded Japan, a Bonus for Babies Angers Women», in: *The New York Times*, 17. Februar 1991.

100 Angela Y. Davis, *Rassismus und Sexismus: schwarze Frauen und Klassenkampf* (Berlin: Elefanten-Press, 1982).

101 Adrienne Rich, «Compulsory Heterosexuality and Lesbian Existence, *Signs* 5, 4, Sommer 1980, S. 631–660.

102 Hanny Lightfoot-Klein, *Prisoners of Ritual: An Odyssey into Female Genital Circumcision in Africa* (New York: Harrington Park Press, 1989).

103 Einen ausführlichen Über-

blick bietet Fran Hosken, *The Hosken Report: Genital and Sexual Mutilation of Females* (Lexington, Mass.: Women's International Network News, 1979), oder Hanny Lightfoot-Klein, a. a. O.

104 Lilian Passmore Sanderson, *Against the Mutilation of Women* (London: Ithaca Press, 1981), S. 27.

105 E. Wallerstein, «Circumcision: Ritual Surgery or Surgical Ritual?» in: *Medicine and Law* 2, 1983. Zit. nach Lightfoot-Klein.

106 E. Wallerstein, «Circumcision: The Uniquely American Medical Enigma», in: *Symposium on Advances in Pediatric Urology*, 1985. Zit. nach Lightfoot-Klein.

107 Sanderson, a. a. O., S. 28.

108 John Money, *The Destroying Angel* (Buffalo: Prometheus Books, 1985).

109 R. Spitz: «Authority and Masturbation», in: *Psychoanalytic Quarterly* 21, 4, 1952. Zit. nach Lightfoot-Klein.

110 V. Bullough und B. Bullough, *Sin, Sickness, and Sanity* (New York: The American Library, 1977). Zit. nach Lightfoot-Klein.

111 Sanderson, a. a. O.

112 Vgl. Fran Hosken, *The Hosken Report: Genital and Sexual Mutilation of Females* (Lexington, Mass.: Women's International Network News, 1979).

113 Olayinka Koso-Thomas, *Circumcision of Women: A strategy for Eradication* (Atlantic Highlands, N. J.: Zed Books, 1987).

114 Doctor Abu el Futuh Shandall beschäftigte sich mit der Verstümmelung von Frauen im Sudan. Vgl. Sanderson, a. a. O.

115 Lightfoot-Klein, a. a. O.

116 M. B. Assad, «Female Circumcision in Egypt: Current Research and Social Implications», in: *WHO/EMRO Technical Publications: Seminar on Traditional Practices Affecting the Health of Women and Children in Africa* (Alexandria, 1980). Zit. nach Lightfoot-Klein.

117 Shandall, zit. nach Sanderson, a. a. O.

118 Amartya Sen, «More Than 100 Million Women Are Missing», in: *The New York Review*, 20. Dezember 1990.

119 Die ersten zwei Statistiken stammen von Sen, die letzte von Barbara Crosette, «India's Population Put at 844 Million», in: *The New York Times*, 26. März 1991.

120 *The World's Women: 1970 bis 1990: Trends and Statistics*, United Nations, 1991. Der Bericht erwähnt die Nationen, in denen auf 100 Männer weniger als 95 Frauen kommen. Im folgenden sind sie in umgekehrter Reihenfolge aufgeführt:

Vereinigte Arabische Emirate	48,3*
Katar	59,8*
Bahrain	68,8*
Kuwait	75,2*
Saudi Arabien	84,0*
Oman	90,8*

---

* Erdölproduzierende Länder mit großem Anteil männlicher Gastarbeiter

Volksdemokratie Libyen	90,8	China	94,3
Vanuatu	91,7	Afghanistan	94,5
Pakistan	92,1	Jordanien	94,8
Papua-Neuguinea	92,8	Nepal	94,8
Bhutan	93,3	Türkei	94,8
Indien	93,5		
Brunei	93,8		
Hongkong	93,9		
Bangladesch	94,1		
Albanien	94,3		

121 Vern L. Bullough und Fang-Fu Ruan, «China's Children», in: *The Nation*, 18. Juni 1988.

122 Persönliche Mitteilung aus dem Jahre 1986.

Teil II
Der Krieg der Institutionen gegen die Frauen

1 Dies taten auch männliche Feministen. Vgl. z. B. Steven Rose, *Against Biological Determinism* (New York, Schocken Books, 1982), und *Towards A Liberatory Biology* (New York, Schocken Books, 1982) sowie R. C. Lewontin, Steven Rose und Leon Kamin, *Die Gene sind es nicht* (München: Psychologie Verl. Union, 1988).

2 Sarah Lucia Hoagland, «Androcentric Rhetoric in Sociobiology», in: *Radical Voices*.

3 Vgl. Lewontin, Rose und Kamin, a. a. O.

4 E. O. Wilson, *Sociobiology: The new synthesis* (Cambridge, MA: Harvard University Press, 1975). Hoagland verweist besonders auf die S. 291, 531, 552 und 568.

5 Das Material zu diesem und den nächsten beiden Absätzen stammt von Hoagland, a. a. O.

6 Wilson, a. a. O., S. 314.

7 Ebenda, S. 282 u. 153.

8 Ebenda, S. 281 u. 181.

9 Dieser Abschnitt mit dem Titel «Boys will be Boys – or Girls» stammt von Robert R. Warner; er ist eine klar abgehobene Einführung in einen größeren Artikel von Sarah Blaffer Hardy mit dem Titel: «Daughters or Sons», in dem über die unterschiedlichen Methoden und die Gründe dafür berichtet wird, die es bei bestimmten Tieren erlauben, die Produktion der männlichen und weiblichen Nachkommenschaft zu kontrollieren. Der vollständige Bericht wurde von Rebecca B. Finnell herausgegeben und erschien in *Natural History* 97, 4, April 1988, S. 63–82. In keinem anderen Abschnitt des Artikels wird die Sprache der Männermythen benutzt.

10 Robert Ardrey, *Adam kam aus Afrika. Auf der Suche nach unseren Vorfahren* (Wien, 1967).

11 Evelyn Reed, *Women's evolution: From Matriarchal Clan to*

Patriarchal Family (New York: Pathfinder Press, 1975), S. 55.

12 Wilson, a. a. O., S. 504.

13 Berit Ås, «The Feminist University», in: Renate D. Klein und Deborah Lynn Steinberg (Hg.), *Radical voices: A Decade of Feminist Resistance*. Sie zitiert eine Studie von Phillip Goldberg, «Are women prejudiced against women?» in: Judith Stacey u. a. (Hg.), *And Jill Came Tumbling After: Sexism in American Education* (New York: Dell, 1974) sowie Dale Spender, *Man Made Language* (London: Routledge & Kegan Paul, 1980) und Birgit Brock-Utne u. Runa Haukaa, *Wissen ohne Macht, Frauen als Lehrerinnen und Schülerinnen* (Gießen: focus 1986).

14 Zit. eine schwedische Studie von Einarsson, *Språk och kön i skolan*, 1981.

15 Dale Spender, *Frauen kommen nicht vor: Sexismus im Bildungswesen* (Frankfurt a./M.: Fischer 1985).

16 In der Untersuchung, die von der American Association of University Women in Auftrag gegeben und 1990 von der Greenberg-Lake Analysis Group Inc. durchgeführt wurde, wurden 2400 Mädchen und 600 Jungen an 36 öffentlichen Schulen in 12 Gemeinden aus dem gesamten Bezirk befragt. Der Bericht darüber wurde in *The New York Times* vom 9. 1. 1991 veröffentlicht.

17 Lisa Belkin, «Report Clears Judge of Bias in Remarks About Homosexuals», in: *The New York Times*, 2. November 1989.

18 Allan R. Gold, «Sex Bias is Found Pervading Courts, in: *The New York Times*, 2. Juli 1989, und «Study Finds Sex Bias in Connecticut Legal System», in: *The New York Times*, 8. September 1991.

19 «Sex Bias in Connecticut», in: *The New York Times*.

20 Vieles von diesem Material stammt von Robert T. Garrett in: *The Louisville Courier-Journal*, 23. März 1988.

21 «Sentence Cut for Man Cuaght With Bombs», in: *The New York Times*, 3. März 1991.

22 Die Frau war Samantha Dorinda Lopez; ihr Urteil wurde beiläufig erwähnt, in dem Artikel «Fugitive Lovers are Back in Jail», in: *The New York Times*, 17. November 1986.

23 George J. Church, «The View from Behind Bars», in: *Time* 136, 19, Herbst 1990.

24 «Adultery Arrests Rise to 4 in Connecticut», in: *The New York Times*, 30. August 1990.

25 Larry Rohter, «Rape Case in Mexico Fuels Outrage at Police», in: *The New York Times*, 31. Januar 1990.

26 Für weitere Informationen vgl. Barbara Ehrenreich und Deirdre English, *For Her Own Good* (Garden City, N. Y.: Doubleday, 1983), Carroll Smith-Rosenberg, »Puberty to Menopause» sowie Regina Morantz, «The Lady and Her Physician», beide in: Mary S. Hartman und Lois Banner (Hg.), *Clio's Consciousness Raised* (New York: Harper Row, 1974) und mein

Buch *From Eve to Dawn: A History of Women* (unveröffentlicht).

27 Stephan Chorover, *Die Zurichtung des Menschen: Von der Verhaltensstörung durch die Wissenschaft* (Frankfurt/M. Campus-Verlag, 1982).

28 Vgl. Ehrenreich und English, a. a. O.

29 Andrew Purvis, «A Perilous Gap», in: *Time* 136, 19, Herbst 1990.

30 Devra Lee Davis, «Fathers and Fetuses», in: *The New York Times*, 1. März 1991.

31 William E. Schmidt, «Risk to Fetus Tuled as Barring Women from Jobs», in: *The New York Times*, 3. Oktober 1989, sowie «British Study Finds Leukemia Risk in Children of A-Plant Workers», in: *The New York Times*, 18. Februar 1990.

32 Katherine Bishop, «Scant Success for California Efforts to Put Women in Construction Jobs», in: *The New York Times*, 15. Februar 1991.

33 Tamar Lewin, «Nude Pictures Are Ruled Sexual Harassment», in: *The New York Times*, 23. Januar 1991.

34 «Homicide is Top Cause of Death from On-Job Injury for Women», in: *The New York Times*, 16. August 1990.

35 «Study Finds Soldiers Healthier Than Civilians», in: *The New York Times*, 7. November 1990.

36 «Port Authority Charged In Sex Discrimination», in: *The New York Times*, 25. Mai 1989.

37 Louise A. LoMothe in: *Stanford Lawyer*, Frühling/Sommer 1990.

38 Der Staatsanwalt war Steven B. Liss, die Firma war Seagate Technology in Mennetonka, Minnesota. Zit. nach Tamar Lewin, «Child Care in Conflict With a Job», in: *The New York Times*, 2. März 1991.

39 Jason DeParle, «Child Poverty Twice as Likely After Family Split, Study Says», in: *The New York Times*, 1. März 1991.

40 *The New York Times*, 7. November 1990.

41 Michael deCourcy Hinds, «Better Traps Being Built for Delinquent Parents», in: *The New York Times*, 9. Dezember 1989.

42 «Court Limits Woman's Right to Male Guests in Her Home», in: *The New York Times*, 12. März 1989.

43 Susan Crean, *In the Name of the Fathers: The Story Behind Male Custody* (Vancouver: Amanita Publications, 1988).

44 Julia Brophy, «Custody Law, Childcare, and Inequality in Britain», in: Carol Smart und Selma Sevenhuijzen (Hg.), *Child Custody and the Politics of Gender* (New York: Routledge, 1989), S. 217–242.

45 Carol Smart, «Power and the Politics of Child Custody», in: Smart und Sevenhuijzen (Hg.), a. a. O. S. 1–26.

46 Nancy D. Polikoff, «Fathers' Rights, mothers' Wrongs», in: *The Women's Review of Books* VII, 9, Juni 1990.

47 Scarlet Pollock und Jo Sutton, «Father's Rights, Women's Losses», in: Klein und Steinberg (Hg.), a. a. O.

48 Pollock und Sutton, a. a. O.

49 Bericht aus dem Jahr 1982, § 2.2.

50 Alle diese Fälle sind aufgeführt in Felicity Barringer, «Sentence for Killing Newborn: Jail Term, Then Birth Control», in: *The New York Times*, 18. November 1990.

51 «Man is Charged in Shooting After a Birth Control Ruling», in: *The New York Times*, 7. März 1991.

52 Tamar Lewin, «Implanted Birth Control Device Renews Debate Over Forced Contraception», in: *The New York Times*, 10. Januar 1991.

53 Jeanne Mager Stellman und Joan E. Bertin, «Science's Anti-Female Bias», in: *The New York Times*, 4. Juni 1990.

54 Diese Beispiele stammen von Katha Pollitt, «A New Assault on Feminism», in: *The Nation*, 26. März 1990, Stellman und Bertin, a. a. O., sowie aus *The New York Times*.

55 Isabel Wilkerson, «Jury in Illinois Refuses to Charge Mother in Drug Death of Newborn», in: *The New York Times*, 27. Mai 1989.

56 Pollitt, a. a. O.

57 Andrea Dworkin, *Right-Wing Women* (New York: Pedigree Books, 1983).

58 Genoveffa Corea, «The Reproductive Brothel», in: Klein und Steinberg (Hg.), a. a. O.

59 Harris Brotman, «Engineering the Birth of Cattle», in: *The New York Times Magazine*, 15. Mai 1983.

60 T. L. Avery und E. F. Graham, «Investigations Associated with the Transplanting of Bovine Ova», in: *Journal of Reproductive Fertility*, 1962, S. 212–217.

61 S. M. Willasden, H. Lehn-Jensen, C. B. Fehilly und R. Newcomb, «The production of monozygotic twins of preselected parentage by micromanipulation of nonsurgically collected cow embryos», in: *Theriogenology* 15, 1, 1981, S. 23–27.

62 Russell Scott, *The Body as Property* (New York: Viking Press, 1981).

63 George H. Kieffer, *Bioethics: A Textbook of Issues* (Reading, Mass.: Addison-Wesley, 1979).

64 Vance Packard, *Die große Versuchung* (Düsseldorf: Econ, 1978).

65 «When is a Mother Not a Mother?», in: *The Nation*, 31. Dezember 1990.

66 «Frontiers in Demographic Economics», in: *American Economic Review* 75, Mai 1985.

67 Zit. nach Waring, a. a. O., S. 221 von Jalna Hanmer und Pat Allen in: *Feminist Issues*, Frühling 1982, S. 57.

68 Margarete J. Sandelowski, «Failures of Volitie: Female Agency and Infertility in Historical Perspective», in: *Signs* 15, 3, Frühling 1990.

Teil III
Der Krieg gegen die Frauen in der Kultur

1 Carol Cohn: «In the Rational World of Defense Intellectuals», in: *Signs* 12, 4, Sommer 1987.

2 Alle Zit. aus Cohn, a. a. O.

3 William L. Laurence, *Die Geschichte der Atombombe. Dämmerung über Punkt Null* (München: List, 1952). Zit. nach Cohn.

4 Hisako Matsubara, *Abendkranich. Eine Kindheit in Japan* (Hamburg und München: Albrecht Knaus, 1981), S. 128.

5 General Robert Rosenberg, «The Influence of Policymaking on C3I», *Incidental Paper, Seminar on C3I* (Cambridge, Mass.: Harvard University, Center for Information Policy Research, Frühling 1980).

6 John Berger, *Das Leben der Bilder oder die Kunst des Sehens* (Berlin: Wagenbach, 1982).

7 Janet Maslin, «Bimbos Embody Retro Rage», in: *The New York Times*, 17. Juni 1990.

8 Anita Pratap, «Romance and a Little Rape», in: *Time* 13. 8. 1990.

9 Catherine A. MacKinnon, «Pornography: Not a Moral Issue», in: Renate D. Klein und Deborah Lynn Steinberg (Hg.), *Radical Voices: A Decade of Feminist Resistance* (Elmsford, N. Y.: Pergamon Press, 1989).

10 American Booksellers Association; William H. Hudnut III, Bürgermeister der City of Indianapolis, sowie andere, 1985.

11 MacKinnon, a. a. O.

12 Zit. nach MacKinnon, a. a. O.

13 In manchen Gesellschaften ist es für einen Mann tabu, den Namen seiner Schwiegermutter auszusprechen, oder es besteht ein Tabu für alle, die wahren Namen bestimmter Verwandter auszusprechen. Bei manchen Völkern ist es für eine Frau tabu, ihren Schwiegersöhnen ins Gesicht zu blicken; in anderen darf sie ihr Gesicht keinem Mann zeigen, der nicht zur Familie gehört. Ich kann nicht alle Tabus hier analysieren, aber ich vermute, daß sie alle ihrem Wesen nach politische sind, d. h. heißt, daß sie die Machtbeziehungen innerhalb einer Gesellschaft mystifizieren.

14 Peggy Orenstein, «Ms. fights for its life», in: *Mother Jones* 15, 7, November/Dezember 1990.

15 Gloria Steinem, «Sex, Lies, & Advertising», in: *MS*, Juli/August 1990.

16 *People*, 10. Juni 1991.

17 Zit. nach *Time*, 24. 6. 1991.

18 Pratap, a. a. O.

19 David Johnston, «Hoover: Still a Shadow Not to be Stepped on», in: *The New York Times*, 9. 9. 1991. Der Artikel enthält Informationen von Curt Gentry, Verfasser einer in Kürze erscheinenden Biographie über Hoover.

20 Howard Kurtz, «Correspondents Chafe Over Curbs on News», in: *The Washington Post*, 16. Januar 1991.

21 Klaus Theweleit, *Männerphantasien* (Basel: Roter Stern, 1986).

22 Christopher Hitchens in: *Minority Report*, 13. Februar 1989.

Teil IV
Der individuelle Krieg der Männer gegen die Frauen

1 Michael deCourcy Hinds, «Better Traps Being Built for Delinquent Parents», in: *The New York Times*, 9. Dezember 1989.

2 Ebenda.

3 David Margolick, «Can Bankruptcy Reduce the Price of a Divorce?» in: *The New York Times*, 2. März 1991.

4 Janice Castro, «Caution: Hazardous Work», in: *Time* 136, 19, Herbst 1990. Sie erwähnt das Displaced Homemakers Network, Washington D. C.

5 Ebenda.

6 «Study Says Women Still Do Most Housework», in: *The New York Times*, 8. Dezember 1988.

7 Barbara Crossette, «Women Face Harassment at Resorts in Asia», in: *The New York Times*, 28. Januar 1990.

8 Lori Heise, «The Global War Against Women». Zunächst veröffentlicht in: *World Watch*, dann in: *The Washington Post*, 9. April 1989, und in: *Utne Reader*.

9 *Time* 136, 19, Herbst 1990.

10 Barbara Roberts, «No Safe Place: The War Against Women», in: *Our Generation* 15, 4, 1983, S. 7–26.

11 Birgit Brock-Utne, *Feminist Perspectives on Peace and Peace Education* (New York: Pergamon Press, 1989). Sie zit. A. Strauss, *Negotiations: Varieties, Contexts, Processes and Social Order* (San Francisco: Jossey-Bass, 1978).

12 Heise, a. a. O.

13 Don Terry, «Ex-Officer Held in Girls' Sex Assault», in: *The New York Times*, 14. Juni 1989.

14 *I Shot My Husband... and No One Asked Me Why*. Eine Scarlet-Productions-Dokumentation mit Beatrix Campbell, London 1988.

15 Sharon Lamb, «Acts without Agents: An Analysis of Linguistic Avoidance in Journal Articles on Men who Batter Women», in: *American Journal of Orthopsychiatry* 61, 2, April 1991.

16 M. Straus, R. Gelles und S. Steinmetz, *Behind Closed Doors* (New York: Doubleday, 1980).

17 Susan Schechter, *Women and Male Violence: The Visions and Struggles of the Battered Women's Movement* (Boston: South End Press, 1982).

18 Tamar Lewin, «Women Found to be Frequent Victims of Assaults by Intimates», in: *The New York Times*, 17. Januar 1991.

19 Robin Willis Knowlton, «Rape in the United States Continues At One of the Highest Rates in the World», in: *In These Times*, 23. September 1987, S. 15.

20 Diana Scully, *Understanding Sexual Violence: A Study of Convicted Rapists* (Boston: Unwin Hayman, 1990).

21 Peggy Reeves Sanday, *Fraternity Gang Rape: Sex, Brotherhood, and Privilege on Campus* (New York: New York University Press, 1990).

22 Pauline B. Bart, «Rape as a Paradigma of Sexism in Society – Victimization and Its Discontents», in: Renate D. Klein und Deborah Lynn Steinberg (Hg.), a. a. O.

23 *MS* 1, 4, Januar/Februar 1991.

24 Susan Brownmiller, *Gegen unseren Willen* (Frankfurt/M.: S. Fischer, 1978).

25 Zit. nach Betty Reardon, «Sex and the War System», Studie für das Institute for World Order, auf der das Buch *Sexism and the War System* (New York: Teachers College Press, 1985), basiert.

26 Birgit Brock-Utne, *Feminist Perspectives on Peace and Peace Education* (New York: Pergamon Press, 1989). Die zit. Studie ist von David Fabbro, «Peaceful Societies: An Introduction», in: *Journal of Peace Research* 15, 1, 1978.

27 Betsy Peterson, *Dancing With Daddy* (New York: Bantam, 1991).

28 J. Herman und L. Hirschman, «Father-Daughter Incest», in: *Signs* 2, 4, 1977, S. 735–757.

29 1990 wurden über 55 Frauen von dem Pfeilschützen angegriffen. Im Februar 1991 kam es zu weiteren Angriffen, aber die Polizei glaubt nicht, daß alle diese Tätlichkeiten auf das Konto ein und desselben Mannes gehen.

30 *MS* 1, 4, Januar/Februar 1991.

31 Knowlton, a. a. O.

32 Beatrix Campbell, *The Iron Ladies: Why Do Women Vote Tory?* (London: Virago, 1987).

33 Fred Pelka schreibt in «Robert Bly and the Iron John», in: *On the Issues*, Sommer 1991, daß Bly «den Frauen die ‹Trauer› der Männer zur Last legt». Das paßt zur Tradition des 20. Jahrhunderts, die Mütter und Ehefrauen für die psychischen Probleme der Männer verantwortlich macht, wie Philip Wylie es in seinem Buch *Generation of Vipers*, 1955, tat.

34 Die meisten dieser Beispiele und weitere stammen von Charlotte Bunch, *Bringing the Global Home: Feminism in the '80s* (Colorado: Antelope Publications, 1985).

35 Alice Yun Chai und Ho'oipo De Cambra, «Evolution of Global Feminism Through Hawaiian Feminist Politics», in: Berenice A. Carroll und Jane E. Mohraz (Hg.), *Women's Studies International Forum* (New York: Pergamon Press, 1989).

36 Madhu Bhushan, «Vimochana: Women's Struggles, Nonviolent Militancy and Direct Action in The Indian Context», in: ebenda.

37 Amrita Basu, «Reflections on Forum '85 in Nairobi, Kenya: Voices From The International Women's Studies Community», in: *Signs*, Frühling 1986, S. 584–608.

38 Diese Beispiele stammen von Charlotte Bunch, einer Beraterin dieses Projekts.

39 Bunch, a. a. O.

40 James Brooke, «‹Honor› Killing of Wives is Outlawed in Brazil», in: *The New York Times*, 29. März 1991.

41 Jane Perlez, «When the Trouble is Men, Women Help Women», in: *The New York Times*, 5. Juni 1989.

42 James Brooke, «A Nigerian Shame: The Agony of the Child Bride», in: *The New York Times*, 17. Juli 1987.

43 Anne Witte Garland, *Women Activists: Challenging The Abuse of Power* (New York: The Feminist Press, 1988).

44 Patricia A. Gozemba und Marilyn L. Humphries, «Women In The Anti-Ku Klux Klan Movement, 1865–1984», in: Carroll und Mohraz (Hg.), a. a. O.

45 Michele Hoyman, «Working Women: The Potential of Unionization and Collective Action in the United States», in: Carroll und Mohraz (Hg.), a. a. O.

46 Amy Swerdlow, «Ladies' Day At the Capitol: Women Strike For Peace Versus Huac», in: *Feminist Studies* 8, 3, Herbst 1982, S. 493–520.

47 Bill Galt in: *Vancouver Sun*, 14. Dezember 1961.

48 «Wiesner (Jerome Wiesner war Präsident Kennedys Wissenschaftsberater) schrieb die Tatsache, daß Kennedy schließlich 1963 ein begrenztes Rüstungskontrollabkommen unterzeichnete, nicht den Befürwortern einer Rüstungskontrolle innerhalb der Regierung zu, sondern der Bewegung *Women Strike for Peace*, SANE und Linus Pauling.» Aus: *Science*, 1970.

49 Laurie Cashdan, «Anti-war Feminism: New Directions, New Dualities: A Marxist-Humanist Perspective», in: Carroll und Mohraz (Hg.), a. a. O.

50 Garland, a. a. O.

51 Amanda Sebestyen, «Britain: The Politics of Survival», in: *Sisterhood is Global*, a. a. O.

52 Garland, a. a. O.

53 Cashdan, a. a. O.

Danksagung

Wenn ich auch ganz alleine für den Inhalt dieses Buches verantwortlich zeichne, so haben doch andere mit dazu beigetragen: Ann Jones und Barbara Greenberg haben das Manuskript gelesen und viele nützliche Vorschläge dazu vorgebracht; Jim Silberman hat freundlich beratend wie immer als Lektor gewirkt; Robert French, Ann Volks, Carol Jenkins und Andrea Dworkin stellten wichtige Forschungsergebnisse zur Verfügung. Dafür möchte ich ihnen danken. Mein Dank gilt auch Isabelle de Cordier, Naomi Backer, Annaville Petterson und Betsy Chalfin für ihre vielfache Hilfe in unzähligen Situationen.